本书为国家社会科学基金一般项目

"新时代经济稳态增长与共同富裕同步实现的路径研究"（项目编号：22BJL025）的阶段性成果

马克思劳动力产权实现思想及其当代价值研究

RESEARCH ON MARX'S THOUGHTS OF
REALIZING LABOR-FORCE
PROPERTY RIGHTS AND ITS CONTEMPORARY VALUE

周建锋　著

社会科学文献出版社
SOCIAL SCIENCES ACADEMIC PRESS (CHINA)

前　言

马克思并没直接提出劳动力产权的概念，但其理论中却蕴含着丰富的劳动力产权实现思想，我们可以从逻辑起点、前提条件、关键要素、科学界定等四个方面进行挖掘和阐释。

只要存在劳动力商品的自由交易，就会产生劳动力商品使用权和所有权的分离，这是劳动力产权实现的逻辑起点。在资本主义社会，劳动力商品的自由交易在形式上看似公平，但在实质上却并不公平。因为私有制已经造成雇佣者与被雇佣者地位的不平等；劳动力商品自由交易的结果已经被打上严重的劳动异化的烙印；劳动力商品交易并不必然是劳动者自由意志的体现，而且也不能有效地实现消极自由和积极自由的有机统一。

劳动力价值实现是劳动力产权实现的前提条件，是指劳动力使用权收益的实现，表现为工资对劳动力价值的等值补偿，即"劳动力商品等价交换"。"劳动力商品等价交换"是价值规律的具体体现，是指工资和劳动力价值在供求关系的影响下呈现出相一致的趋势，劳动力价值是工资的决定性因素。当增加的人力资本投入能在单位时间内为资本所有者创造更多的剩余价值时，劳动者就能增强和资本所有者之间的谈判能力。

利润分享是劳动力产权实现的关键要素。劳动力使用权收益的实现对应于劳动力价值的等值补偿，从而劳动力所有权收益只能对应于剩余价值，这也就要求劳动者能分享到部分利润，表现为劳动收入高于劳动力价值。在价值规律的作用下，只有当劳动力稀缺时，劳动收入才可能高于劳动力价值，西方的利润分享制度正由此转化而来。西方利润分享制度的兴起有其客观原因，现代企业中所有权和经营权的分离，使得从事企业管理的企业家拥有较强的能量；拥有大量人力资本的劳动者积累了大量专用性资产，而且其积极性的发挥具有唯"激励"而非"压榨"的特性；资本所有者面临的日益增加的社会风险需要更多群体来分担。当今西方国家的利润分享制度并没有改变资本主义剥削的实质，只是在资本主义内部进行了相应调整，在一定程度上缓和了资本主义社会的基本矛盾。

劳动力产权实现为利润分享制度提供了建构的理论基础。劳动力产权实现以作为生产要素的资本为参照物，既要求劳动力作为生产要素，获得所有权收益，也要求劳动力和资本要素在获取所有权收益时，遵循等量投入获取等量利润的一致规则。以劳动力产权实现来建构利润分享制度存在两条思路和路径。其一，如何让劳动力产权跨期实现。这就是劳动力要素资本化的过程，要求建构能让企业内部职工用资金购买公司股票的职工持股制度。其二，如何让劳动力产权当期实现，这要求设计出能体现各要素贡献差异的利润分享制度。

我们研究马克思劳动力产权实现思想的目的在于为我所用，这要求探寻这一思想的当代价值，具体体现在当代境遇、价值意蕴、制度建构、政策含义四个方面。

马克思劳动力产权实现思想在我国面临两重境遇。其一，马克思劳动力产权实现思想是否对中国具有实用性的问题，这一思想的逻辑起点、揭示的客观规律、鲜明的阶级立场验证了其仍具有现实指导意义。其二，马克思劳动力产权实现思想能解决中国哪些问题。我国当今存在劳动报酬过低、劳动者主体地位有待提高、亟须建立合理的利润分享制度等突出问题，马克思劳动力产权实现思想是解决这些问题的重要理论依据。

我国劳动力产权实现的价值意蕴是在企业内部实现共享发展。我国劳动力产权实现与共享发展理念具有契合性，具体表现在：共建共享原则的一致性，两者都要遵循共建共享、公平正义、发展优先的原则，两者都要遵循循序渐进的共同要求。基于共享发展理念来建构劳动力产权实现的制度，需要建立能准确衡量劳动力价值的工资制度、体现劳动贡献的利润分享制度、因地制宜的企业控制权配置制度、典型示范的推广制度。

我国劳动力产权实现的根本目的是实现好维护好发展好劳动者利益，这也正是我国制定相关政策的出发点。我们从逻辑起点、前提条件、关键因素、科学界定四个方面对马克思劳动力产权实现思想进行了阐释，从这四个方面出发，围绕如何实现好维护好发展好劳动者利益以及实现企业内部的共享发展，能推导出一系列政策含义。

总体而言，本书在内容上既有对马克思劳动力产权实现思想的学理阐释，也有结合中国国情阐释这一思想的当代价值，是将理论阐释与当代价值结合起来的系统研究。

目　录

绪　论

一　研究的缘起与意义

（一）研究的缘起

作为对资本主义社会的一种批判性理论，马克思理论揭露了在资本主义社会劳动者创造大量剩余价值却并不占有任何剩余价值，资本家不参加劳动却无偿占有劳动者创造的全部剩余价值的不合理现象。劳动者尽管获得了工资，但工资并不是劳动价格而是劳动力价格。劳动力商品作为商品，也有其所有权、使用权和支配权等一系列权利束，但其特殊性在于劳动力的所有权天然和劳动者联系在一起，劳动力商品的交易只是将劳动力商品的使用权暂时让渡出去，而工资只是劳动力使用权的收益，而作为劳动力所有权的收益却并没有实现，由此资本主义社会天然存在劳动力产权实现的问题，即劳动力产权是由于劳动者拥有劳动力、使用劳动力而对剩余劳动成果的索取权，即对剩余劳动成果享有的占有权、控制权和支配权。[①] 简单来看，劳动力产权实现是劳动力所有权收益和劳动力使用权收益的同时实现。严格来讲，马克思并没有明确提出劳动力产权的概念，但这并不意味着马克思理论没有劳动力产权实现的思想，而恰恰相反，在其理论中蕴藏着关于这一方面的丰富思想，需要我们进行系统的挖掘，因而研究劳动力产权实现有助于更好地理解马克思经济学思想的本质。与此同时，马克思所提出的"资本家获得利润、劳动者获得工资"的资本主义社会分配逻辑是在工业革命时代背景下的分析，经过 100 多年社会历史发展的洗涤，马克思经济理论对资本主义本质的批判仍闪耀着光芒，但马克思

[①]　王天雨：《劳动力产权研究》，《学术月刊》1997 年第 12 期。

理论中与时俱进的理论品质本身也要求在新的历史条件下深化对马克思劳动力产权实现的理论研究。

首先，劳动者概念的拓展对劳动力价值实现提出新的研究课题。在马克思所处的工业革命时代，工人只是机器操作的附属品，表现为在物质资本支配下参与劳动的同质化的工人，提供的劳动也是以简单劳动和重复性劳动为主，而且工人的贫困窘境是"自由得一无所有"的真实写照。随着资本主义社会的发展以及社会分工的深化，劳动者在教育培训等方面的投入并不是"微乎其微"的，劳动者概念的内涵已经由操作机器的工人拓展到企业经营者、管理者、文化教育科技工作者等层面，越来越多的劳动者提供的劳动表现为复杂劳动的形式，而且工人的现况与马克思所在年代所描绘的"自由得一无所有"的贫困状况相比已经有了较大幅度的改善。尽管马克思提出了劳动力商品等价交换的原则，但由于不同劳动者的劳动能力以及供求关系等方面的不同，我们需要探讨不同劳动者的劳动力产权实现及其形式。

其次，西方国家制度的调整对马克思理论提出了新的挑战。在《资本论》中，劳动力商品是揭示资本主义社会剥削秘密的关键所在。劳动力价值实现过程对应于劳动力商品等价交换的过程，从而使劳动力使用价值创造出剩余价值归资本家所独占，这既造成了资产阶级和劳动者之间的对立，也是无产阶级贫穷的直接动因。为了缓和紧张的劳资矛盾关系以及提高劳动者报酬，资本主义社会在局部进行了让劳动者参与利润分享的制度变革。19 世纪后期，在西方发达资本主义国家中，薪酬制度发生了新的变化，一些企业管理层的薪酬不仅仅停留在工资性收入上，还获得了企业的利润分红。20 世纪 60 年代以后，劳动者参与利润分享的制度在西方逐渐得到推广和普及。当劳动者也获得了部分利润时，一些学者认为利润分享制"是资本和劳动之间矛盾的解决途径。因为它能使两者无论在繁荣还是在衰退阶段都能成为伙伴"。[1] 换言之，利润分享制度为资本主义社会的持续发展找到了"永动机"，同时，"利润分享计划会使每个工人都成为资本

---

① 〔美〕马丁·L. 威茨曼：《分享经济——用分享制代替工资制》，林青松等译，中国经济出版社，1986，第 63 页。

家，这就保证了雇员会支持美国资本主义而反对国家社会主义"。① 也就是说，利润分享制度彻底改变了工人被奴役的命运。与此同时，20 世纪 60 年代兴起的一些新的理论特别是人力资本理论也认为当今呈现出"劳动者剥削资本家""劳动雇佣资本"的态势，这似乎彻底颠覆了"资本家获得利润、劳动者获得工资"的分配逻辑以及马克思的剩余价值理论。对于资本主义制度的这些新调整和新变化，我们既需要进行相关理论研究，阐释资本主义利润分享的理论逻辑，也需要在实践上建构更为合理的利润分享制度。

再次，如何激励劳动者的积极性仍是当今面临的较为突出的课题。马克思所处的年代，是大机器工业主导生产的年代，机器一响，劳动者就需要适应机器运转而付出一定的劳动量，劳动者成为被动服从于机器化大生产和资本的工具，劳动者的主动性被无形泯灭了，而且在劳动力严重过剩的背景下，劳动者的偷懒行为面临着随时被解雇的巨大风险，从而对劳动者的激励就显得多余。另外，资本家由于独占剩余价值，在追逐利润最大化的背景下，资本家的积极性被充分调动起来。劳动是创造价值的唯一源泉，劳动者理应成为社会生产的主动性力量并占有自身所创造的价值，而唯有恢复劳动者的主体性地位、充分调动劳动者的积极性，才能促进经济的持续繁荣，这符合人类社会发展的公平正义要求。马克思在批判资本主义社会的同时又在建构更为理想的社会即共产主义社会。在马克思看来，生产资料私有制导致资本主义社会日益分化出大量占有生产资料的资本家和失去生产资料而被迫服从资本家的无产阶级，因此，建立消灭生产资料私有制的共产主义社会，就意味着彻底消灭资产阶级，劳动者也就自然成为整个生产过程的主导者，也消除了资本要素所导致的剥削，价值创造和价值分配在主体上实现了统一。资本主义社会和共产主义社会都强调要激发各个要素主体的积极性，即资本主义社会将资本要素所有者的积极性调动起来，而共产主义社会则是在消灭资本要素的基础上充分调动了劳动者的积极性和主动性。但我们现在并未能达到马克思主义所倡导的共产主义

---

① Daryl D'Arl, *Economic Democracy and Financial Participation-A Comparative Study*, London and New York: Routledge, 1992, p. 4.

的基本要求，资本仍是当今社会中不可或缺的要素。当今时代生产仍是资本要素和劳动力要素结合在一起的过程，而且越来越多的劳动者拥有较高的人力资本①，人力资本唯"激励"而非"压榨"的特性，决定了企业在生产经营中必须注重这部分劳动者的激励问题。在传统的资本要素主导生产并独占利润的模式中，劳动者的主动性和积极性无法有效发挥，一种理想化的状态应该是充分调动两者的积极性，这需要我们在保持资本要素所有者积极性的同时，不断探索激发劳动者积极性的制度建构路径，实现资本要素所有者和劳动者共同发力的"双轮驱动"。

最后，我国社会主义制度提出了现实要求。"社会主义的本质，是解放生产力，发展生产力，消灭剥削，消除两极分化，最终达到共同富裕。"② 习近平总书记在主持召开中央财经委员会第十次会议时强调："共同富裕是社会主义的本质要求，是中国式现代化的重要特征。"③ 我国建立了中国特色社会主义制度，这既需要大力解放和发展生产力，充分调动社会主义劳动者的积极性和主动性，也需要解决西方资本主义社会无法解决的共同富裕问题，从根本上解决劳动者的贫困问题。由此社会主义制度在建构上需要充分关注劳动者问题。进入新时代，实现高质量发展需要践行以"人民为中心"理念和共享发展理念，这两大理念既关注如何调动劳动者的积极性，充分发挥人民在社会发展中的主体性作用，也强调经济社会发展过程中如何实现共同富裕，要求广大人民群众能分享到改革发展的成果，实现社会主义的公平正义。理念上的认知深化需要转化为现实的制度建构，而如何发挥劳动者的积极性、提高劳动者收入、推进共同富裕，正是本书从企业组织的微观领域进行研究的切入点。

作为一种科学理论体系，马克思主义的伟大在于其强大的理论和现实

---

① 严格来讲，劳动力资本和人力资本是西方理论的概念，也是不科学的，因为在马克思经济学中，资本是能够带来剩余价值的价值，反映的是一种剥削关系。劳动力或者人力资本获得的收入显然是其创造的价值，劳动者只是拿回了那部分属于自己的价值，在本质上这和资本的概念不同。但从形式上来看，资本的功能在于其增殖性，即资本不仅能收回成本还能获得利润，从这种意义上来看，我们所谓的人力资本只表现出资本的增殖形式，而不体现资本的本质。

② 《邓小平文选》第 3 卷，人民出版社，1993，第 373 页。

③ 《习近平谈治国理政》第 4 卷，外文出版社，2022，第 142 页。

解释力。一方面，我们要能对马克思的劳动力商品、与劳动力收入相关联的劳动力价值以及劳动力产权实现思想有一个正确的认识和理解；另一方面，我们也需要对西方理论作出相应的回应以及在新的条件下不断创新和发展马克思主义理论，并在此基础上探寻其当代价值。

（二）研究的意义与价值

人民群众是历史的创造者，劳动是创造价值的唯一源泉。本书的选题从根本上关注人特别是劳动者利益，这是一个古老的话题，决定了本书研究具有一定的难度，但又决定了本书研究具有重要的理论意义；同时这又是一个重要话题，是关系社会发展的重要现实问题，需要相关研究以维护劳动者利益和促进社会发展的合理制度建构，这也就凸显了其重要实践意义。

1. 本书研究的理论意义与价值

本书的选题关注劳动力产权实现这一概念，并看重对劳动力产权实现的理论逻辑进行阐释，而对这一话题的研究具有重要的理论意义与价值。

首先，创新和发展了马克思经济学。马克思理论的一大特色是在实践中不断与时俱进，不断创新和发展。科学区分劳动和劳动力这一对概念是马克思经济学的重要起点之一。从劳动力到劳动力商品，马克思揭示了资本主义剥削的秘密所在。但马克思对资本主义社会的批判是基于当时历史条件的分析和研究。社会历史条件不断发生新的变化，这也为创新和发展马克思理论提供了新的土壤和机会。马克思所在的时代，是资本主义工业化时期。在这一时期，劳动者只需要提供适应机器的简单劳动；企业是古典型的所有者和经营者合二为一的组织；资本在主导生产的过程中也占有一切剩余价值；在资本家占有大量财富的同时形成了"自由得一无所有"的无产阶级，资产阶级和无产阶级矛盾异常尖锐。而当今时代，劳动者中既有提供简单劳动的蓝领工人，也有提供大量复杂劳动且拥有较多人力资本的白领阶层；企业组织中涌现出较多资本所有权和经营权相分离的现代企业；劳动者也不单纯服从于资本，强势的劳动者甚至主导企业的生产经营决策，出现了"劳动雇佣资本"的现象；劳资矛盾尽管在当今时代仍然存在，但处在一个相对缓和的时期。这些现象相较于马克思批判资本主义社会时的情形，已经发生较大变化，这既需要利用马克思经济学理论进行有效解释，在实践中检验劳动价值论、价值规律等马克思经济学理论的准确性和科学性，也需要在实践中不断创新和发展马克思经济学理论。马克思理论不是封闭的理论，而是对人类社会发展规律的科学认识，需要在实践中不断创新、丰富和发展。这些新情况和新现象的出现，也为丰富和发展马克思经济学提供了新的实践空间，在解决当今经济发展问题的同时，也将不断丰富和发展马克思经济学理论。

其次，为如何提高劳动报酬、实现劳动报酬与劳动生产率同步提高、构建和谐劳资关系等方面提供新的理论阐释。马克思理论具有鲜明的阶级性，其始终站在无产阶级的立场上，寻求无产阶级的自身解放。如何改变劳动者贫穷的面貌，是马克思经济学的阶级立场的重要体现。马克思在分析资本主义社会时，运用了辩证否定思维，既肯定了资本主义在人类社会历史上对经济发展的巨大进步作用，又否定了资本主义能适应更高水平的生产力。在经济发展的同时，由于剥削的存在，资本报酬和劳动报酬之间的差距必然不断拉大，而生产的不断扩大和由相对贫困带来的消费能力的下降（也就是生产相对过剩）是经济危机产生的前奏。周期性的经济危机成为资本主义的顽疾，也昭示着资本主义社会必然在未来会被新的社会形态即共产主义社会所取代。在这里，人类经济发展需要关注两个方面：其一，如何促进生产力发展；其二，如何提高劳动报酬。只有实现经济和劳动报酬的同步增长才能从根本上解决劳动者的相对贫困问题，生产相对过剩的问题也就迎刃而解。在马克思的思路中，造成这一问题的根源在于生产资料私有制。在马克思建构的共产主义社会中，在消灭私有制的同时也消灭了剥削，在资本主义社会被资本家占有的剩余价值成为社会总产品的一部分，价值创造和价值分配在主体上实现了统一，从根本上解决了劳动者相对贫困问题。共产主义社会实现了资产阶级完全占有剩余价值到劳动者完全占有剩余价值的转变，这一巨大的跃进也是人类实现公平正义过程中的重大变革。但在马克思理论中，其也留下一个"中间地带"，即劳动者在只获得工资（V）与获得其创造的全部新价值（$V+M$）之间存在一个中间状态，这亦是劳动者能分享到部分利润、资本也不独占利润的中间状态。当劳动者和资本所有者各自按照一定比例分享利润时，社会经济和劳动报酬也就实现了同步增长，而这正是本书提出劳动力产权概念和解决这一问题的重要理论意义之所在。

2. 本书研究的实践意义与价值

任何理论研究既需要立足于实践，也需要在实践中总结出相应规律，并指导和服务于实践。本书不仅从理论层面分析了劳动力产权实现的逻辑起点、前提条件、关键因素、科学界定等内容，还在理论分析的基础上，阐释其对我国当今的实践意义与价值。

首先，在宏观上为我国缩小贫富差距、践行共享发展理念等提供思路。改革开放以来，尽管人民的劳动报酬呈现不断增长的态势，但劳动报酬在国民经济中的占比较低仍是客观事实，提高劳动报酬仍是我国必须面对和完成的艰巨任务。与此同时，近些年来，尽管我国消费占 GDP 的比重有所上升，但相较同期的发展中国家和发达国家而言，占比仍显得过低，这体现的是我国生产和消费之间的不协调，需要激发广大居民的消费潜力，而提高劳动者的收入正是解决这些问题的根本出路之一。劳动力产权实现的关注点仍是提高劳动者收入，本书这一研究主题要求在企业内部劳动者既能分享到利润，也能调动企业内部各要素的主动性和积极性，从而让共享发展理念在企业微观组织中得到展现，换言之，共享发展理念既有国家宏观层面的实现，也有企业微观层面的实现，这和当今我国的发展要求相契合。

其次，为我国建立合理的薪酬制度提供有益参考和借鉴。劳动力价值实现是劳动力产权实现的前提条件。劳动力价值实现就是要求工资能对劳动力价值进行等值补偿，劳动力价值是维持劳动力生产和再生产的生活资料价值的总和。商品实行等价交换是价值规律的基本要求，这就要求我们在制定工资制度时，将劳动力价值作为最重要的参考依据。同时，劳动力产权实现要求企业内部的劳动者能分享到利润，其依据是劳动力要素能和资本要素一样获取所有权收益，这就为企业内部薪酬制度的确立提供相应的参考依据和建构原则。具体而言，劳动力价值实现的依据是按生产要素分配，而劳动力产权实现体现的是按贡献分配，这也就为不同企业薪酬制度设计提供了相应的依据。

最后，为构建科学合理的利润分享制度提供新的思路。在传统的资本主义生产模式中，资本要素在主导一切生产活动的同时，也独占劳动者所创造的一切利润,这既无法调动劳动者的主动性,也在无形中拉大了资本和劳动两种要素的收入差距,造成严重的劳资矛盾,不利于企业的长期发展。许多国家尽管建构了利润分享制度,但仍缺乏制度建构的合理依据。没有科学理论指引下的实践,必然存在一定的盲目性。劳动力产权实现要求劳动力要素和资本要素同样能获得所有权收益(利润),这就为利润分享制度提供了重要的建构思路。一方面,建立利润分享制度的前提是对劳动力的消耗进行补偿,即劳动力价值实现;另一方面,利润分享在量上要以劳动力消耗量为依据。总体而言,劳动力产权实现为建构具体的工资制度和利润分享制度提供了相应的建构思路。

总体而言,我国作为社会主义国家,劳动者理应成为国家的真正主人。今天我国仍存在不小的贫富差距问题,我们更需要用马克思劳动力产权实现思想来分析和指导我国的经济发展实践,为劳动力产权的实现营造公正、公开、公平的市场竞争环境,使得劳动者能通过自身能力和努力获得相应收入,形成中国特色的和谐劳资关系,充分体现社会主义制度的优越性。

二 研究方法与内容框架

(一)研究的方法

1. 文献研究法

本书研究的理论基础是马克思经济学理论,这要求我们必须对马克思的经典文献特别是《资本论》有通透的研究和把握。劳动力和劳动力价值都是马克思经济学的特有概念,这需要我们将其概念还原到经典文献中,并在此基础上把握其内涵、嬗变条件等。尽管马克思并没有明确提出劳动力产权以及劳动力产权实现的概念,但马克思的一些经济学文献中有较多关于劳动力商品、所有权、产权等方面的论述,这需要我们在熟悉和把握经典文献的基础上,从忠于马克思经济学原意的基础上来定义和理解劳动力产权和劳动力产权实现的概念与内涵等。

2. 规范分析与实证分析相统一的研究方法

规范分析是从理论上分析事物变化的规律,实证分析则是在把握规律的基础上使之指导行动。本书在结构上既有理论分析,也有结合我国实际情况进行相应的实证分析。在理论层面，本书着重分析四个方面的内容。一是劳动力产权实现的逻辑起点，即探讨资本主义条件下劳动力商品的自由交易。二是劳动力产权实现的前提条件，即从马克思理论角度来界定劳动力价值实现的内涵和相应条件。三是劳动力产权实现的关键要素，即对当今资本主义利润分享制度产生的动因和本质进行审视与批判。四是劳动力产权实现的关键要素，即基于马克思理论提出劳动力产权实现的概念，并提出构建利润分享制度的逻辑等。在理论分析完成后，还需要结合我国实际情况进行相应的当代价值分析，如分析劳动力产权实现的意义、价值意蕴、制度建构、政策含义等。在总体上，本书先从理论上阐释"劳动产权实现是什么？"再结合中国的实际情况，集中回答"我国为什么要推动劳动力产权实现？""我国如何推动劳动力产权实现？"全书呈现了规范分析和实证分析相统一的研究思路与方法。

3. 历史与逻辑相统一的研究方法

历史与逻辑的辩证统一是马克思理论的重要研究方法之一。这种研究方法要求我们在分析任何一种现象的演变时，需要科学看待其历史发展的必然性、当今存在的合理性以及未来的前景。同理，本书在探讨劳动力产权实现时，既分析了资本主义社会从劳动力商品自由交换到劳动力价值实现再到劳动力产权实现问题的历史演变及其内在原因，也结合中国国情讨论了我国当今推动劳动力产权实现的客观必然性，并在马克思对未来共产主义社会的构想中，提出了建构未来理想劳动制度的一般原则和要义。本书的研究整体上遵循了历史与逻辑辩证统一的研究方法。

（二）内容框架

本书总共分为九个部分，绪论和结语分别是成果的"引子"和"结论"，具体内容如下。

绪论，主要包括研究的缘起与研究意义，研究方法与内容框架，本书的创新点与不足等。本部分的主要目的是为研究的内容作一个总体性的说明。

第一部分，相关概念与文献综述。劳动力产权实现需要从马克思理论出发，分别对劳动、劳动力、劳动力商品、劳动力价值、劳动力产权等相关概念进行界定。在文献综述方面，将从国外和国内两个方面进行梳理。

在国外方面，将对西方关于劳动收入及其决定的文献进行相应梳理。在国内方面，将对国内关于劳动力价值实现、劳动力产权实现等文献进行梳理。

第二部分，劳动力产权实现的逻辑起点：劳动力商品的自由交易。劳动力成为商品是资本主义雇佣关系产生的前提，劳动力商品的自由交易，就自然产生了劳动力所有权和使用权的问题。本部分将论证资本主义自由交易并不能保障结果的公平，主要从三个方面展开研究。其一，西方对劳动力商品自由交易的观点。意志自由是劳动力商品自由交易的前提，交易主体平等是劳动力商品自由交易的保证，消极自由和积极自由是衡量劳动力商品自由交易的两个维度。其二，马克思对资本主义劳动力商品自由交易的批判。劳动异化是审视劳动力商品自由交易的结果公平合理性与否的标准，从而从主体、客体、过程、结果四个方面论证了资本主义劳动力商品自由交易并不能实现真正的自由，也不能保证交易的公平性。其三，马克思对如何实现劳动力自由交易的分析。私有制是制约劳动力自由交易的根本。在私有制条件下，劳动力自由交易空间的拓展可以从劳动力产权主体、劳动力产权交易客体等方面入手。

第三部分，劳动力产权实现的前提条件：劳动力价值实现。劳动力商品的买卖关系，首先是对劳动力价值的补偿，即劳动力价值实现，本部分将从三个方面展开研究。其一，将阐释马克思研究劳动力价值实现的三个隐含条件，即科学区分劳动商品和劳动力商品、劳动力价值和劳动力使用价值两对概念，工人阶级处于弱势地位，资本所有权和经营权合二为一。其二，劳动力价值实现的内涵，即劳动力价值是工资的决定性因素，是指工资和劳动力价值在供求关系的影响下呈现出相一致的趋势。其三，人力资本劳动者劳动力价值实现程度的差异。人力资本劳动者的劳动力价值实现程度相对较高，原因在于其能创造出较高的生产效率。

第四部分，劳动力产权实现的关键要素：对西方利润分享制度的阐释和批判。工资是对劳动力价值的补偿，当劳动者既获得工资也获得了部分利润时，这是否意味着资本主义发生了根本改变？本部分对西方利润分享制度进行剖析和阐释，并将从三个方面展开研究。其一，基于马克思经济学对利润分享制度进行界定，即利润分享制度是在劳动力价值实现的前提下出现的。其二，基于马克思经济学对西方兴起的利润分享制度进行解读。分别从人力资本劳动者、化解和分担资本所有者日益增加的社会风险等维度，对西方利润分享制度兴起的客观原因进行解读。其三，对西方利润分享制度的批判。当今西方国家的利润分享制度仍是价值规律的具体体现，并不是维持资本主义社会长期发展的良药，其只是在一定程度上缓和了资本主义社会的基本矛盾。

第五部分，劳动力产权实现的科学界定：利润分享制度的建构思路。劳动力产权实现不能停留在劳动力价值实现层面，劳动者还必须获得利润分享的权利。本部分将从三个方面对利润分享制度的合理建构展开研究。其一，马克思在共产主义社会中对劳动力产权实现思想的建构。消灭雇佣劳动制度的制度根源是劳动力产权实现的基础，自由人联合体是劳动力产权实现的新的经济组织。其二，对劳动力产权实现概念的界定，可以从跨期实现和当期实现两个层次来分析。劳动力产权跨期实现的实质是将积累的劳动转化为资本，使得劳动力要素资本化。其三，劳动力产权实现在不同所有制企业中的建构。私有制企业中的劳动力产权当期实现是劳动力要素和资本要素取得同等地位，以劳动力这一生产要素为依据，获得所有权收益，遵循等量投入获得等量利润的分配规则。国有企业劳动力产权当期实现既要遵循等量投入获得等量报酬的原则，也要依据按劳分配和按劳动力贡献分配的原则进行利润分享。

第六部分，马克思劳动力产权实现思想在我国的境遇：适用与应用。马克思劳动力产权实现思想是针对资本主义的批判性理论，对我国而言，这一思想面临是否有用以及如何运用的两重境遇，这部分将从三个方面对这一个问题进行回答。其一，马克思劳动力产权实现思想的当今适用性。马克思劳动力产权实现思想仍具有指导意义，也将在我国社会主义实践中不断地实现丰富、发展和创新。其二，我国当今呈现出劳动力总体短缺等客观情况，这也要求我国推动劳动力产权实现的相关改革。其三，我国当今也探索出一系列利润分享制度，但该制度存在一些突出问题，马克思劳动力产权实现思想为我国建立科学合理的利润分享制度提供了理论基础。

第七部分，我国劳动力产权实现的价值意蕴：共享发展理念的微观展现。社会主义制度建立以后，我国劳动力产权实现的价值指引何在？这部分将从三个方面展开研究。其一，从主体、内容、过程等三个方面概括共享发展理念。其二，寻找共享发展理念与利润分享制度的契合点。劳动力产权实现是共享发展理念在微观企业组织中的体现，这要求我们在具体的制度建构上，践行共建共享、公平正义、发展优先、循序渐进的原则。其三，共享发展理念对利润分享的制度建构要求。基于共享发展理念来建构劳动力产权实现的制度，需要建立能准确衡量劳动力价值的工资制度、体现劳动贡献的利润分享制度、因地制宜的企业控制权配置制度、具有典型示范意义的推广制度。

第八部分，我国劳动力产权实现的政策含义：实现好维护好发展好劳动者利益。劳动力产权实现符合劳动者利益，政府应该借助相关政策进行推动。这部分将从马克思劳动力产权实现思想的四个方面展开研究，并推导相应的政策含义。其一，从劳动力产权实现思想的逻辑前提，推导出当今如何实现劳动力合理流动的政策含义，即健全和完善失业保险制度以及推进城乡劳动力市场一体化建设。其二，从劳动力产权实现思想的前提条件，推导出当今如何完善工资制度的政策含义，即健全和完善职工的"五险一金"制度以及工资的正常增长机制。其三，从劳动力产权实现思想的关键环节，推导出当今应加大人力资本投入力度的政策含义，即国家加大教育投入力度、鼓励和支持建立职工培训机制。其四，从劳动力产权实现思想的建构思路，推导出当今建立利润分享制度的政策含义，即从政策上鼓励和支持各级企业建立职工持股制度以及提炼出典型企业的相关经验并加以推广。

结语。对本书的基本内容进行小结。

目前学界探讨改变劳动报酬较低现状的思路大多从提高工资着手。而本书既强调工资层面的改革，更聚焦于通过利润分享激发劳动者的积极性，在促进企业发展的同时实现劳资两利以及劳资关系的和谐，在总体视角上呈现了资本和劳动报酬同步提高、企业内部各要素主体实现共享发展的正和博弈的新思路。国家社科基金项目数据库相关资料显示，目前还没有直接以劳动力产权为主题的立项项目。国家图书馆数据库相关资料显示，直接以劳动力产权为主题的图书只有四本，单纯研究马克思劳动力产权实现思想的专著只有一本，这些成果存在系统性不强甚至还出现一些理解上的误区和错误等突出问题。本书既有对马克思劳动力产权实现思想的学理阐释，也能在理论阐释中推导出其当代价值，是将理论阐释与当代价值结合起来的系统研究。

　　但由于笔者能力有限，本书也存在一些不足。一是在马克思理论中，私有制是造成剥削的根源所在，但对不同所有制企业中劳动力产权实现存在不同界定，本书对所有制与劳动力产权实现之间关系的分析还有待深入。二是劳动力产权实现思想与共享发展理念之间的契合性还需要在理论上进一步展开分析。三是本书在理论上是基于企业视角的微观分析，对我国具体的微观经济问题的探讨不够充分，特别是还未找到国有企业的典型职工持股模式，并在此基础上进行相应的分析。以上这三个方面的问题，正是笔者后续需要不断改进的地方以及进一步深入思考的重要内容。

第一章

相关概念与文献综述

如何提高劳动者收入？这是经济学理论的一个重要议题。马克思在批判劳动商品的同时，科学地提出了劳动力商品的概念，由此形成了劳动力价值、劳动力价格等概念，这成为解释劳动者收入的重要概念。严格意义上来讲，西方经济学理论并没有劳动力商品这一概念，从而也并没有直接关于劳动力实现和劳动力产权实现的相关文献，但有较多关于工资、劳动报酬决定的研究。在总体上，马克思经济学与西方经济学在研究劳动收入决定因素上呈现了不同的研究思路。

第一节 劳动力产权相关概念的界定

一 劳动与劳动力

1. 劳动

人类社会的出现与劳动紧密联系在一起，从某种意义上说，"整个所谓世界历史不外是人通过人的劳动而诞生的过程"。① 但"人们为了能够'创造历史'，必须能够生活。但是为了生活，首先就需要吃喝住穿以及其他一些东西。因此第一个历史活动就是生产满足这些需要的资料，即生产物质生活本身"。② 简言之，劳动作为一种人类活动，其首要目标则是维持人类的生存，劳动承担着获取人类必要物质生活资料的职能，但劳动的过

---

① 《马克思恩格斯文集》第 1 卷，人民出版社，2009，第 196 页。
② 《马克思恩格斯文集》第 1 卷，人民出版社，2009，第 531 页。

程同时也是人与人、人与自然、人与社会发生、建立某种关系的过程。

首先，获取物质资料的过程是人与自然发生关系的过程。马克思指出："劳动首先是人和自然之间的过程，是人以自身的活动来中介、调整和控制人和自然之间的物质变换的过程。"[①] 这种物质变换的过程，既表现为它为人类提供生存和生活的必需品，也表现为劳动者参与的生产活动对大自然的改造及其自身行为对自然造成的影响。人与动物的区别在于"动物只是在直接的肉体需要的支配下生产，而人甚至不受肉体需要的影响也进行生产，并且只有不受这种需要的影响才进行真正的生产"。[②] 人类有意识地支配自己的活动，既将人和动物区别开来，也使得人类在生产劳动中能从大自然获取物质生产资料，同时也在与自然界的和谐相处中实现可持续发展。从这种意义上说，劳动的必然目的在于从自然界获取生存和发展的必要物质，而劳动的应然目的内容则应更进一层，即通过劳动形成人和自然之间和谐互动的关系，并能在人与自然之间和谐互动的要求下选择适合人类发展的最优劳动方式和手段，从而实现人的全面发展和自然环境优化的相互促进的良好局面。

其次，劳动是社会性的活动。一方面，劳动并不是抽象的劳动，劳动只有在一定的社会关系中才能实现；另一方面，劳动并不是封闭的劳动，劳动使得一系列的社会联系（比如劳动者之间的分工与合作等）更加紧密，成为个人与社会互动的纽带。因此，劳动的作用涉及两个问题：一是劳动能否成为促进人的发展的工具和手段；二是劳动能否成为促进社会发展的工具和手段。当然，这两个问题又是辩证统一的：一方面，个人是社会的个体，个人得到全面的发展才能更好地促进社会的发展；另一方面，个人的发展必须寓于社会之中，没有超脱于社会的个体，社会的全面发展才能给个人的全面发展提供更大的空间和平台。由此也就可以推出劳动的又一应然目的：劳动是实现个人发展和社会发展有机统一的手段与工具。

劳动者是人类历史的创造者，劳动的过程也必将是劳动者与自然界和社会发生一定关系的过程，那么，劳动者与自然界和社会到底需要建立什

---

① 《马克思恩格斯文集》第 5 卷，人民出版社，2009，第 207~208 页。
② 《马克思恩格斯文集》第 1 卷，人民出版社，2009，第 162 页。

么样的关系呢？从马克思的观点来看，劳动者与自然界和社会需要建立双向互惠的关系。因为劳动者的全面发展能增强自身改造自然界、改造社会的能力，而自然环境的优化、社会关系的和谐也必将为劳动者发展提供更为有利的条件。因此，劳动的应然目的就是利用劳动这一工具和手段来实现人与自然、人与人、人与社会之间的和谐互动。但既然称其为应然目的，也就意味着这一目的并不必然会实现，应然目的只有在劳动遵循一定条件时才会出现必然结果。

2. 劳动力

人与动物的区别在于"动物只是在直接的肉体需要的支配下生产，而人甚至不受肉体需要的影响也进行生产，并且只有不受这种需要的影响才进行真正的生产"。[1] 劳动是人类特有的能力，这种能力可以称为劳动力或劳动能力，在马克思看来，劳动力或劳动能力是"人的身体即活的人体中存在的、每当他生产某种使用价值时就运用的体力和智力的总和"。[2] 在这里，马克思对劳动力的定义就有下面几层含义：①劳动力的主体是人，劳动能力的支出必须受到主体的支配；②劳动力不能独立存在，其潜藏在人的身体之中；③劳动力由体力和智力两大要素构成。劳动力是人与生俱来的特有能力，但劳动力的发挥却需要一定条件，劳动是各种要素结合在一起的过程，正如马克思在《资本论》中所说："劳动过程的简单要素是：有目的的活动或劳动本身，劳动对象和劳动资料。"[3] 换言之，劳动是指劳动者运用劳动资料，作用于劳动对象并创造出满足人们某种需要的使用价值的行为过程，是劳动者的劳动能力得以展现的过程。

二　劳动力价值及其实现

1. 劳动力价值

马克思以资本主义社会为分析对象，在他所处的年代，生产资料被资本家所占有，而拥有劳动力的劳动者却没有劳动资料，劳动的过程被分割

---

[1] 《马克思恩格斯文集》第 1 卷，人民出版社，2009，第 162 页。
[2] 《马克思恩格斯文集》第 5 卷，人民出版社，2009，第 195 页。
[3] 《马克思恩格斯文集》第 5 卷，人民出版社，2009，第 208 页。

为工人和资本家两个阶级之间的行为：劳动者为了生存，必须接受资本家剥削；资本家为了获得剩余价值必须雇用工人。这种雇佣关系也就是劳动力成为商品的一种反映。在马克思看来，资本主义社会具备了劳动力成为商品的条件："一方面，工人是自由人，能够把自己的劳动力当做自己的商品来支配，另一方面，他没有别的商品可以出卖，自由得一无所有，没有任何实现自己的劳动力所必需的东西。"① 换言之，工人没有从事劳动的生产资料，无法生产出必需的劳动产品，只能靠出卖劳动力为生；工人的劳动力成为一种可以买卖的商品。

劳动力商品的价值和其他商品价值不同，其与劳动者生存联系在一起：正常的劳动者只要生存下来就天然具有一定劳动能力，对于没有生存资料的劳动者而言，交易劳动力使用权就是获取生存资料的过程，从而劳动力的价值"就是维持劳动力占有者所必要的生活资料的价值"。② 同样，就其劳动力价值的大小而言，"同任何其他商品的价值一样，劳动力的价值也是由生产从而再生产这种独特物品所必要的劳动时间决定的"。③ 从马克思这句话来看，劳动力的价值涉及劳动力生产和再生产的过程。就劳动力生产而言，则是维持已有劳动力生存的过程；就劳动力再生产而言，则是培育未成年子女并使其进入劳动力市场的过程。从一个家庭来看，劳动力价值的实现既涉及参加工作的劳动者的劳动力价值的补偿，也涉及子女（未来劳动力）抚养费用的补偿。在马克思的分析中，劳动力价值就是以家庭为单位的价值补偿，这种补偿可以还原为三部分：①维持劳动者自己生存所必需的生活资料的价值；②劳动者养活子女所必需的生活资料的价值；③劳动者接受教育或训练而花费的一定量的价值。对应于这三部分的补偿，马克思都有相关的论述。

首先，在维持劳动者生存所必需的生活资料的价值方面，马克思曾经指出："同任何其他商品的价值一样，劳动力的价值也是由生产从而再生产这种独特物品所必要的劳动时间决定的。就劳动力代表价值来说，它本

---

① 《马克思恩格斯文集》第5卷，人民出版社，2009，第197页。
② 《马克思恩格斯文集》第5卷，人民出版社，2009，第199页。
③ 《马克思恩格斯文集》第5卷，人民出版社，2009，第198页。

身只代表在它身上对象化的一定量的社会平均劳动。劳动力只是作为活的个人的能力而存在。因此，劳动力的生产要以活的个人的存在为前提。假设个人已经存在，劳动力的生产就是这个个人本身的再生产或维持。活的个人要维持自己，需要有一定量的生活资料。因此，生产劳动力所必要的劳动时间，可以归结为生产这些生活资料所必要的劳动时间，或者说，劳动力的价值，就是维持劳动力占有者所必要的生活资料的价值。但是，劳动力只有表现出来才能实现，只有在劳动中才能发挥出来。而劳动力的发挥即劳动，耗费人的一定量的肌肉、神经、脑等等，这些消耗必须重新得到补偿。支出增多，收入也得增多。劳动力所有者今天进行了劳动，他必须明天也能够在同样的精力和健康条件下重复同样的过程。因此，生活资料的总和应当足以使劳动者个人能够在正常生活状况下维持自己。"① 在这里，马克思指出，对这一部分价值补偿的是维持劳动者生存所必需的生活资料，低于这一部分价值补偿量，必然威胁到劳动者的生存以及劳动力的再生产。

其次，劳动者养活子女所必需的生活资料的价值是在这一代劳动力退出市场、新的劳动力补充进来的过程中产生的。在马克思看来，"劳动力所有者是会死的。因此，要使他不断出现在市场上（这是货币不断转化为资本的前提），劳动力的卖者就必须'像任何活的个体一样，依靠繁殖使自己永远延续下去'。因损耗和死亡而退出市场的劳动力，至少要不断由同样数目的新劳动力来补充。因此，生产劳动力所必要的生活资料的总和，包括工人的补充者即工人子女的生活资料，只有这样，这种独特的商品占有者的种族才能在商品市场上永远延续下去"。②

最后，劳动力价值包含的第三部分内容是劳动者的教育训练等费用。马克思将这部分费用的支出与劳动者能力的提升联系在一起，马克思指出："为改变一般人的本性，使它获得一定劳动部门的技能和技巧，成为发达的和专门的劳动力，就要有一定的教育或训练，而这又得花费或多或少的商品等价物。劳动力的教育费用随着劳动力性质的复杂程度而不同。

---

① 《马克思恩格斯文集》第5卷，人民出版社，2009，第198～199页。
② 《马克思恩格斯文集》第5卷，人民出版社，2009，第199～200页。

因此，这种教育费用——对于普通劳动力来说是微乎其微的——包括在生产劳动力所耗费的价值总和中。"①

在这三部分价值补偿中，①、②可以对应于劳动力价值概念中生产、维持和延续劳动力所必需的生活资料价值。而第③部分并不是价值补偿的必然组成部分。在资本主义社会发展的初级阶段，劳动者出卖劳动力是为了直接获得生存所必需的生活资料，劳动者只是提供最简单、最原始的劳动力，从而"这种教育费用——对于普通劳动力来说是微乎其微的"。②在一家庭中，劳动力再生产过程是一个持续迭代的过程，即一部分劳动力进入劳动力市场和一部分劳动力退休而退出劳动力市场。劳动力的生产和再生产将不仅仅涉及参加工作的劳动者和未进入劳动力市场的未成年群体的生活资料的价值补偿，还涉及退出劳动力市场的退休群体，这部分群体在退休后并不会因为未参加工作而不需要相关的生活资料。而获得收入的群体只有劳动者，也就是说，劳动者获得的收入必须对劳动者自身、未成年群体和退休群体的生活资料进行补偿。

2. 劳动力价值实现

劳动力价值实现的实质是劳动力价值的补偿问题，其外在表现形式就是劳动力价值与劳动力价格之间的关系。具体而言，当进行劳动力商品交易时，存在劳动力价格大于、等于和小于劳动力价值的三种关系。换言之，劳动力商品发生交易时，并不意味着劳动力价值就自动完成了等额补偿。正因为劳动力价值与劳动力价格并不总呈现一致，劳动力价值实现程度的问题就应运而生了。

因为劳动力价格在劳动力商品交易时是通过工资的形式呈现出来的，在其他条件不变的情况下，工资的提高就自然对应于劳动力价值实现程度的提高。这也就是说，在探讨劳动力价值实现程度时，最主要的内容是如何提高工资。马克思从以下几个方面对这一话题展开了分析。

其一，非市场性因素，即资本家和劳动者两个阶级之间的斗争。在马克思的分析中，劳动者出卖的是劳动力而不是劳动，劳动力商品的出卖通

---

① 《马克思恩格斯文集》第 5 卷，人民出版社，2009，第 200 页。
② 《马克思恩格斯文集》第 5 卷，人民出版社，2009，第 200 页。

过工资的形式而得以呈现，马克思曾经指出："工资不是它表面上呈现的那种东西，不是劳动的价值或价格，而只是劳动力的价值或价格的隐蔽形式。"① 劳动者工作一天获得一天的工资，表现为劳动的价格，这掩盖了工人创造剩余价值并被资本家占有的事实。在劳动者创造的新价值中，当劳动者获得的工资较多时，就意味着资本家占有的剩余价值会减少，反之亦然。而资本家获得剩余价值量的大小反映的是资本家对工人的剥削程度，当劳动力价值实现程度提高时，意味着剥削程度相应降低。从本质上来看，劳动力价值实现程度背后是劳动者和资本家之间力量的对比变化。

在和资本家的对抗中，马克思强调工人联合的重要性。"在平等的权利之间，力量就起决定作用"②，这种力量的形成表现为工人运动的兴起。在马克思所处的年代，为了争取缩短工作时间，提高工资、福利和改善劳动条件等，工人通过组织工会、集体谈判、劳动力集体退出、游行等行动与资本家进行一定程度的对抗，而且为了达到提高收入、减轻剥削的目的，马克思还特别强调："为了'抵御'折磨他们的毒蛇，工人必须把他们的头聚在一起，作为一个阶级来强行争得一项国家法律，一个强有力的社会屏障，使自己不致再通过自愿与资本缔结的契约而把自己和后代卖出去送死和受奴役。"③

此外，为了缓和日益紧张的劳资矛盾，资本主义社会也出台了相关政策和法律，这也是影响劳动力价值实现程度的重要因素。如1848年英国以法令的形式规定了10小时工作制，甚至设置了专门的工厂视察员监督法令的实施状况。这一法令的实施"是通过资本家和地主统治的国家所实行的对工作日的强制的限制，来节制资本无限度地榨取劳动力的渴望"。④ 与此同时，这一些有利于劳动者的政策的实施也是工人通过联合和资产阶级进行斗争的必然结果。马克思所呼吁的"全世界无产阶级联合起来"仍是争取工人利益的最重要手段。

其二，劳动力市场的行为，即劳动力供求关系对劳动力价值实现程度

---

① 《马克思恩格斯文集》第3卷，人民出版社，2009，第441页。
② 《马克思恩格斯文集》第5卷，人民出版社，2009，第272页。
③ 《马克思恩格斯文集》第5卷，人民出版社，2009，第349页。
④ 《马克思恩格斯文集》第5卷，人民出版社，2009，第276~277页。

的影响。作为一种商品，劳动力商品同样遵循价值规律：当劳动力商品的供给大于需求时，供给过剩会使得劳动力价格低于劳动力价值，表现为劳动力价值实现程度的降低；当劳动力商品的需求大于供给时，劳动力价值实现程度就相应较高。在马克思所处的年代，欧洲各国工业化加速，大量农村劳动力涌向城市，劳动力处于无限供给的状态，从而使得工人的工资停留在维持劳动者生存的一个最低水平上。

在马克思所处的年代，受制于劳动力供给的严重过剩以及工人组织并未普遍建立的状况，在资本主义私有制下，资本所有权表现为无偿占有剩余价值，雇佣工人除了获得生存的工资外，一无所有。更为简单地讲，资本主义社会的收入分配形成了"劳动者获得工资、资本家获得利润"的格局。劳动力价值实现只通过工资的形式得以补偿，劳动者并未获得分享利润的权利。受限于当时所处的时代背景以及为了揭示资本主义社会的剥削本质，马克思并未探讨资本主义社会背景下的劳动者参与利润分享的可能性，而是将劳动力产权建立在颠覆资本主义社会不合理制度的基础之上。这也就是说，劳动力产权实现是建立在消灭剥削的生产资料公有制的基础之上的。

在生产资料公有制社会，由于资本家这一剥削阶级的消灭，通过资本无偿占有社会产品而拥有的奴役他人劳动的权力也随之消亡，主要用于奴役和剥削劳动者的生产资料、土地和资本等也演变成为劳动者的工具，在马克思所构建的"自由人联合体"中，劳动成为获取产品的唯一尺度。劳动者不仅能对劳动力价值实现完全补偿，在扣除社会发展的必要产品后，社会总产品的剩余部分还以按需分配的方式返还给劳动者，从而使劳动力产权得到彻底实现，即劳动者不仅能对劳动力价值进行补偿，还能获得社会总产品的剩余总额。在这里，这是一种彻底的嬗变，因为在整体上，劳动者获得了全部剩余总产品，但受制于当时的背景，马克思并没有探讨劳动者获得部分剩余价值的可能性。

三 劳动力产权实现

1. 马克思经济学中的"产权"

产权在英语中被译为"property rights"或"the rights of property"，在

德文中马克思常用"Eingentum"或"Einentum Recant"来表述"财产关系",这两个词语翻译成英文有财产权和产权的意思。虽然中文版的《马克思恩格斯全集》中并未将这两个词组译成财产权或产权,而是以"所有制"代之,但财产关系、财产权、产权等译名仍多次出现,其中:财产关系出现 74 次;财产权出现 42 次;产权出现 77 次。① 严格意义上来看,马克思并没有明确提出产权的概念,但其著作却闪耀着产权实现思想的光辉。

马克思的产权实现思想寓于所有制的概念之中。从词源上来看,产权是指合法财产的所有权,这种所有权表现为对财产的占有、使用、收益、处分,在本质上体现的是法权关系。马克思曾指出:"社会的物质生产力发展到一定阶段,便同它们一直在其中运动的现存生产关系或财产关系(这只是生产关系的法律用语)发生矛盾。"② "私有财产的真正基础,即占有,是一个事实,是无可解释的事实,而不是权利。只是由于社会赋予实际占有以法律规定,实际占有才具有合法占有的性质,才具有私有财产的性质。"③ 生产资料的归宿即所有制是生产关系的核心内容,从而财产关系和所有制之间必然有着某种联系。马克思明确指出:"这种具有契约形式的(不管这种契约是不是用法律固定下来的)法的关系,不过是一种反映着经济关系的意志关系。这种法的关系或意志关系的内容是由这种经济关系本身决定的。"④ 马克思的这段话蕴含着财产关系和所有制之间的辩证关系。一方面,在资本主义社会,生产资料私人占有的所有制关系必然造就人口占少数的资本家占有大量财富的现实;另一方面,现有财产权只不过是所有制的法律形态,是"一定所有制关系所特有的法的观念"⑤,马克思正是从生产关系中最核心的内容即所有制出发,来阐释法权意义上的产权的,进而对资本主义经济体系进行了彻底批判。

产权包含所有权、占有权、经营权、使用权等一系列权利,构成了一

---

① 吴易风:《产权理论:马克思和科斯的比较》,《中国社会科学》2007 年第 2 期。
② 《马克思恩格斯文集》第 2 卷,人民出版社,2009,第 591 页。
③ 《马克思恩格斯全集》第 3 卷,人民出版社,2002,第 137 页。
④ 《马克思恩格斯文集》第 5 卷,人民出版社,2009,第 103 页。
⑤ 《马克思恩格斯全集》第 30 卷,人民出版社,1975,第 608 页。

个权利束，其中关键是所有权，但所有权并不是孤立的，而是与其他几个权利之间有着密切联系。马克思在研究所有权时是与其他几个权利联系在一起的。马克思在其著作中研究了所有权和其他权利之间分化和组合的形式。

第一，所有权和占有权、经营权的统一与分离。在私有制社会，历史上的自耕农和个体小工业者在生产上实现了所有权和占有权、经营权的统一，只是这两类群体的生产模式在历史上并未占主流。一是这两类群体的生产模式是一种相对封闭的小生产模式，与社会化大生产格格不入；二是在私有制条件下，竞争的结果必然使生产资料集中，失去生产资料的劳动者占大多数，这两类群体相对较少。正因如此，马克思重点考察的是所有权和占有权、经营权的分离。在原始社会中，土地归公社所有，但归个人占有和经营，马克思曾指出："土地公有制是野蛮时代的部落的普遍现象；所以在拉丁部落中同样存在着土地公有制。大概在很早的时期，一部分土地已经归个人占有。土地占有权最初无疑是以实际使用为根据的，这种情况在野蛮时代低级阶段已经发生了。"① 在这里，马克思探讨了在公有制条件下的所有权与占有权、使用权之间的主体不一致性问题。在封建土地所有制中，土地归地主所有，但当地主把土地租给农民后，农民在租期内，便实际拥有了土地的占有权和经营权。在讨论资本主义土地所有权时，马克思又指出："从一个较高级的经济社会形态的角度来看，个别人对地体的私有权，和一个人对另一个人的私有权一样，是完全荒谬的。甚至整个社会，一个民族，以至一切同时存在的社会加在一起，都不是土地的所有者。他们只是土地的占有者，土地的利用者，并且他们必须像好家长那样，把土地改良后传给后代。"② 在这里，马克思明确了所有权和占有权、使用权可以分属于不同主体。进入资本主义社会后，土地所有者并不直接经营土地，而是将其租给农业资本家，两者在所有权与经营权和占有权之间也形成了分离，这就是资本和土地的分离、租地农场主和土地所有者的分离。在讨论生息资本时，马克思指出："资本的使用者，即使是用自有

① 《马克思恩格斯全集》第45卷，人民出版社，1985，第535页。
② 《马克思恩格斯选集》第2卷，人民出版社，1995，第574~575页。

的资本从事经营，也具有双重身份，即资本的单纯所有者和资本的使用者；他的资本本身，就其提供的利润范畴来说，也分成资本所有权，即处在生产过程以外的、本身提供利息的资本，和处在生产过程以内的、由于在过程中活动而提供企业主收入的资本。"① 在这里，马克思又指出了所有权和使用权、经营权之间的分离。

第二，所有权和使用权的统一与分离。马克思在分析劳动力这一概念时指出，劳动者出卖给资本家的是劳动力而不是劳动。劳动者天然拥有劳动力商品的所有权，出卖给资本家的只是在雇佣期间的劳动力使用权，是所有权和使用权的暂时分离。同时，劳动力所有权和使用权的统一，也就要求劳动者能自主生产，拥有生产资料，这显然在私有制的条件下是无法实现的。

第三，所有权和剩余索取权的统一与分离。严格意义上来讲，马克思并没提出剩余索取权这一概念，但剩余索取权本质上是对剩余价值的占有权，这正是马克思关注的重点。在资本主义社会，资本家在雇用劳动者以后，就天然占有劳动者创造出的全部剩余价值。对于劳动者而言，尽管拥有劳动力的所有权，但其却并没有剩余索取权，而其根源就在于生产资料资本主义私人占有制。当劳动者拥有生产资料所有权时，劳动者也就实现了劳动力所有权和剩余索取权的统一。

总体而言，马克思所研究的产权是在所有制视域下探讨财产的法权关系，产权在内容上包含所有权、占有权、使用权、支配权、经营权、索取权、继承权和不可侵犯权等一系列权利，产权所包含的权利可以统一，全属于同一主体，也可以分离，分属于不同主体。② 同时每一种权利又可以进一步细分，根据每一项权能的分解与组合从而形成不同的产权结构，而每一种产权结构又决定了人们在使用资源时的权利义务以及相应的社会经济关系。

2. 劳动力产权

当劳动力成为商品后，劳动者出卖给资本家的是劳动力，而不是劳

---

① 《马克思恩格斯文集》第 7 卷，人民出版社，2009，第 421 页。

② 吴易风：《产权理论：马克思和科斯的比较》，《中国社会科学》2007 年第 2 期。

动。劳动力从所有权来看，天然地和劳动者联系在一起，这是不可分离的。在马克思看来，劳动力的使用即劳动创造了价值和财富使劳动者享有剩余分享权。劳动力产权是由于劳动者拥有劳动力、使用劳动力而对剩余劳动成果的索取权，即对剩余劳动成果享有的占有权、控制权和支配权。[①]劳动力产权在没交易前就客观存在，只有交易后，各项内容才开始分解。由此我们可以认为，劳动力产权包括基本生存权和基本发展权、获得劳动力再生产所必需的生活资料的权利、自主支配权、一部分剩余索取权。[②]由此，劳动力产权也表现出一些突出特点。

第一，所有权的不可交易性。劳动力是"人的身体即活的人体中存在的、每当人生产某种使用价值时就运用的体力和智力的总和"。[③]劳动者"在让渡自己的劳动力时不放弃自己对它的所有权"。[④]劳动力不能脱离劳动者而单独存在，其与劳动者存在天然不可分性。因此，劳动者天然拥有劳动力的所有权，并存在不可交易性，反之，如果劳动力的所有权存在交易性，则意味着劳动者出卖的是自己，劳动者成为商品，附着在劳动者身上的劳动力产权就直接归劳动者的所有者所有。

第二，支配权和使用权的可交易性。劳动者既可以自己直接使用支配权和使用权，也可以将其转让出去，是否转让这两项权能取决于交易的收益差异。当劳动者一无所有或者拥有部分生产资料，但无法自己组织生产或者组织生产的比较利益较低时，其必然结果就是交易劳动力的使用权和支配权的发生，否则，劳动者将完整拥有劳动力产权的全部内容和权能。

第三，收益的可变性。在马克思看来，一切财富都是劳动者创造的，理应归劳动者所有，劳动力产权的收益权将存在一个区间值，即最低为获取生存的基本生活资料，最高为其创造财富的总和。在劳动力产权的内容都属于产权主体时，产权主体将获得一切收益权，当劳动者将劳动力的使用权和支配权交易后，收益权将是两个主体之间就所创造价值的分割权，在创造的价值总量中，分割的比例取决于交易双方力量的对比，一方的力

---

① 王天雨：《劳动力产权研究》，《学术月刊》1997 年第 12 期。

② 魏宏斌、连建辉：《论劳动力产权》，《福建师大福清分校学报》1997 年第 1 期。

③ 《马克思恩格斯全集》第 21 卷，人民出版社，2003，第 434 页。

④ 《马克思恩格斯全集》第 42 卷，人民出版社，2016，第 157 页。

量越大，其分割的比例自然就越高。

第四，产权内容的辩证统一性。产权界定的目的在于使产权主体获得收益的最大化，同样，劳动力产权实现的关键也在于获取收益的最大化，这就是说，所有权、支配权、使用权等一系列权利束组合的目的在于实现劳动力产权中的收益权。没有收益权，劳动力产权的交易将不会发生。由此可见，支配权、使用权等一系列权利束的组合只是实现收益权的手段，不同权利束的组合也就带来不同的收益。反之，没有收益权，劳动力产权交易便不会发生，获取收益权是劳动力产权交易发生的前提。另外，收益权的大小又直接关系到劳动者的使用权和支配权的交易价值，产权主体获得的收益越多，其对劳动者进行各项培训等方面的投入才会越多，使得劳动者的素质和技能不断得到提升，从而进一步提高劳动力使用权的价值。

3. 劳动力产权实现

产权关系是所有制关系的法律形式，是物的外壳掩盖下的人与人之间的经济关系。[1] 在原始社会，尽管人们参加集体劳动，平均分配劳动产品，但并没有以法律的形式来界定相应的财产关系的占有，只有所有制而无产权，自然也就无劳动力产权概念。私有制和国家诞生以后，为了维护统治阶级的利益，相应维护生产资料私有制以及各种权利关系的法律就有了诞生的天然土壤，产权也得以形成。由于统治阶级占有生产资料的产权，劳动力产权作为劳动者维持自身生存的手段得以存在。但在私有制的条件下，谁具有生产资料产权，谁就具有现实的劳动力产权。劳动力产权是作为生产资料产权的附属物而产生和存在的。劳动力产权的存在和对其的占有，要以生产资料产权的存在和占有为前提条件。[2] 在奴隶社会，"奴隶连同自己的劳动力一次而永远地卖给奴隶的所有者了。……奴隶本身是商品，但劳动力却不是他的商品"。[3] 奴隶成为商品，属于和物质生产资料相对应的生产资料，奴隶只是会说话的生产资料，奴隶主通过对奴隶的直接

---

[1] 张兴茂：《马克思所有制与产权理论研究》，《河南大学学报》（社会科学版）2001 年第 4 期。

[2] 张作云：《劳动力产权的实现条件及其制度保障》，《淮北煤炭师范学院学报》（哲学社会科学版）2006 年第 2 期。

[3] 《马克思恩格斯文集》第 1 卷，人民出版社，2009，第 716 页。

占有，使得劳动力产权的载体与所有权主体相分离，从而使奴隶主拥有奴隶的人力资本产权的各项权能。由此可见，奴隶本身连同劳动力产权本身都归奴隶主所有，奴隶既没有处分自己劳动的支配权，也不能靠劳动获得基本生活保障和收益权，已经丧失劳动力产权的一切权能，失去了基本的自由和生存基础，自然也就谈不上劳动力产权的实现。

随着奴隶向农民身份的转变，农民具有了劳动力产权的所有权后才使得劳动力产权部分地有了现实意义。在封建社会，农民已经不是地主的商品，而成为自己劳动力产权的所有者，但封建土地私有制所形成的人身依附关系使得农民并不能随意支配自己的劳动力，地主阶级凭借对土地这一生产资料的私人占有而享有劳动力大部分甚至是全部收益权。历史的车轮将封建的土地所有制碾得粉碎的同时，也解放了农民，使之在资本主义社会演变成为一个新的阶级——工人阶级。工人获得了解放，也就完整地获得了劳动力产权的各项权能。但在资本主义社会，资本家拥有生产资料，工人"除了劳动力以外，变得一无所有"，从而转让劳动力产权中的使用权成为其生存的唯一手段。使用权的转让，也使得劳动力产权的收益权在资本家和劳动者之间进行了分割，资本主义社会的收益分配演变成了资本家获得利润、劳动者获得工资的逻辑。因此，劳动力产权实现的第一个层次则是劳动力价值的实现，尽管劳动者获得的工资可能低于其劳动力价值，但仍以获取维持生存的生活资料为底线，劳动力产权权利束中的使用权由于被转让出去，产权权能结构呈现残缺状态。

周期性的经济危机是资本主义本身无法克服的痼疾。20世纪60～70年代西方国家爆发了严重的"滞胀"危机，为了缓和日益扩大的阶级间的差距，马丁·威茨曼倡导使用收益分享取代工资，使工人获得的收益分享在大多数情况下比原有的工资要高，从而达到缓和阶级矛盾的目的。更进一步，分析马克思主义的代表人物普雷沃斯基认为，资本家和工人在利益关系方面存在一致性和相互合作的必要性，这种利益关系一致和相互合作的前提在于劳动者创造的剩余价值由工人和资本家共同分享。但这种利润分享只具有象征意义，而不具有实质意义，因为劳动者所分享的利润所占的比例仍微不足道，尽管50%的美国上市公司广泛授予职工股票期权；60%的法国上市公司实行利润分享；60%～70%的美国国民持有公司股票；

85%的德国职工参与企业民主管理……但是，有调查显示：劳动者在参与剩余价值分配的过程中，实际获得的剩余价值份额普遍在15%以下。[①] 因此，相对于第一个层次，劳动力产权实现的第二个层次则是劳动者不仅获得工资，还分享部分利润。

在西方经济学理论中，尽管不断有论证利润分享的合理性的研究，但其利润分享的比例永远停留在部分而不是全部。因为不管是工资还是剩余价值，都是工人劳动创造的产物。在马克思看来，工人劳动的时间被分为两部分：一部分为社会必要劳动时间，这部分劳动时间生产劳动力价值，另一部分为社会剩余劳动时间，这部分劳动时间生产剩余价值。也就是说，工人的劳动不仅创造了劳动力价值还创造了剩余价值，因此劳动力产权的完美实现意味着劳动者的收益权不仅包括工资还应包括全部剩余价值。因此，马克思认为劳动力产权将在破除私有制的共产主义社会得以实现。在共产主义社会的初级阶段即社会主义社会，公有制的建立使得劳动者成为生产要素的所有者，处于平等的地位，此时，他们才能拥有自己的真正的劳动力产权，才能在以自己的劳动取得按劳分配收入的同时，还能与其他要素所有者一样，以要素所有者的身份，参与企业剩余分享，取得按生产要素分配的收入，当然也包括以劳动力产权主体的身份，参与企业剩余分享所取得的按劳动力产权分配的收入。[②] 在共产主义社会，劳动者拥有自己劳动力产权的自由支配权，能按照自己的才能、天赋和兴趣，充分发挥自己的才能和尽自己的能力工作。由于私有制的消灭，劳动者成为生产要素的所有者，都处于平等的地位，因而，劳动者结成劳动联合体，共同劳动，社会将科学地为每个健康的全面发展的个人提供适合当时社会生产力发展水平的一定数量的消费品，从而在劳动者成果的需要与所得之间实现了统一。因此，劳动力产权实现的第三个层次为劳动者获得了其应有的全部收益，其外在表现形式则是劳动力产权的权能保留的完整性。

由此可见，从历史发展的演变规律来看，劳动力产权实现的层次性是

---

① 参见何传启《分配革命——按贡献分配》，经济管理出版社，2001，第189页。

② 张作云：《劳动力产权的实现条件及其制度保障》，《淮北煤炭师范学院学报》（哲学社会科学版）2006年第2期。

与社会发展方向相一致的。社会的向前发展，人类由私有制社会向共产主义社会的过渡，也是劳动力产权得以实现的过程。但进一步来看，劳动力产权实现是围绕两个方面展开的，即劳动力价值的实现与利润分享的实现。从劳动力价值的内容方面来看，劳动力价值由三部分组成：①维持劳动者自身生存所必需的生产资料的价值；②劳动者繁衍后代所必需的生活资料的价值；③劳动者接受教育和训练所支出的费用。这三部分中，①、②两个方面可以看作劳动力生存和再生产的基础，可以认为是劳动力价值的低级层次。③则是劳动力发展的基础，劳动力质量提升的途径，可以认为是劳动力价值的高级层次。因此，劳动力产权实现的第一个层次，在封建社会劳动者的劳动力只是为获取生存生活资料的手段，即只停留在劳动力价值的①、②层面；在资本主义社会初期，劳动力交易获得的工资也只能停留在养家糊口的劳动力价值的低级层次，但随着社会的发展，劳动力对人力资本的投入也使得劳动力价值得以提升，体现为劳动力价值的高级层次的实现。而随着工人力量的壮大，资本家为了维护长期的发展，作出了部分让步，从而使得劳动者分享了部分利润。真正的劳动力产权实现则是劳动者对劳动力价值和利润的全部占有，而这只有共产主义社会才能实现。

因为第一个层次和第二个层次均是围绕劳动力价值的实现来展开的，因此，我们可以把第一个层次和第二个层次进行合并。由此，我们认为劳动力产权的实现表现在两个层次上：一是劳动力使用权收益的实现，即通过事前支付给劳动者基本工资得以实现，二是劳动力所有权收益的实现，即在劳动过程结束后，通过参与利润分享（这里实际就是剩余价值）而获得收益。简言之，我们在此界定的劳动力产权实现就是劳动力产权的两种收益的实现。在这里，我们还需要分析劳动力产权的实现程度。对劳动力使用权收益的实现程度界定的天然尺度就是劳动力工资与劳动力价值的一致，而劳动力要素所有权的实现则依赖于不同的所有制结构。具体而言，在私有制社会里，对劳动力要素所有权的实现程度的界定在于其收益的增值性和资本的增殖性相当，突出物质要素和劳动力要素的平等性；在生产资料公有制社会里，劳动力要素所有权收益则是在扣除国家积累后，劳动者劳动贡献与所得之间的一致性。

第二节　西方经济学理论中的相关研究

一　古典经济学中关于劳动工资的相关理论

由于没有区分劳动力和劳动的差别，在古典经济学鼻祖亚当·斯密那里，只有劳动价值实现，而没有劳动力价值实现，但即便如此，其劳动价值的实现的关注点仍然是工资。亚当·斯密主要从以下几个方面进行相关论述。

其一，市场性的因素。亚当·斯密也认为劳动力市场的供求关系是影响劳动工资的重要因素，而且他还关注了劳动价值中生活必需品的价格的变化。亚当·斯密指出："劳动的货币价格必然受两种情况的支配：对劳动的需求；生活必需品和便利品的价格。对劳动的需求，依其是增加、不变或减少，决定着必须向劳动者供应的生活必需品和便利品的数量；而劳动的货币价格就是由购买这个数量所必需的金额决定的。所以，虽然在食物价格低的地方有时劳动的货币价格很高，但是食物价格高而需求不变，劳动的货币价格还会更高。"① 在这里，亚当·斯密既承认了劳动价值的变化对劳动工资的影响，也分析了劳动供求关系对劳动价值实现程度的影响。

与此同时，亚当·斯密也批判了劳动力市场的一些不良行为和制度。在亚当·斯密看来，阻碍劳动流动的制度会明显影响工资水平，从而表现出地区工资差异和行业工资差异。其中，亚当·斯密集中批判了户籍制度："我们常常发现，在英格兰，相距不远的地方劳动价格极不平等，这或许是由于户籍制度阻止了没有证件的穷人带着自己的手艺从一个教区去另一个教区。"②在亚当·斯密眼里，"户籍法是一种公共苦难"。在这里，亚当·斯密提倡完善的劳动力市场的思想是为了维护市场的自由竞争，这和这一时期古典经济学集中倡导的自由思想有不谋而合的地方。

其二，非市场性的影响。亚当·斯密也承认联合对劳动工资的积极影

---

① 〔英〕亚当·斯密：《国富论》，杨敬年译，陕西人民出版社，2001，第108页。
② 〔英〕亚当·斯密：《国富论》，杨敬年译，陕西人民出版社，2001，第146页。

响，但由于站在资本家的阶级立场之上，他却认为"我们虽然常听到工人们的联合，却很少听到雇主们的联合"。资本家"联合常常受到工人们的对抗的防御性的联合的抵制；有时没有这挑衅，他们也会自动联合起来，以提高自己劳动的价格"。① 在这里，亚当·斯密在承认联合对劳动工资的积极影响的同时，也倡导资本家之间通过联合来消除工资的上涨。

其三，所有制的影响。在对原始社会和私有制社会进行比较后，亚当·斯密认为："在土地私有和资本积累以前的原始社会状态下，劳动的全部产物属于劳动者。没有地主和雇主要求同他们分享。"② 在私有制诞生后，"在所有的工艺和制造业中，大部分的工人都需要有一个雇主，去为他们提供工作原料，并在完工以前为他们垫支工资和生活费。雇主分享工人的产物，或者分享他们在所提供的原料上增添的价值；这个份额就是他的利润"。③ 尽管亚当·斯密的上述阐述是为了解释雇主获得利润的合理性，但其又隐含另一层含义：在私有制条件下，工人已不可能获得利润，换言之，工人劳动价值不能完全实现是由生产资料的私有制导致的，只是亚当·斯密不可能对资本主义私有制进行批判。

从维护资本主义长期发展的立场出发，亚当·斯密认为劳动工资不应过低，甚至还倡导高工资。在亚当·斯密看来，"大部分人生活状况的改善，决不能看作是对整个社会的不利。当绝大部分成员贫穷困苦时，没有一个社会能够确实是兴旺发达和幸福的"。④ 也就是说，过分压低工资水平是不利于社会发展的。与此同时，高工资还能产生积极的激励效应，因为"劳动工资是对勤勉的激励；勤勉也像所有其他的人类品质一样，越受到鼓励就越增进。丰富的生活资料会增加劳动者的体力；改善生活的美妙希望，或者在丰衣足食中终其一生，就会促进他去最大限度地发挥自己的能力。因此，在工资高的地方我们总看到工人比在工资低的地方更加积极、更加勤劳、更加敏捷"。⑤

---

① 〔英〕亚当·斯密：《国富论》，杨敬年译，陕西人民出版社，2001，第89页。
② 〔英〕亚当·斯密：《国富论》，杨敬年译，陕西人民出版社，2001，第64页。
③ 〔英〕亚当·斯密：《国富论》，杨敬年译，陕西人民出版社，2001，第87页。
④ 〔英〕亚当·斯密：《国富论》，杨敬年译，陕西人民出版社，2001，第100~101页。
⑤ 〔英〕亚当·斯密：《国富论》，杨敬年译，陕西人民出版社，2001，第103页。

二　人力资本理论的相关内容

新古典经济学的人力资本理论认为，加大对劳动者维持劳动力生产和再生产的某一方面的投入力度能带来更多的收入。如果将这一部分投入定义为成本，由于获得的收益远远高于成本，这笔投入就形成一种投资。由于这部分投入相当于劳动者生活费用的增加，因而这相当于劳动力价值构成的一部分，或者说，相当于在原有劳动力价值量的基础上存在一个增量。

对于这部分增量的具体内容，较多学者直接指向的是对劳动者的教育、保健和培训。在舒尔茨看来，"用于教育、保健的费用，为了取得良好的就业机会而用于国内移民的费用，上学的成年人和接受在职培训的工人所放弃的收入，利用空闲时间改进技术、增进知识的努力等，都能够使人力的质量得到很大的改进，并由此提高劳动生产率。因此，工人实际工资的显著增长，大部分来自这种向人力资本的投资"。① 明塞尔甚至验证了美国工人受教育年限、在职培训对工人工资水平提高的积极影响。从某种意义上来看，人力资本理论所强调的人力资本投资内容与马克思劳动力价值构成内容中的第③部分有着较多重合的地方，只是在马克思的年代，资本家需要的是劳动者的简单劳动，因而对这部分投入并不大。进一步，西方学者解释了人力资本投入对劳动工资增加的机理。

首先，舒尔茨认为人力资本投资是与劳动者提供更高质量的劳动紧密联系在一起的。如用于增进劳动者健康的费用支出既能在改善劳动者的身体状况的同时，延长劳动者的工作时长，也能为其提供更为旺盛的精力，从而达到提高劳动生产效率的目的。

其次，人力资本是改变劳动者在收入分配博弈中地位低下状况的有效途径。舒尔茨观察到拥有较多人力资本的劳动者在企业中掌握剩余控制权而获得较高收入的状况，在他看来，这些"劳动者变成资本家并非因为公司股份所有权扩散所致，而是由于他们获得具有经济价值的知识和技能的结果"。②

---

① 〔美〕西奥多·W. 舒尔茨：《论人力资本投资》，吴珠华等译，北京经济学院出版社，1990，第1页。

② 〔美〕西奥多·W. 舒尔茨：《论人力资本投资》，吴珠华等译，北京经济学院出版社，1990，第3页。

贝克尔（Becker）进一步将劳动者的知识和技能分为通用性和专用性两种：前者是指工人拥有的知识和技能，在不同企业之间都能得到运用，也不会因为劳动者在企业间发生转移而产生价值损失。后者是指只对某个特定企业有价值的知识和技能，对本企业的生产效率提高有着直接的作用。专用性知识和技能正是拥有人力资本的劳动者获得高收入的直接依据，因为当资本家全部占有人力资本劳动者由于生产效率提高带来的全部收益时，劳动者就会"关闭"其人力资本，这对雇主和劳动者是"两败俱伤"的结果。由此，人力资本劳动者获得部分利润的形式作为劳动者和雇主之间的最优选择而得以形成。而这部分知识和技能的形成正是对劳动者进行人力资本投资的直接结果。这也就是说，人力资本劳动者不仅能实现其劳动力价值，还能分享部分利润。

最后，拥有人力资本的劳动者获得高工资的原因在于人力资本存量是劳动者赢得和雇主之间谈判的重要砝码。"通过向自身投资，人民能够扩大他们得以进行选择的范围。这是自由人可以用来增进自身福利的一条道路。"[①] 换言之，当劳动者加大人力资本投入力度而形成相应的知识和技能时，其谈判力来源于其拥有选择雇主的更大的自由空间。而且在经济萧条时，没有进行人力资本投入的劳动者受到的冲击也就更为明显："工资和薪金收入波动最大的人是非熟练劳动力以及根据雇主的劳动要求进行了最低程度专业化训练的工人，还有那些资历最浅的工人。"[②] "既无技术又无知识的人，是完全无依无靠的。"[③] 也就是说，在经济萧条时，人力资本存量较多的劳动者谈判力越强，就越能获得更高的职位和收入，那些无人力资本投入或者人力资本存量较少的劳动者的收入会因为面临失业的风险等因素，而呈现更为剧烈的下降。

---

① 〔美〕西奥多·W. 舒尔茨：《论人力资本投资》，吴珠华等译，北京经济学院出版社，1990，第2页。
② 〔美〕西奥多·W. 舒尔茨：《论人力资本投资》，吴珠华等译，北京经济学院出版社，1990，第261页。
③ 〔美〕西奥多·W. 舒尔茨：《论人力资本投资》，吴珠华等译，北京经济学院出版社，1990，第12页。

三 西方 "新左派" 中的相关内容

西方新左派又称激进经济学派，是形成于 20 世纪 60 年代的一个经济学派，该学派倡导用马克思的观点来分析问题。在劳动力价值实现等方面，该学派也提出一些独到的观点。

首先，西方新左派批判了西方新古典经济学理论中人力资本投入能提高劳动力价值实现程度的观点。以赖特·巴基（E. Wright Bakke）、克拉可·克尔（Clark Kerr）、约翰·邓洛普（John Dunlop）等为代表的激进经济学家认为，将工资水平归结为人力资本投入量的差异的认识是将制度抽象掉的结果，因为人力资本理论并不关注是什么原因导致黑人或者穷人人力资本投入较少这一现实，换言之，导致人力资本投入差异的资本主义社会制度才是批判的对象。他们的理论集中解释了劳动者贫困的根源，即是什么原因导致劳动者获得的工资水平较低？在他们看来，人力资本理论中的劳动力 "单一工作市场" 假设不符合现实，愚昧、缺乏流动性、工会及企业和企业协会的垄断权、资本家政府对从财政政策到劳动法的干预、国际障碍等都是导致劳动者收入低下的重要因素。[①] 现实的劳动力市场是一种分割的层次多元的劳动力市场，并且每一市场层次都具有稳定性和常规性，从而成为劳动力自由流动的樊篱。自由流动只有破除了诸如种族和性别歧视等问题，并且能保证将工作岗位与人力资本水平相匹配时才有意义。按照激进经济学派的思路，实现工资的上升或者提高劳动力价值实现程度，要改变的不是自由流动本身，而是造成工人贫困的资本主义制度。具体而言，资本主义经济制度、政府机构和收入财产所有权体系是不断地产生和复制贫困的根源，资本主义制度体系才是需要作出调整和改变的对象。

其次，西方新左派从阶级关系的变化角度探讨了影响剥削的新变化。尽管新左派仍承认马克思所指出的资产阶级与劳动者之间的矛盾，但也指出了当今时代出现的一些新情况。其一，由于劳动者之间的分化，劳动者群体难以形成一致的阶级意识。其二，"满负荷模式"（Full Works Model）的生产模式的推广，将福特 "流水生产线" 的应用延伸到生产的全过程。

---

① 何玉长：《论激进经济学的现实批判主义》，《财经研究》2004 年第 8 期。

尽管有些企业开创了引入工人"参与企业管理"的管理模式，但这是以迫使工人在生产中付出更大的精力为代价的，换言之，这是资本家的剥削变得更为隐蔽的过程。其三，工会作用的减弱。"二战"后，工资统一集体谈判制度逐渐被企业工资谈判制甚至个人工资谈判制所取代，较少受到威胁的较高人力资本劳动者也较少参加工会组织，较多参加临时性工作的劳动者数量日益增加，这些因素也使得工会组织功能以及作用被弱化。其四，"血汗工厂"（Blood-sweating Factories）的出现。劳动力充裕的国家在承接跨国公司的业务时，其劳动力价格远远低于跨国公司母国水平，从而形成国际资本对这些国家劳动力的直接剥削。

最后，新左派对社会主义劳动力价值实现以及劳动力产权实现提出一系列构想。在他们看来，生产资料的公有制并不意味着劳动力产权实现，在这里，还需要一个生产关系的变化过程。如果国有企业仍是和私人企业一样由少数人诸如经理等控制和管理，那么二者只有所有制的变化，生产关系并没有改变。在新左派所倡导的社会主义企业中，生产关系的改变就是劳动者作为主人参与企业管理、分享企业控制权的过程。具体而言，工人能参与企业管理，能对企业规划的制定和执行、企业利润的分享等问题提出建议，简单来讲，这是工人监督、工人参加管理、工人自治理念的实施。从本质上来看，这也是彰显劳动者主体性地位的过程。

四 西方产权学派中关于利润分享的内容

美国经济学家科斯（Ronald H. Coase）认为，现实经济中的交易并不是没有成本的。一般而言，不论是企业外部的市场交易，还是企业内部的交易，都存在诸如商品搜寻、讨价还价等交易成本和交易费用，当企业内部交易的交易费用小于市场交易方式的交易费用时，企业就产生了，进而认为企业是为了节约市场交易费用或交易成本而产生的。[1]

沿着科斯这一开创性研究，美国经济学家德姆塞茨和阿尔奇安（H. Demsetz & A. A. Alchian）等人提出了"团队生产理论"。在他们看来，产品生产要素的投入并不是由单一主体来完成的，而是归属于不同的成员。

---

[1] R. H. Coase, "The Nature of the Firm", *Economica*, Vol. 4, No. 16 (1937): 386－405.

当不同要素和不同成员合作生产的产出水平大于各成员单独生产的产出之和时，这时候的生产团队就会演变为企业。然而，在团队生产中，团队最终向市场提供一个因合作而产生的总体产品，参与合作的队员的边际产出并不是可以直接和分别地观察到的，因而面临着边际要素生产率和报酬的计量能力测度等难题，这极容易诱致诸如偷懒等机会主义行为，从而需要管理者进行有效监督。"团队生产理论"认为，给予企业管理者这部分人力资本所有者相应的企业剩余的索取权，是有效激励监督者的产物。①

詹森（Jensen）和麦克林（Meckling）在伯勒和米恩斯（A. A. Berle &G. C. Means）的委托—代理理论基础上，从所有权和经营权相分离的现代企业模式出发，构建了股东和经营者的委托—代理模型。他们认为企业是物质资本所有者的企业，和经营者之间是一种委托—代理关系。所有者追求企业利润最大化，经营者追求个人收益最大化，两者在目标函数上存在不一致的问题。为了解决这一问题，规避经营者为了个人利益牺牲企业利益的机会主义行为，企业制度设计的核心就是激励经营者努力工作，而给予企业经营者剩余控制权则是最优的制度安排。②

奥利弗·E. 威廉姆森（Oliver E. Williamson）等在团队生产理论中提出了"人力资本的专用性"的概念，他们认为团队合作的技能和知识具有很强的专用性，由此在团队生产中，专用性人力资本是通过学习和经验积累形成一些特殊知识和能力的。当企业对职工进行了专用性资产投资后，一般会形成专用于本企业的知识和技能，即专用性人力资本。在机会主义的刺激下，由于信息不对称和契约不完全，这种专用性人力资本的所有者会借此要挟企业。对此，威廉姆森等开出的药方是给人力资本以剩余索取权，建立人力资本专用性的正向激励机制。③

格罗斯曼（Grossman）、哈特（Hart）、莫尔（Moore）等建立了不完

---

① Armen Albert Alchian, Harold Demsetz, "Production, Information Costs, and Economic Organization", *American Economic Review*, Vol. 62, No. 5 (1972): 777 – 795.

② M. C. Jensen, W. H. Meckling, "Theory of the Firm: Managerial Behavior, Agency Costs and Ownership Structure", *Journal of Financial Economics*, Vol. 3, No. 4 (1976): 305 – 360.

③ Oliver E. Williamson, *The Economic Institutions of Capitalism*, New York: The Free Press, 1985.

全契约理论。这一理论从人们的有限理性、信息的不完全性及交易事项的不确定性出发，认为缔约双方不可能将所有可能出现的情况通过详细的条款罗列出来，契约条款存在一些真空地带。这种契约的不完全性激发了交易主体机会主义行为的动机，而资产专用性带来的可占用性准租又使这种机会主义行为由可能转变为现实，"敲竹杠"问题由此产生。人力资本存量越大，发生"敲竹杠"的风险也就越大。为了应对不完全契约导致的"敲竹杠"风险和保证契约的绩效，应将剩余控制权给予拥有最重要人力资本的所有者。① 霍尔姆斯特伦（Holmstrom）和梯若尔（Tirole）进一步补充，认为由于无法准确估计人力资本要素的作用，因此只有激励才能释放出全部潜能，故而剩余索取权应该给予那些难以估计贡献的人力资本者。②

　　20 世纪 80 年代以来，以布莱尔（Blair）为代表的学者提出了"利益相关者理论"。这种理论对过去企业理论过分强调股东利益至上的观点提出了批评，认为"公司并非简单实物资产的集合，而是一种法律框架结构，其作用在于治理所有在企业的财富创造活动中作出特殊投资的主体间的相互关系"。企业在获得利润的过程中，并不能仅仅关注生产一个环节，还必须关注销售等其他环节。利润的产生是多种投资主体之间进行合作的结果，这些投资主体不仅包括企业的股东，还包括债权人、工人、经营者、供应商、某些顾客等，从而在企业生产过程中形成了一个庞大的"利益相关者"群体。这些群体均与企业生产密切相关，形成了专用性投资，企业的经济本质是"一个难以被市场复制的专用性投资网络"，是"一种治理和管理着专业化投资的制度安排"，既容易出现"敲竹杠"的风险，也因为相应专用性投资而承担了经营的风险，那些向企业提供了专用性投资并承担着企业经营风险的利益相关者都应该分享企业的控制权和剩余索取权。③ 在这里，"利益相关者理论"不同于过去只片面强调部分人力资本

---

① Sanford J. Grossman, Oliver D. Hart, "The Cost and Benefits of Ownership: A Theory of Vertical and Lateral Integration", *Journal of Political Economy*, Vol. 94, No. 4 (1986): 691 – 791.

② B. Holmstrom and J. Tirole, *The Theory of the Firm*, in Handbook of Industrial Organization, R. Schmalesee and R. Willig (eds.), Amsterdam: North Holland, 1989.

③ M. M. Blair, *Ownership and Control: Rethinking Corporate Governance for the Twenty-First Century*, Washington D. C. : The Brookings Institution, 1995.

劳动者获得剩余索取权的理论，将剩余索取权给予更为广泛的群体，为普通工人获得剩余索取权提供了理论依据。

五　西方利润分享理论的相关内容

利润分享制度是指企业所有者和职工共同分享企业利润的收入分配模式。这也就是说，对劳动力价值的补偿在形式上不仅停留在工资层面，工人还获得了工资以外的剩余价值或者利润。

西方利润分享制度源于美国人阿尔伯特·盖莱汀（A. Gallatin）于1794 年在自己工厂的实践。在理论上，德国古典经济学者杜能（Thunen）首先提出了一个自然工资的计算公式：$A = \sqrt{\alpha p}$，其中 A 为工资，α 为总工资中用于必要生活资料的部分，p 为总收益。[①] 在这个公式中，杜能要表达的是工资在量上不应该只对劳动者的生活资料进行补偿，还必须让劳动者获得部分剩余，甚至应该让劳动者以所有者的身份分享投资的利息，因为这样能把企业经营绩效与劳动者紧密联系起来。美国经济学家卡福尔（Carver）基于缓和劳资矛盾的目的，提出了职工持股的方式可以实现资本所有权分散的目的，从而能使收入差距进一步缩小。[②] 这一思想在 1933 年以后美国经济恢复时得到大量推广，以至于美国商会会长约翰斯通（Johnstone）在 1944 年提出了"人民资本主义"的概念以及"在美国人人都是资本家"的观点。[③] 美国学者凯尔索（Kelso）在 1961 年将人民资本主义定义为一个"全民资本家"共同分享收益的无阶级社会。在他们看来，人民资本主义使得大众获得了以劳动为依据的工资性收入和以资本为依据的收益的"双因素财产"[④]，其推崇的"员工持股计划"[⑤] 也在西方国家得到逐步认同和推广。20 世纪 60 年代以来为了解决资本主义社会出现的"滞

---

① 〔德〕约翰·冯·杜能：《孤立国同农业和国民经济的关系》，吴衡康译，商务印书馆，1986。

② T. N. Carver, "The Meaning of Economic Equality", *The Quarterly Journal of Economics*, Vol. 39, No. 3 (1925)：473 – 475.

③ E. Johnstone, *America Unlimited*, New York：Doran Doubleday Press, 1944.

④ L. O. Kelso, M. J. Adler, *The New Capitalists：A Proposal to Free Economic Growth from the Slavery of Savings*, New York：Random House Press, 1961.

⑤ 本书对"员工持股计划"与"职工持股制度"不做刻意区分，视为同一概念。

胀"危机，美国经济学家马丁·威茨曼提出了利润分享制度的应对之策。在他看来，工资相当于雇主必须支付给工人的固定成本，当经济萧条时，雇主必须通过解雇工人来释放压力，但当工人被解雇时，其收入的减少又会压缩消费，引起内需的进一步不足，经济状况陷入进一步恶化的轨道。而利润分享制度将劳动者的一部分收入与企业经济绩效紧密联系在一起，这也就是说，这时候的劳动收入具有较强的伸缩性。当经济不景气、企业经济绩效不好时，劳动者获得的收入也会自动减少（这相当于雇主需要成本的减少），雇主不需要通过解雇工人等激进的方式来释放压力，因此，利润分享制度具有内在的"三面锋刃"，可以用来对付失业、生产停滞和价格上涨趋势。① 至此，西方在利润分享制度合理性的论证上达到了完善。

理论上的逐渐完善也为建构具体的利润分享制度提供了空间。当今利润分享制度已经探索出多种实现形式，如较为典型的实现形式有职工股份所有制计划、劳动者管理的合作社、纯收入分享、劳动资本合伙分享等。针对这几种形式的优缺点，英国经济学家詹姆斯·爱德华·米德展开了具体分析。②

首先，职工股份所有制计划。该计划赋予了工人部分普通股份，工人的这部分股份可以通过分红的方式获得收入，但大部分股份仍相当于未来的承诺，这相当于把未来的收入投资于一个企业中，当工人退休或者是退出这一企业时，就面临类似于"将鸡蛋放在一个篮子里"的巨大风险。而且由于劳动者较为分散以及持股所占比例较少，劳动者并没有真正意义上的剩余控制权，从而其股票收益存在可能被少数内部人侵占的可能性。也就是说，作为劳动力价值中未来一部分如养老保障等补偿可能无法完全实现。

其次，劳动者管理合作社。该形式中，工人拥有企业的大部分财产，且拥有企业剩余控制权。这种企业遵循劳动者共同管理的模式只适用于劳动密集型企业，而且其融资性远远低于资本密集型企业，但这保证了每位劳动者都能获得利润分享的权利。另外，作为纯利润分享模式，它要求在扣除工资后，将剩余利润在工人和雇主之间进行分配。在这一模式中，由于利润

---

① M. L. Weitzman, "The Simple Macroeconomics of Profit Sharing", *American Economic Review*, Vol. 75, No. 2 (1985): 937－953.

② James E. Meade, *Alternative Systems of Business Organization and of Workers' Remuneration*, Winchester, MA: Allen & Unwin, Inc. 1986.

与劳动者密切相关，能很好地激励劳动者，但这一模式也面临两个问题：如何界定工人分享的比例以及工人工资的多少。如果将劳动者的工资水平不断压低，虽然能分享到利润，但收入总量上可能还会低于未进行利润分享的工资水平，也就是说，这种利润分享形式并不能保证劳动力价值的实现。

再次，纯收入分享。该模式由于不存在固定工资的支付，劳动的全部收入采取在支付固定的利息后以企业纯收入的一个既定份额的形式进行支付，这也就意味着劳动者的收入与企业整体经营状况有关，能对劳动者起到一定激励作用，但当企业经营状况不好时，其收入可能无法实现劳动力价值，劳动者面临极大的风险。

最后，劳动资本合伙分享模式。在该模式中，劳动者以劳动能力入股，资本家以资本入股，劳动者和资本家都能以入股的比例参与利润分享，使资本家和劳动者成为一个利益共同体，能在一定程度上缓和劳资矛盾。但由于资本可以在市场中自由买卖和流动，而劳动力和工人联系在一起，只有当他们退休或自愿离开时才能注销，劳动者规避风险的能力相对较弱，而且以劳动入股对于劳动者来说，只获得了一次股份分红的收入，而且这份收入由于经营状况的不同会发生相应波动，并不能完全保证劳动力价值的实现。

总之，西方利润分享制度站在维护资产阶级利益的角度，将原本属于资本所有者的企业经营的部分甚至全部的风险转移给劳动者，劳动者的收入也会因为风险的冲击而并不必然呈现上升的态势，也就是说，西方利润分享制度尽管保留了工资和利润分享的两种形式，但并不一定意味着它们就能一定得到完全实现。

第三节 我国理论界的相关研究

一 劳动力价值实现的相关研究

劳动力价值实现是劳动力事后工资对事前劳动力价值的补偿过程。柳昌清认为，劳动者得到工资报酬只是劳动力价值的中间实现，从劳动力再生产的过程来看，劳动力价值的最终实现是劳动者将其工资报酬用于消费，用于个人和家庭的物质文化生活。这种思路的实质是要求当期工资大于当期劳动力价值，从而能在下一期的劳动力价值中存在一个可以追加的价值增量。随着现代科技的不断发展，科学知识、技术、信息等生产要素的作用越发明显，这也为劳动者为劳动力价值增量投入提供了明确的方向。① 劳动者的这部分投入能为其带来超过自身劳动力价值的价值，具有资本的特性，劳动力资本也由此诞生。② 这一概念尽管遭到较多学者的责难，如谢富胜等就认为这种抽象掉生产关系的做法只会使马克思理论陷入庸俗化的泥潭之中③，尽管这里的劳动力资本在本质上和物质资本不是一个对等的概念，但这部分投入确实具有资本的运动形式，从而为劳动力价值提升以及在动态中提高劳动力价值实现程度提供一个新的思路。由此，这部分投入量的大小也被约定俗成地称为人力资本。根据劳动力价值中这部分投入量的大小，张春津将人类劳动力价值的表现形式分为初、中、高三个级别，与此相对应劳动力价值实现也呈现无法实现、基本实现、较高实现三个层次，劳动力通过劳动力产品、劳动力商品和劳动力资本三种载体形式表现出来。由于加大人力资本投入力度是提高劳动者收入的重要途径，王玉敏等就认为这部分人力资本投入就是实现劳动者的发展权的体现，因此，要提高劳动力价值的实现程度就应该将劳动力收入分为两部分：一部分是由企业外部劳动力市场决定的合同工资，这在量上相当于劳动力价值的部分；另一部分是企业内部决定的发展工资，这相当于将收入中的一部分用于人力资本投入以达到增加劳动者人力资本存量的目的。④

在实践中，我国劳动力价值实现程度不尽如人意。田本国认为："我国劳动力价值的决定和实现具有四大特点。第一，供给过剩的客观条件，决定了劳动力价值由生产劳动力这种商品的优等生产条件决定。第二，在我国发展不平衡和市场分割的条件下，劳动力价值实现程度因地域差异而不同。第三，所有制结构是影响劳动力价值的重要变量，公有制经济和非公有制经济的两种劳动力市场是影响各自部门劳动力价值实现的重要因

---

① 柳昌清：《广义资本论纲》，《学习论坛》2001 年第 3 期。
② 黄建军：《劳动力资本与社会主义本质》，《当代财经》1997 年第 8 期；王珏、李涛：《论劳动力资本与国有经济产权改革》，《特区经济》1997 年第 8 期。
③ 谢富胜、李安：《人力资本理论与劳动力价值》，《马克思主义研究》2008 年第 8 期。
④ 王玉敏、杨先华：《论劳动力产权中的劳动力发展权》，《经济评论》1997 年第 2 期。

素。第四，不同市场和部门之间收入存在差距，劳动力在利益最大化的过程中也促进了劳动力的流动。"① 而我国劳动力的流动主要表现为大量农民进城务工，形成数量庞大的农民工群体，肖延方、王胜利、吴义刚的研究证实了农民工工资低于劳动力价值的事实，也验证了我国劳动力价值实现程度较低这一事实。② 于桂兰的博士学位论文得出了中国私营企业工人劳动力价值实现程度较低的基本判断，并在此基础上提出了相关政策建议③；笔者以时间序列的形式对我国劳动力价值实现程度的动态变化进行了分析，得出的结论是改革开放以来，我国劳动力价值实现程度呈现不断提高的态势④；陈少克、袁溥等研究指出劳动力价值最大化的实现依赖于劳动力本身的素质水平，因而，劳动者在教育等能激发劳动者心智、提高劳动者素质方面的支出需要通过税收等手段（如企业所得税费用扣除项目中就已经有"职工教育费"等的处理）按照一定标准进行提取。⑤ 高文的研究指出，我国中低收入人群与高收入人群的差别较大，前者无法凭借工资实现其劳动力价值，劳动力再生产的成本在相当程度上由劳动者自身承担。⑥ 王素娟等研究指出，我国劳动者的工资和劳动力价值量在不断增长；60% 的中低收入群体无法充分实现劳动力价值；高收入群体和低收入群体的劳动力价值实现程度悬殊；中低收入群体的工资、劳动力价值及其实现程度对工作时间具有显著正向影响；高收入群体的劳动力价值及其实现程度与劳动时间则没有显著相关性；我国劳动力价值的低程度实现诱发劳动者超时工作。⑦

---

① 田本国：《浅析我国劳动力价值的决定、实现及其特点》，《经济体制改革》1996 年第 5 期。
② 肖延方：《马克思劳动力价值理论和农民工工资》，《当代经济研究》2007 年第 8 期；王胜利：《基于马克思劳动力价值理论对农民工工资的分析》，《经济问题》2008 年第 4 期；吴义刚：《刘易斯模型、劳动力价值与农民工工资决定》，《内蒙古社会科学》（汉文版）2009 年第 3 期。
③ 于桂兰：《私营企业工人劳动力价值实现问题研究》，吉林大学博士学位论文，2007。
④ 周建锋：《我国的"刘易斯拐点"研究——诠释、判断与反思》，《人口与经济》2014 年第 5 期。
⑤ 陈少克、袁溥：《对个人所得税费用扣除的理论思考——基于劳动力价值构成及其实现的视角》，《云南财经大学学报》2011 年第 2 期。
⑥ 高文：《我国劳动力价值实现程度的指标构建、测度及影响因素分析——基于马克思工资理论的视角》，《经济问题探索》2015 年第 5 期。
⑦ 王素娟、雷婷婷：《劳动力价值实现程度对工作时间的影响研究》，《华东经济管理》2017 年第 5 期。

二　劳动力产权实现的相关研究

改革开放以来，国内涌现出大量直接与劳动力产权相关的文献，但以学术期刊为主，诸如张兴茂教授的《劳动力产权论》、迟福林教授的《劳动力产权论：实现共享发展的理论探索》等系统化的学术专著并不多见，国内关于这一主题的研究主要集中在以下几个方面。

其一，从企业理论的微观视角探讨劳动力产权实现的积极意义。劳动力产权的实现强调给予劳动者剩余索取权，将企业绩效与劳动者联系在一起，能对劳动者产生正向激励。[1] 反之，当劳动力产权残缺导致工人没有剩余产品的索取权时，劳动者利益受损，会在企业内部造成劳资关系紧张。[2] 从企业治理结构来看，劳动力产权的实现将传统企业法人治理机制从股东主权的"单边治理"推向股东、经理人员和一般职工等所有企业利益相关者"共同治理"。[3] 总之，这些研究突出了劳动力产权实现对提高企业经济效率、构建和谐的劳资关系、加强公司治理等方面的重要作用。

其二，从理论上分析劳动力产权实现的内涵。周小亮、王珏等认为，劳动力产权的实现，首先要确立劳动力要素和资本要素的平等地位，由此他们批判了传统私有制社会形成的"见物不见人"、彰显资本强权的分配体系。[4] 从另一个层面来看，劳动力产权实现是社会主义的内在要求，需

---

[1]　姚先国、郭继强：《按劳分配新解：按劳动力产权分配》，《学术月刊》1997 年第 5 期；陆燕春：《论收入分配中的劳动力产权》，《当代经济研究》1999 年第 7 期；王中：《劳动力产权：现代企业制度下激励机制的理论探索》，《科学学与科学技术管理》2002 年第 5 期。

[2]　吕景春：《劳动力产权、劳资冲突与和谐劳动关系构建》，《当代世界与社会主义》2010 年第 6 期；吴宏洛：《劳动力产权实现与和谐劳资关系构建——基于国企改制视角》，《福建师范大学学报》（哲学社会科学版）2011 年第 1 期；张峰：《马克思的劳动力产权残缺思想与劳资关系协调》，《现代经济探讨》2013 年第 10 期。

[3]　王中：《劳动力产权：现代企业制度下激励机制的理论探索》，《科学学与科学技术管理》2002 年第 5 期；杨继国、魏鑫珂：《"鞍钢宪法"与现代企业"民主管理"》，《华东经济管理》2014 年第 8 期；刘芳：《论劳动力产权与企业的合约安排》，《北京工商大学学报》（社会科学版）2007 年第 4 期；赵华灵：《马克思的生产组织与劳动力产权思想的当代解读》，《兰州学刊》2007 年第 12 期。

[4]　周小亮：《社会主义市场经济条件下劳动力产权及其实现要求》，《当代财经》1995 年第 9 期；王珏：《关于劳动力产权的几个基本问题》，《南方经济》2004 年第 10 期。

要确立劳动力和资本要素的平等地位，在此基础上建立两者之间的合作关系，形成既相互联合又相互制衡的企业产权结构，营造劳资两利、和谐共进的良好局面。① 伍旭中等依据马克思劳动力范畴和产权理论，将劳动力产权体系分为三部分，即简单劳动力产权、等级劳动力差异化产权和总体工人集体力产权。在他们看来，劳动力价值（生活资料）实现体现的是物质补偿，这是劳动力产权权益实现的物质基础。劳动者获取的剩余分配权亦是集体力产权的实现。劳动力产权权益的实现具有明显的层次性。在国家层面，是通过强制的法律形式来界定相应权利的；在社会层面，社会组织如工会等则通过联合工人和资方进行谈判，彰显工人的集体力量；在企业层面，则要求劳动者不断提高人力资本存量，增强和资方博弈的力量。② 这些分析为解决当今劳动者在收入分配方面处于弱势地位这一境况提供了一个新的理论阐述角度，却无法解释当今社会呈现的"劳动雇佣资本"的劳动者强势的现象。刘名远等认为，劳动力产权实现在于修正和颠覆传统的"资本雇佣劳动"的逻辑。生产资料所有制是决定劳动力产权实现的最重要变量，不同所有制条件的劳动力产权实现程度呈现出明显差异，在共产主义社会"自由人联合体"、社会主义国有企业、私有制企业这三种企业组织中劳动力产权实现呈现出不同的形式。③

其三，探讨了劳动力产权实现的形式和条件。较为激进的学者如张作云就直接否定了在资本主义生产资料私有制条件下的社会劳动力产权实现的可能性，其理由是劳动者无法获得全部的剩余收益。④ 仅局限于所有制的观点是偏颇的。拥有生产资料并不意味着天然就是雇主。谁能主导企业生产、谁在企业中掌握企业控制权，这是政治和法律问题。⑤ 还有一些学

---

① 曹天予：《劳动产权、现代经济学和市场社会主义》，《马克思主义与现实》2004 年第 5 期。

② 伍旭中、武奎：《马克思劳动力产权体系及权益实现研究》，《安徽师范大学学报》（人文社会科学版）2020 年第 6 期。

③ 刘名远、周建锋：《劳动力产权实现与利润分享：基于马克思经济学理论分析》，《青海社会科学》2018 年第 2 期。

④ 张作云：《劳动力产权的实现条件及其制度保障》，《淮北煤炭师范学院学报》（哲学社会科学版）2006 年第 2 期。

⑤ 曹天予主编《劳动产权与中国模式：当代马克思主义在挑战中发展》，社会科学文献出版社，2006。

者认为劳动力产权的实现就是剩余索取权的实现①，进而认为其实现的具体形式就是职工持股、劳动者参与分红等②，这些研究认识到利润分享对劳动力产权实现的作用和意义，但并没有对利润分享制度兴起的原因展开分析，而且这些研究只是提出了利润分享的理念，并没有找到劳动者利润分享的适宜比例。例如劳动者分享到1%的利润与分享到全部收益是有本质区别的，劳动力产权实现不仅仅是分享利润，还需要找到劳动力产权实现的比例，否则低于这一比例，不能视为劳动力产权的完全实现。

其四，有大量探讨我国一些领域和群体的劳动力产权实现问题的研究。一些研究认为我国国有企业存在的一重大问题是国有企业劳动力产权的残缺，因为没有剩余索取权，所以不能对国有企业职工进行有效激励，从而造成了我国国有企业的低效率。③另外还有一些研究围绕农民工这一特殊群体的劳动力产权实现展开了分析，这些研究认为在整体上我国农民工劳动力产权实现程度较低，农民工获得剩余索取权的途径是教育培训、"干中学"等方式，但在我国城乡分割的二元体制下，城市劳动力市场存在农民工收入不公平、就业机会不公平、教育培训不公平、社会保障不公平、户籍歧视等问题，农民工非但不能获得剩余分享权，甚至连劳动力价值都难以完全实现。由此在保证劳动力产权完整性的前提下，农民工返乡创业是对劳动力产权最大化实现的回应。④总之，这些研究利用劳动力产权实现的相关理论对我国一些具体问题展开分析，得出了一些有意义的结

---

① 周小亮：《社会主义市场经济条件下劳动力产权及其实现要求》，《当代财经》1995年第9期；张坚民：《试探劳动力产权及其实现形式》，《天津市工会管理干部学院学报》2001年第3期；吴宏洛：《论我国劳动力产权的实现》，《东南学术》2010年第1期；

② 刘明合：《论劳动力产权及其实现》，《山东经济》2002年第2期；陆春燕：《职工持股计划与劳动力产权的实现》，《马克思主义与现实》2002年第3期。

③ 王天雨：《国有企业改革中的劳动力产权问题》，《现代财经－天津财经学院学报》1996年第1期；盛乐、姚先国：《残缺劳动力产权与国企经营低效的分析》，《当代经济科学》2000年第2期；王素玲：《国企改革中的劳动力产权理论与实践研究》，西南财经大学硕士学位论文，2007；王才增：《国有企业劳动力产权残缺及其对策研究》，河北师范大学硕士学位论文，2011。

④ 张显宏：《农民工劳动力产权问题研究》，西北农林科技大学博士学位论文，2007；张文翠、张术环：《关于农民工劳动力产权问题的思考》，《农业经济》2010年第4期；魏志红：《劳动力产权视角下的返乡农民工职业技能培训问题探讨》，山东理工大学硕士学位论文，2011。

论并提出了政策建议。

三 对以职工持股为代表的利润分享制度的相关研究

改革开放以后，股份制改革在国内逐渐形成一股潮流，由此以职工持股为主要代表的利润分享制度在实践中不断得到完善。国内学术界对职工持股制度的意义、作用和典型案例进行了一系列研究。

其一，对职工持股制度重要意义的研究。从国家宏观层面来看，职工持股制度有利于改变改革开放以来我国在发展过程中出现的重资本、轻劳动的价值取向，在一定程度上扭转了利益分配不平衡的局面。[①] 在混合所有制企业里实施职工持股制度，有利于树立劳动者的主体地位，提高劳动报酬，有利于实现社会主义公平，推动共同富裕的实现。[②] 从企业层面来看，现代企业制度需要解决"委托—代理"这一大难题。国有企业职工持股赋予了劳动者主体性地位，能有效解决所有者缺位的问题，能发动群众有效监督企业的生产经营等多环节，并且能有效刺激劳动者提高生产效率。[③] 从个人层面来看，职工持股制度赋予了持股员工参与权，有利于调动职工积极参与到生产经营等各项决策中，而且在收入分配上，在给予职工利润分享的同时，也将个人利益和企业利益有机联系在一起。[④]

其二，对职工持股制度作用的相关研究。职工持股制度的一个重要目的是要让职工关注企业的发展，但这一制度变革能否提升企业的绩效存在不同的结论。一部分学者认为，职工持股制度能显著提高企业的绩效。如有学者指出，管理者持股收益与企业绩效之间存在正相关关系。[⑤] 在国有企业中，职工持股能显著提高企业绩效。[⑥] 在发行股票的上市公司中，职

---

① 罗智渊：《中国员工持股制度研究》，首都经济贸易大学博士学位论文，2011。
② 沈文玮：《经济民主视角下的混合所有制员工持股分析》，《现代经济探讨》2015 年第 5 期；王在全：《新一轮国有企业改革中员工持股问题研究》，《经济纵横》2015 年第 12 期。
③ 艾尼瓦尔·吐尔逊：《国有企业员工持股制度改革研究》，吉林大学博士学位论文，2020。
④ 姜涛：《混合所有制企业员工持股规范化发展问题研究》，《理论导刊》2016 年第 1 期。
⑤ 张俊瑞、赵进文、张建：《高级管理层激励与上市公司经营绩效相关性的实证分析》，《会计研究》2003 年第 9 期。
⑥ 黄桂田、张悦：《国有公司员工持股绩效的实证分析——基于 1302 家公司的样本数据》，《经济科学》2009 年第 4 期。

工持股能给予投资者更好的预期，会推动公司股票价格上涨。[①] 职工持股制度的实施对经营者的薪酬增长能起到积极作用，同时又能显著提升企业的平均营业总额，两者在相互促进的过程中，能提升企业业绩。[②] 也有学者认为两者并不存在正相关关系。如有学者的实证分析表明，在较多上市公司中，实施了职工持股制度的公司并没有显示比未进行这一改革的公司有明显的绩效提升，职工持股制度并没有与企业绩效有直接的正相关关系。[③] 在企业内部推行职工持股的重要目的是激励员工，但在进行改革的上市企业中，股权激励的效果并不明显。管理层持股与公司业绩之间不存在明显的相关关系。[④]

其三，对职工持股的典型案例研究。改革开放以来，我国产生了较多形式的职工持股制度。唐群力以青岛海尔模式为例，探讨了职工持股对企业绩效的影响。[⑤] 杨湘波分析了金地集团职工持股制度的特点。[⑥] 黄少安等论述了四达公司职工持股制度存在的问题。[⑦] 李魏晏子从财务业绩方面，对锦江之星的职工持股案例进行了剖析。[⑧] 郭华平、王鼎等对中兴通讯公司职工持股制度的绩效进行了相应分析。[⑨] 李韵、马艳等人对华为公司职工持股模式的创新点进行了系统研究。[⑩] 程恩富等从分享获得、分享内容

---

① 陈华：《我国上市公司股权激励的实证研究》，《会计之友》2011 年第 9 期。

② 冯晓京：《上市公司股权激励有效性分析——以青岛海尔公司为例》，《财会通讯》2015年第 29 期。

③ 宁向东、高文瑾：《内部职工持股：目的与结果》，《管理世界》2014 年第 1 期；王晋斌、李振仲：《内部职工持股计划与企业绩效——对西方和我国企业案例的考察》，《经济研究》1998 年第 5 期。

④ 张小宁：《经营者报酬、员工持股与上市公司绩效分析》，《世界经济》2002 年第 10 期；程仲鸣、王海兵、陈芳：《管理层寻租还是股东利益最大化——基于伊利股份股权激励的案例分析》，《重庆理工大学学报》（社会科学版）2010 年第 7 期。

⑤ 唐群力：《论股权激励对企业绩效的影响——以青岛海尔为例》，《当代经济》2016 年第 23 期。

⑥ 杨湘波：《金地集团员工持股制度研究》，中南大学硕士学位论文，2005。

⑦ 黄少安、魏建：《国有中小企业产权改革及政府在改革进程中的角色——山东诸城国有中小企业改革》，《经济研究》2000 年第 10 期。

⑧ 李魏晏子：《锦江之星：创造可持续价值的财务体系》，《上海国资》2014 年第 7 期。

⑨ 郭华平、王鼎：《股权激励是否能改善公司绩效——以中兴通讯为例》，《财务与会计》（理财版）2012 年第 11 期。

⑩ 马艳、徐文斌、冯璐：《华为员工持股对企业经济关系的影响与特色》，《教学与研究》2020 年第 8 期；李韵、贾亚杰：《华为员工持股制度的中国特色及其对企业创新的作用机理》，《教学与研究》2020 年第 4 期。

等方面，对比分析了永辉超市、华为公司、东升房地产公司等三种职工持股模式的特点。① 此外，还有一些学者对上海汽车公司持股模式、永辉公司"公司合伙人"持股制度等进行了相应的分析。

尽管职工持股制度已经成为学界关注的热点之一，但这些研究相对分散，而且大多缺乏理论基础，少有从劳动力产权实现的角度来分析建构利润分享制度。

第四节　文献评述与本书的基本观点

一　马克思理论存在进一步研究的空间

马克思理论的伟大之处在于其揭示了人类社会发展的基本规律。马克思理论是站在维护劳动者的立场上来批判私有制社会的不合理现象的。马克思从市场因素、非市场因素、所有制三个维度构建了劳动力价值实现与嬗变的研究范式，从本质上阐述了这样的逻辑：在资本主义私有制条件下，市场因素和非市场因素只能保证劳动力价值的实现，而无法保证劳动力产权的实现。尽管马克思理论产生于 100 多年前的资本主义工业化和市场经济初期，但在当今劳动者收入占比下降的国际大环境下，马克思理论这一批判资本主义社会的声音仍显得铿锵有力。且当今社会历史条件的变化也为马克思理论创新和发展提供了巨大的空间。

首先，马克思的分析对象是工业革命初期制造业最底层的提供简单劳动的工人，其劳动力价值的构成中"教育费对普通劳动者来说是微乎其微的"，当今教育培训等费用日益成为劳动力价值构成的最重要组成部分，从而需要在马克思的框架中将分析对象进一步拓展，即将分析对象由简单劳动拓展到复杂劳动、由普通劳动者拓展到人力资本劳动者。②

其次，马克思对资本主义社会的批判集中在所有制上。在马克思看

① 程恩富、白红丽：《我国民营企业员工分享模式的比较研究》，《河北经贸大学学报》2018 年第 4 期。

② 在本书中的某些语境中，笔者对"普通劳动力"与"普通劳动者"、"人力资本劳动力"与"人力资本劳动者"的概念不做刻意区分，视为同义。

来，所有制是改变劳动者收入和地位的最核心变量。在马克思的分析中，生产资料由私有向公有的变革带来的是劳动力价值实现向劳动力产权实现的跃升，而且在生产资料公有制的共产主义社会中，因为劳动者自然获得其创造的全部价值与应获得价值之间的统一，劳动力产权实现是一种彻底实现。但马克思并没有探讨介于劳动者只获得劳动力价值（V）和全部新价值（$V+M$）的中间状态，换言之，当今时代已不完全是马克思所处年代那样的"工人获得工资、资本家获得利润"的传统分配模式，而处于劳动者已经分享到部分利润的中间状态。这一不同于马克思所在年代的新状况，既需要用马克思理论进行分析和解释，也为马克思理论创新提供新的时代素材。

最后，马克思将劳动力价值实现向劳动力产权实现转变的基础建立在生产资料公有制的共产主义社会中，而当今我国是公有制与非公有制共同发展的社会主义社会，利用马克思理论分析中国的现实问题既是对马克思理论强大解释力的验证，也为在新的条件下创新与发展马克思理论提供了现实素材。

二　西方相关研究的文献评述

以亚当·斯密为代表的古典经济学家提出了劳动工资必须对劳动力价值进行完全补偿的观点，但这只是缓和劳资矛盾以及维持经济长期发展需要的被动应对的产物。在古典经济学框架中，由于其混淆了劳动和劳动力的差别，劳动工资就表现为付出劳动后的报酬，劳动产权自动得到实现，也就不存在劳动力产权实现的问题，对这一话题的探讨由此也就转移到能否实现对劳动力价值的等值补偿上。但古典经济学所倡导的劳动力市场交易自由化、一体化、透明化等，对当今劳动力价值实现程度的提高仍具有一定借鉴意义。

西方古典经济学中的人力资本理论将研究视角从同质化的简单劳动拓展到异质性复杂劳动，突出强调了人力资本投入对劳动者自身发展和收入增加的积极作用，为劳动力价值实现程度的提高提供了一个可参考的路径和手段，但与此同时，由于人力资本与收入水平呈正相关关系，容易造成一种假象即劳动者的贫困直接源于人力资本投入量的不足，从而回避了妨碍劳动力价值较高实现的因素，如劳动与资本不平等关系等。

西方新左派政治经济学站在维护劳动者利益立场上分析了阶级结构、劳动力市场、政府等因素对劳动力产权实现的影响，其分析具有一定借鉴意义，如对多元劳动力市场的分析为研究我国城乡二元制结构下的劳动力价值实现提供了一个新的框架；在分析和批判苏联国有企业时得出国有企业应推广工人监督、工人参与管理、工人自治的理念，这对我国当今国有企业改革具有一定的参考价值。但这种经济学并不是具体针对劳动力产权实现的问题的分析，而是主要针对西方发达国家出现的性别和种族歧视、劳资矛盾等问题，故而并没有探讨这些因素对劳动力产权实现程度的具体影响。

西方产权学派认识到企业在组织生产的过程中，存在各种群体之间的分工和合作，面临如何解决不同群体利用自身人力资本进行"敲竹杠"的机会主义行为的问题，由此该学派强调参与分工合作的各群体之间都有获得利润分享的权利。客观来讲，这一学派的观点对于缓和资本家与劳动者（如高级管理者、普通一线工人）之间的对立情绪，充分调动劳动者积极性起到至关重要的作用。但这一学派只论证了获得利润分享的权利，却并没有将各个群体之间获得利润分享的比例进行相应的理论证明。

西方利润分享理论从理论上论证了利润分享对解决西方"滞胀"问题、缓和劳资矛盾、激励劳动者等方面的积极意义，各国在实践中探索出的不同实现形式对我国也具有一定的参考价值。在马克思的分析中，利润分享制度是在保证劳动力价值实现前提下的剩余分享，在这些理论分析中，没有探讨利润分享的前提，只强调了在形式上给予劳动者利润分享权（或称剩余索取权），在实质上并不必然等同于劳动力产权得到一定程度实现，因为当雇主压低工资后，再给予劳动者利润分享可能与原来没有进行利润分享的工资水平相等，从而造成了"人民资本家"式的劳动力产权实现的假象。

三 国内相关研究的文献评述

国内有较多围绕劳动力价值实现和劳动力产权实现的相关文献。在劳动力价值实现问题上，国内的研究从市场建设、政府干预等方面的分析都得出了一些有意义的结论与政策建议；在劳动力产权实现问题上，国内理论界都认识到劳动力产权实现对我国的重要意义，也集中探讨了我国劳动力产权的形式和途径等内容。但整体而言，这两部分研究状况是相互孤立的，即要么只研究劳动力价值实现，要么只研究劳动力产权实现，缺乏将两者之间联系起来的分析。具体而言，国内相关研究存在以下几个方面的不足。

第一，现有研究大多批判了传统私有制社会形成的"见物不见人"的分配体系，认为劳动力产权的实现，应当平等对待资本和劳动力，进而提出了建立利润共享、"见物又见人"的劳动力产权实现机制。但这一思路，只是为了解决当今劳动者再收入分配弱势地位的问题，无法解释当今社会呈现的"劳动雇佣资本"的劳动者强势的现象。

第二，部分学者在解释马克思的劳动力产权实现时塞进一些非科学的概念或者直接用了一些错误的概念，导致得出一些自相矛盾的结论。例如，李惠斌、湛泳等就混淆了劳动产权的概念和劳动力产权的界限[①]，从而得出的结论必然存在偏颇；王珏、吴宏洛等为了论证劳动力要素与物质资本要素是一种平等协作的关系，就利用"偷梁换柱"的方式将劳动力要素变成了劳动力资本[②]，从而掉进劳动者剥削劳动者的理论混乱之中；还有更多的学者直接利用西方的人力资本产权来替代劳动力产权，尽管西方人力资本产权和劳动力产权有理论重合的地方，但其劳动力实现方式的途径就是加大人力资本投入力度，这将造成把普通劳动者贫困的原因归结于人力资本投入少的假象，而忽视了生产资料最本质的内在决定因素。

第三，现有研究认识到利润分享对劳动力产权实现的作用和意义，但并没有对利润分享制度兴起的原因展开分析，而且现有研究只是提出了利润分享的理念，并没有找到劳动者利润分享的适宜比例。例如劳动者分享到1%的利润与分享到全部收益是有本质区别的，劳动力产权实现不仅仅

---

① 李惠斌：《劳动产权概念：历史追溯及其现实意义》，《马克思主义与现实》2004 年第 5 期；湛泳、饶晓辉：《劳动产权与联合产权制度》，《华东理工大学学报》（社会科学版）2004 年第 4 期。

② 王珏、李涛：《论劳动力资本与国有经济产权改革》，《特区经济》1997 年第 8 期；吴宏洛：《论我国劳动力产权的实现》，《东南学术》2010 年第 1 期。

是分享利润，还需要找到决定劳动力产权实现的比例，否则低于这一比例，不能视为劳动力产权实现。

第四，国内较多理论的研究集中在剩余索取权的实现上，而忽视了劳动力使用权的收益在市场的完全实现，国内对劳动力产权的研究较多集中在收入分配领域，而没有从劳动力产权实现的两个层次展开分析。按此逻辑，只要当劳动力产权中所有权收益得到任意补偿，就意味着劳动力产权的实现，显然，这可能是因为压低劳动力使用权收益而造成劳动力产权完全实现的假象。

四　本书的基本观点

在马克思经济学中，劳动力商品在出卖前就已经存在，但劳动力商品的形成是需要花费一定生活资料的，这部分生活资料在量上就表现为劳动力价值。对于劳动者来说，这部分生活资料的消耗相当于在商品出卖前的成本支出。在价值规律的支配下，当劳动力商品出卖后，劳动力商品实行等价交换，使得劳动者获得了和劳动力价值量相等的工资。但工资只是对劳动力价值的补偿，或者说是对成本的补偿，这也就是说，劳动力价值的基本实现意味着劳动力收益为零，因为劳动收入（工资）和成本（劳动力价值）是两个相等的量。

对于资本家来说，利润是对作为成本的工资、资本利息、折旧等费用扣除后的量。用马克思经济学的概念来讲，这就是剩余价值（M）。而劳动力产权的实现在于获得剩余索取权，或者说，劳动者能获得部分甚至全部剩余价值。在这里，劳动力产权实现暗含着这样一个前提：劳动力产权实现建立在劳动力价值实现的基础之上。简单来看，劳动力价值实现是劳动力产权实现的一种极端情况，即当劳动者没有获得剩余索取权时，劳动者分享的剩余价值量为零，从而劳动力产权实现和劳动力价值实现之间是一致的。

进一步来看，劳动力价值实现与劳动力产权实现的差别可以用收入的概念来描述，分别定义工资、劳动力价值、剩余价值为 W、V、M，那么劳动力价值实现对应的收入为 $W = V$，而劳动力产权实现对应的收入为 $W + rM$，（$0 < r \leqslant 1$）。因为劳动力商品的出卖是一种市场行为，这一交易完

成后，就自动生成相应的工资，从这种意义上看，劳动力价值的实现对应于一种交易行为。从静态视角来看，劳动力产权实现所对应的收入中的一部分（rM）是和资本所有者进行分享的结果，而且当劳动者获得的部分（rM）较大时，资本所有者所获得的部分［$(1-r)M$］就会变小，简言之，劳动力产权实现是劳动者和资本家在企业内部博弈的结果。如果定义劳动力产权实现的标志是劳动力剩余索取权的获得，那么资本家和劳动者之间力量的博弈则体现为劳动者和资本所有者之间围绕企业的剩余控制权的争夺。因为剩余控制权直接决定了收入分配的比例，直接关系到劳动者和资本家之间利润分配比例的大小。对于劳动者来说，在获得剩余索取权时，只有同时获得了剩余控制权才能保证自身的劳动力产权得到实现。如果劳动者只停留在剩余索取权层面上，那么其劳动力产权收益并不一定能实现最大化。

因为剩余控制权直接来源于劳资双方的力量，也关系到劳资双方的利益。当一方力量较强时，就能作出有利于自己一方的分配规则。而在生产资料私有制的前提下，这种力量的产生既可以是市场性的因素，如劳动力严重供不应求时，劳动者必然是强势的一方，也可以是非市场性的因素，如劳动者联合起来后在和资本家的对抗中处于上风。当然，劳动者力量较强时，也可能直接要求资本家支付给劳动者高于其劳动力价值的工资，但工资高于劳动力价值的部分（$W-V$）也是资本家将部分利润让渡给劳动者，这相当于劳动者间接参与了利润分享。因为现实劳动力不是同质性的，市场性和非市场性因素表现出的力量的强势程度也存在差异，从而不同劳动者的劳动力产权实现程度也各不相同。

第二章

劳动力产权实现的逻辑起点：
劳动力商品的自由交易

引言　劳动力商品自由交易是否意味着公平

　　商品是马克思在《资本论》中研究资本主义经济的逻辑起点，而劳动力商品则是马克思剖析资本主义经济体系，揭示资本主义剥削工人的秘密的关键概念。人类进入资本主义社会以后，生产资料与劳动者之间出现了分离，形成了两个相互对立但又相互依存的阶级：拥有生产资料的资产阶级只有雇用劳动者才能生产出相应的商品，"自由得一无所有"的工人阶级只有接受资本家的雇用才能生存。马克思在分析资本主义社会生产关系时，科学区分劳动商品和劳动力商品概念是一个重要前提。一方面，马克思继承了古典政治经济学中劳动创造价值的合理观点；另一方面，其又对劳动商品这一概念进行了批判。在1847年的《哲学的贫困》中，马克思提出了"劳动本身就是商品"的论断，认为劳动商品"由生产劳动这种商品所必需的劳动时间来衡量"。[①] 尽管马克思沿用了劳动商品的概念，但其已经将劳动生产出来的商品与劳动商品的等价物区分开来。在1849年的《雇佣劳动与资本》中，马克思也指出："劳动力的表现即劳动是工人本身的生命活动，是工人本身的生命的表现。工人正是把这种生命活动出卖给

---

　　① 《马克思恩格斯全集》第4卷，人民出版社，1958，第94页。

别人，以获得自己所必需的生活资料。"[1] "工人拿自己的劳动力换到生活资料，而资本家拿他的生活资料换到劳动，即工人的生产活动，亦即创造力量。工人通过这种创造力量不仅能补偿工人所消费的东西，并且还使积累起来的劳动具有比以前更大的价值。"[2] 在这里，马克思已经认识到劳动所创造的价值远远大于劳动力自身的价值。在《政治经济学批判（1857—1858年手稿）》中，马克思指出："工人为了勉强维持自己的生存，出卖对自己劳动能力的支配权。"[3] 劳动能力其实质就是劳动力，从而马克思第一次明确了劳动者出卖的是劳动力商品而不是劳动商品。在1867年的《资本论》中，马克思进一步指出："劳动力占有者没有可能出卖有自己的劳动对象化在内的商品，而不得不把只存在于他的活的身体中的劳动力本身当做商品出卖。"[4] 在这里，工人出卖的不是他的劳动，而是他自身的劳动力，更准确地说，劳动者出卖的只是在一定时间内的劳动力使用权和支配权。劳动力使用权和所有权之间相分离，也成为劳动力产权在资本主义经济体系的出场逻辑。

产权的界定在于产权主体能获得附着在其上面的价值，而这一价值必须通过交易来实现。产权价值的实现在于通过交易实现交换价值的最大化。从本质上来看，产权的实现等同于产权交易的完成。一方面，没有交易权（转让权或处置权）不能称为真正的产权，因为产权主体不能从中直接获得收益。另一方面，只要有产权存在，交易就会出现，交易的实质不是简单的物品交换，而是追求效用最大化的交易当事人在平等自愿的基础上进行的彼此的产权让渡，市场经济的逻辑就体现在个人权利的自由交易过程中。同理，劳动力成为商品，蕴含着劳动力商品可以自由交易，是两个产权主体即资本家和劳动者自由意志的体现，必然符合两者的利益。

劳动力作为企业最为重要的生产要素，需要在市场购买，从而形成一种市场合约关系。劳动力买卖双方经过一系列讨价还价的过程，最终形成一种成交价格。按照产权交易规则来看，市场经济的契约关系是一种互利

① 《马克思恩格斯文集》第1卷，人民出版社，2009，第715页。
② 《马克思恩格斯文集》第1卷，人民出版社，2009，第726页。
③ 《马克思恩格斯文集》第8卷，人民出版社，2009，第470页。
④ 《马克思恩格斯全集》第42卷，人民出版社，2016，第157页。

的关系，人们之所以会进入契约关系，是因为进入要比不进入更好。这也就是说，劳动力商品的买卖关系是符合卖者（劳动者）和买者（资本家）的利益的。但这并没有说明这种交易本身是否公平的问题。在西方主流经济学看来，市场这只"无形的手"是公平之手：当被雇佣者和雇佣者中任一方无法接受相关雇佣条款时，这种交易的行为就会自然终止，而交易的完成，则是交易双方的利益都得到满足的结果。换言之，自由市场交易的结果必然是公平的体现。

第一节　西方理论中的劳动力商品自由交易观

一　劳动力商品自由交易的内在前提条件

制度经济学家康芒斯把交易界定为"一种涉及人们从与他人的权利（利益）互换中获取利益的社会互动形式"。① 从这一定义来看，康芒斯对交易的界定具有两个鲜明的特点。其一，交易不仅仅是物的交换，还更注重权利的互换。这种权利互换的内在动机在于交易的获利性，即交易主体之间之所以进行权利互换，是因为市场交易最终能满足各自利益最大化的追求。其二，交易的自愿性，即交易的完成并不是某一方意志的体现，而是双方意志趋于一致的反映。也就是说，使交易双方获利是交易得以完成的前提，而且交易本身并不存在强制性，即交易一方无法得到交易预期的收益时，交易随时可以中断，交易双方能够自由作出是否参与交易的决定。康芒斯概括出交易的内在特征，却对市场自由交易背后隐藏的内在前提条件未予以注意。

首先，自由交易的前提条件之一是交易主体的意志自由。正如黑格尔所说："我可以转让自己的财产，因为财产是我的，而财产之所以是我的，只是因为我的意志体现在财产中。"② 财产产权的转移是内在意志的体现。而意志自由是人区别于动物的标志之一，意志自由使人能不屈从外界的压

① 〔美〕康芒斯：《制度经济学》（上册），于树生译，商务印书馆，1982，第 4 页。
② 〔德〕黑格尔：《法哲学原理》，范扬、张企泰译，商务印书馆，1961，第 73 页。

力，可以按照自己的意愿来选择进行交易的对象、方式和手段等。实际上，"自愿相互交换是市场经济最基本的原则，任何权益的相互转移都不能是交换各方出自非自愿，不能出于被迫"。① "必须作为有自己的意志体现在这些物中的人彼此发生关系，因此，一方只有符合另一方的意志，就是说每一方只有通过双方共同一致的意志行为，才能让渡自己的商品，占有别人的商品。"② 也就是说，意志自由有两方面的规定性。其一，交易的流动性。当一种交易不能实现利益最大化时，可以选择另一种交易方式和交易对象，正因为存在这种交易对象和方式的选择，交易双方的交易利益才能呈现一致性。反之，当这种流动性不存在，交易的一方利益未能实现最大化时，由于并不能选择其交易的对象和方式，其利益不能实现帕累托最优，从而使得交易的一方受损。其二，中止交易行为的自主性。当交易的一方并不能获得预期收益时，其可以随时关闭这项交易。

在马克思看来，劳动者的自由是一个历史的概念，与其对应的自由劳动也是发展到一定阶段的产物。马克思曾经指出："劳动并不向来就是雇佣劳动，即自由劳动。"③ 雇佣劳动是资本主义社会发展的必然产物。从这种意义上来看，人类社会从封建社会到资本主义社会，产生了雇佣劳动，这是一种进步。但在资本主义社会，"有这样一种奇怪的现象：我们发现市场上有一批人是买者，他们占有土地、机器、原料和生活资料，这些东西，除了原始状态的土地以外，都是劳动的产品，另一方面，有一批人是卖者，他们除了自己的劳动力，除了劳动的双手和头脑，没有别的东西可卖；前一批人经常买进是为了赚取利润和发财，后一批人经常卖出则是为了谋生"。④ 从历史发展的演进逻辑来看，在封建社会末期，商品经济的发展，促进了封建社会自然经济的解体，引起小商品生产者的两极分化。资本的原始积累加速了这种分化，形成了资本主义生产的基本条件：一方面，产生大批失去生产资料而不得不出卖自己劳动力的无产者；另一方

---

① 〔美〕V. 奥斯特罗姆等编《制度分析与发展的反思——问题与抉择》，王诚等译，商务印书馆，1992，第27页。
② 《马克思恩格斯文集》第5卷，人民出版社，2009，第103页。
③ 《马克思恩格斯文集》第1卷，人民出版社，2009，第716页。
④ 《马克思恩格斯文集》第3卷，人民出版社，2009，第55页。

面，巨额的货币和生产资料集中在少数人手里转化为资本。对于劳动者来说，出卖劳动力给资本家是一种无奈的选择，因为劳动者"自由得一无所有"，出卖劳动力成为维持其生存的最基本手段，劳动者可以选择将劳动力出卖给不同的资本家，但绝对不可能不出卖自己的劳动力。这也就是说，在马克思所处的早期资本主义社会中，工人面临两种选择：一是接受资本家剥削，二是拒绝资本家的剥削而饿死。即使不考虑交易的流动性，由于劳动力商品的谋生性特征，当劳动力价格被压得很低时，劳动者也无法自动终止交易行为。这也就意味着在劳动力市场劳动力雇佣关系中看似双方自由达成的交易协议，其实隐藏着内在的不自由性。

其次，自由交易的另一前提条件是交易主体的平等性。"商品是天生的平等派。""平等是自由主义的另一条原则。自由主义宣布所有人一律平等。"[1] 商品交易双方"不承认任何别的权威，只承认竞争的权威，只承认他们互相利益的压力加在他们身上的强制"。[2] 在资本主义社会中，市场的交易行为往往被打上某种"自愿"的烙印，但这并不能直接将这种自愿行为视为自由的，或者说，不是所有的自愿交易行为都对应于交易双方同等程度的自由。劳动力的"交易是强迫交易。弱者表示同意的方式，就好比一个失足掉进深渊的人同意把它的财产送给那个不肯按照其他条件扔一根绳子给他的人。这不是真正的同意。真正的同意是自由的同意，充分的同意自由意味着缔约双方的平等，自由而无平等，名义上好听，结果却悲惨可怜"。[3] "就契约而言，真正的自由要求缔约双方之间大体上平等。如果一方处于优越地位，他就能够强制规定条件。如果另一方处于软弱地位，他就只好接受不利的条件。"[4] 一般地，交易双方地位的平等性，剔除了交易一方对另一方的强制性交易。从经济学的意义上来看，交易一方的强权不管是来源于法律意义上的强权（如只在法律上承认交易的一方与指定的另一方交易的合法性），还是来源于垄断带来的强权（如垄断一方能对交

---

① J. Salwyn Schapiro, *Liberalism: Its Meaning and History*, Princeton: D. Van Nostrand CO, 1958, p. 10.

② 《马克思恩格斯文集》第 5 卷，人民出版社，2009，第 412 页。

③ 〔英〕霍布豪斯：《自由主义》，朱曾汶译，商务印书馆，1996，第 42 页。

④ 〔英〕霍布豪斯：《自由主义》，朱曾汶译，商务印书馆，1996，第 41 页。

易价格形成控制力，使得交易另一方必须得接受的垄断高价或者垄断低价），都意味着交易的一方控制了最重要的资源，形成一种"经济租金"，迫使交易的另一方服从其意志，形成一种强权。具有强权的一方既可以使得另一方交易对象选择空间集变小，也可以压缩交易的另一方进行自由谈判的选择空间集，换言之，交易的一方受到某种外在束缚，原本的自由交易变得不自由。

劳动力商品交易涉及劳动者和资本家群体之间的地位。在私有制社会中，对于劳动者的生存来说，生产资料是最重要的资源，因为有了生产资料，劳动力才有发挥空间，才能获取维持生存的生活资料。换言之，谁掌握这一最重要的资源，谁就拥有了强权。从劳动力交易的历史演变来看，在私有制诞生后的奴隶社会、封建社会、资本主义社会，绝大部分生产资料分别被奴隶主、地主、资本家所掌握，这也就决定了在劳动力商品交易中，奴隶主、地主、资本家拥有了天然的强权，从而使得劳动力的交易必须服从这些阶级的意志。马克思在《资本论》中更是对资本主义社会的本质进行了剖析。在马克思看来，在劳动力市场交易行为中，资本家（雇主）和劳动者（被雇佣者）的地位并不平等。即使在西方经济学理论中，忽略生产资料被资本家占有这一重要条件，劳动者和资本家之间在交易过程中地位也并不平等。在资本主义社会，对生产资料的占有和对货币的占有在一定程度上具有同一性，即占有一定生产资料可以通过拥有一定货币资本的形式表现出来，而一定货币也可以通过购买一定生产资料来实现对生产资料的占有，从而使具有不同用途的异质性的生产资料的价值可以通过同质化的货币来衡量。当资本通过同质化的货币资本表现出来时，就具有同质性、较易积聚和转移等特点，在资本主义社会自由竞争的条件下，必然呈现"强者越强"的优胜劣汰格局，使得资本容易集中到少数人手中，形成天然的垄断地位。

从劳动力商品角度来看，劳动力所有权与劳动者主体无法分离，劳动者垄断势力必须通过联合的方式才能形成，但这本身面对两个难题：其一，联合的过程需要劳动者通过一致的行动加入到工会等组织中，这涉及工人之间为联合的细节反复谈判而带来的相关成本，这将是一笔不可忽略的成本，当这笔成本足够大时，其联合就比较困难；其二，每个劳动者在能力等方面存在差异，具有异质性的特点，使得劳动者之间的协调变得相对比较困难。因此，如果将雇佣定义为拥有资本的买方在市场上购买劳动力并在一定时间内拥有劳动力的支配权，那么在资本主义社会发展的初期，大量过剩的劳动力，使得资本显得相对短缺。而且在马克思所处的年代，强有力维持工人利益的工会组织并未形成，在资本积累量不断扩大的过程中，"工人之间的竞争就增长得更迅速无比，就是说，资本增长得越迅速，工人阶级的就业手段即生活资料就相对地缩减得越厉害"。① 劳动力供过于求的局面形成了"强资本、弱劳动"的博弈格局，资本成为劳资双方谈判中较为强势的一方。

但历史上劳动者的联合并不是没有可能，劳动者的联合是对抗资本家的产物，霍布豪斯曾经举了这样一个例子来验证这一结论："一个雇用 500 个工人的工厂老板同一个没有其他谋生手段的工人在讲条件。如果条件没讲成功，老板失去了一个工人，还有 499 个工人为他的工厂干活。在另一个工人来到之前，他最多不过有一两天在一台机器上遇到一点麻烦。而在这些日子里，那位失业的工人却可能没有饭吃，只好眼睁睁地看着他的孩子挨饿。在这种情况下，还谈得上什么有效的自由呢？工人们很快就发现自己根本没有自由，所以从机器工业崛起一开始就力求组织工会来补救。"② 特别是，为了调和日益紧张的劳资矛盾（因为劳动者的反抗本身对资本家的生产不利），资本主义社会也逐渐赋予了劳动者越来越多的法律保障，劳动者通过工会等形式联合起来也逐渐得到法律的认同。工人通过工会等形式联合起来，形成了一定的垄断势力，在与资本家的谈判中在一定程度上改变了劳动者的不利地位。但这只是对自由交易的部分修正，因为资本的强权源于对生产资料的控制，在生产资料被资本家所占有的情况下，就从制度上确认了资本家的强权地位，劳动者的联合对劳动者利益的保障注定是"治标不治本"的药方。

二　劳动力商品自由交易的两个维度：消极自由和积极自由

作为当代欧美自由主义思想史的重要人物，以赛亚·伯林（Isaiah Ber-

---

① 《马克思恩格斯选集》第 1 卷，人民出版社，1995，第 363 页。
② 〔英〕霍布豪斯：《自由主义》，朱曾汶译，商务印书馆，1996，第 40～41 页。

lin）从另一视角对个体自由进行了解读，在他看来，自由可以从消极自由与积极自由两个层面来理解。

何谓消极自由呢？在伯林看来，消极自由需要解答的问题是："主体（一个人或人的群体）被允许或必须被允许不受别人干涉地做他有能力做的事、成为他愿意成为的人的那个领域是什么？"[1] 根据对这一问题的设定，消极自由的实质体现为某人不受别人干涉的程度，自由存在一个可以不受他人干涉的行动区域。具体而言，这又可以从两个方面来理解。一是，自由是不存在他人有意识的强制或者人为的干涉的，但这种自由也不承认自然环境变化带来的对人行动的限制，比如，由突如其来的暴雨等恶劣的自然条件给人们行动带来的不便和限制，就不能认为是个人自由的丧失。二是，因个人能力不足等方面的原因无法做自己所期望的事则不是不自由的表现。比如说，在马拉松比赛中，因为体力或者意志力不济而无法完成比赛的选手，本身并不缺少自由。也就是说，消极自由承认由能力差异而带来的自由程度的差异。

尽管伯林是从哲学的视角对个体自由进行解读的，但这种逻辑是与传统古典经济学中的自由主义思潮相一致的。一方面，资本家和劳动者的交易行为不需要政府等外在力量干涉。自由经济学派的代表人物弗里德曼就曾批判了美国社会存在的种种非市场机构和组织对自由市场经济的干涉所带来的消极后果。在这些组织中，他认为工会是资本家和劳动者谈判的外在干涉力量，这种干涉并不会使交易变得有效率。弗里德曼给出的理由是，工会的很多政策只是为了保护会员的权利，而损害了工会以外的工作者的权利。按此逻辑，资本主义社会遵循劳动者和资本家之间一对一自愿谈判的结果才是真正的公平主义。进一步来讲，自由经济学派将一切交易结果的公平性依托于泛化的市场，在他们看来，能够保护消费者和工人的不是政府，也不是像工会这样的组织，而是市场。这种观点承认市场的万能作用，但却对自由市场本身的内在前提条件没有注意。另一方面，这种逻辑又将资本家和劳动者之间交易过程中自由程度的差异归结于能力的差异。也就是说，当劳动者能力较差时，其能选择的雇主以及工作条件和方

---

[1] 〔英〕以赛亚·伯林：《自由论》，胡传胜译，译林出版社，2003，第189页。

式等方面的自由空间就比较小，反之，交易的结果也是其劳动能力差异的真实反映，这样看来，这种自由交换的结果是公正的。

当然，消极自由宣扬的不需要外来的干涉本身就已经承认界定个体自由的制度是公平的。从表面上来看，法律上已经否决了劳动力交易双方任一方强买强卖的行为，但"有必要区分自由和自由的行使条件，如果一个人太穷，或太无知，或太屡弱，而不能利用他的法律权利，那么，这些权利赋予他的自由对他来说什么都不是。但自由并没有因此就被废除了，自由是一码事，自由的行使条件是另外一码事"。① 也就是说，对于"自由得一无所有的劳动者"的自由，并不在于社会制度所赋予他自由空间的大小，而在于其行使自由的内在条件。但这本身也存在逻辑上的矛盾：对于贫困的劳动者来说，其自身能力较差，导致其并不具备行使自由的内在条件，使得劳动者本身的自由只是一种虚幻的存在。而真正想要达到资本主义社会所宣扬的自由，其必然需要为更多的穷人创造更有利的行使自由的条件，但这又否决了资本主义社会所宣扬的不需要干涉的前提。"事实上，经济能力上的限制往往会产生一种抑制性的需求，从而使得人们在无知和失望中不自觉地接受目前的事实。正因如此，对消极自由的承认和渲染有助于维持现状，这也是现代主流经济学者特别推崇这种消极自由的原因。"②

与消极自由相对应的是积极自由。在伯林看来，积极自由所对应的需要回答的问题是："什么东西或什么人，是决定某人做这个、成为这样而不是做那个、成为那样的那种控制或干涉的根源？"③ 从这一问题来看，积极自由强调了自我力量的作用，或者说，积极自由体现为主体能够采取某种行为的能力。由于市场中进行交易的个体之间能力是千差万别的，对应的自由程度自然就不同，从而在交易过程中，交易双方所对应的选择集就必然不同。工人拥有在市场上随意选择自己心仪公司或工作的自由，雇主也具有随意选择工人的自由，而这两种自由内涵或本质却是根本不同的：

---

① 杨顺利：《自由与贫困——试论积极自由与消极自由区分后的一种影响》，《江汉大学学报》（人文科学版）2008 年第 3 期。
② 朱富强：《市场机制能否保障主体的自由和交换的公正？》，《上海财经大学学报》2010 年第 5 期。
③ 〔英〕以赛亚·伯林：《自由论》，胡传胜译，译林出版社，2003，第 189 页。

工人在选择他理想的公司及工作条件和企业主获得他理想的员工及工作能力的自由度上存在根本差异。[①] 工人和资本家之间自由的空间集和选择集的差异，使得交易双方自由度的充分实现必须建立在两者自由空间集存在重合的可能性上。单纯市场交易过程如埃奇沃思刻画的"方形盒子"所示：经济效率建立在一系列由无数点连接而成的契约曲线上，在每一点所对应的某时刻，交换双方的获益存在较大差异，在曲线上的点作一任意移动都会使得交易双方的交易比例发生改变，从而使得交易双方的规则和空间发生改变。这也就是说，自由选择带来的收益会使得交易双方选择的空间集发生改变，使得自由的空间和双方选择集体之间产生不一致。在上面的例子中，工人选择他理想的公司以及工作条件意味着资本家必须为工人提供更好的条件，即付出更多相应的成本。同样，雇主也希望用最小的成本雇用到最满意的员工，即付出的成本最小化。因此，这一内在的冲突也就决定只有强势的一方或者较为强势的一方才能获得更大的自由空间集。

在存在雇佣关系的资本主义社会中，这种冲突必然存在，从而也就决定交易中的自由只是相对的：对于雇主和工人来说，任何一方都可能是获得更多自由空间的一方，而对于另一方来说，则是自由空间的缩减。一般地，劳动力商品交易双方之间一方自由空间的拓展对应的是另一方自由空间的压缩，从而两者之间的交易是一种针对自由空间的零和博弈过程。任何一种理论体系必然带有明显的阶级倾向，从维护资本主义社会制度角度和站在资本家立场来看，伯林的理论所宣扬的自由必然是资本家的自由，而不可能是真正意义上的劳动者的自由。

第二节　马克思对劳动力商品自由交易的分析

马克思是站在批判私有制社会的基础上来阐述劳动力商品交易观的。从总体来看，马克思认为生产资料私有制社会中的劳动者，出卖劳动力是一个身不由己的选择，其出卖劳动力的意志并不由自己所主宰。马克思在

---

① 朱富强：《市场机制能否保障主体的自由和交换的公正?》，《上海财经大学学报》2010 年第 5 期。

《1844年经济学哲学手稿》中就曾经指出，在资本雇佣劳动的条件下，"劳动这种生命活动、这种生产生活本身对人来说不过是满足一种需要即维持肉体生存的需要的一种手段"。① "它不是满足劳动需要，而只是满足劳动需要以外的需要的一种手段。"② 工人"的劳动不是自愿的劳动，而是被迫的强制劳动"。③ 换言之，劳动者只有获得了劳动力使用权并能支配自己的劳动力，才能产生真正的自由交易。因为劳动力商品的所有权天然归劳动者所有，只有按劳动者的意志进行交易和生产，劳动者才能获得真正意义上的自由。而按劳动者的意志进行交易和生产，就意味着劳动者本身就拥有劳动力的使用权以及支配权，即劳动者拥有完整的劳动力产权。对于劳动者来说，如果同时拥有劳动力使用权和所有权，那么就必须保证劳动者本身拥有生产资料。但这里需要注意的是，尽管生产资料的个人所有制使劳动力产权能够完整保留，例如历史上的自耕农就拥有最重要的生产资料（土地），并且能够自主和自由地支配劳动，但马克思并不赞成生产资料的个人所有制，因为小农经济尽管保留了生产资料个人所有制，但与生产社会化的大趋势相背离，在人类发展的潮流中并不占主导，从而这只是历史的特殊，而不是一般。而且从动态的视角来看，即使在某时刻，将土地等重要生产资料平均分配给每个劳动者，但在自由竞争的环境下，优胜劣汰的规律必然会使得生产资料不断趋向于集中，即不断集中到少数人手中，逐渐演化为少数人占有生产资料而劳动者失去生产资料的结果。因此，马克思并不认为私有制社会能实现劳动力商品交易的自由，相反，马克思对私有制社会进行了批判。

其一，私有制社会已经造成了劳动者与资本家的地位的不平等。因为地位不平等源于资源占有的不均衡，而生产资料则是最重要的资源之一。在地位不平等的条件下，自由交易只停留在形式上的自由买卖关系上。劳动的过程是劳动和生产资料相结合的过程，当生产资料与劳动力从属于不同阶级时，劳动者出卖劳动力的同时，就失去了劳动的自主权，转而被拥

① 《马克思恩格斯文集》第1卷，人民出版社，2009，第162页。
② 《马克思恩格斯文集》第1卷，人民出版社，2009，第159页。
③ 《马克思恩格斯文集》第1卷，人民出版社，2009，第159页。

有物质生产资料的阶级所控制。在人类历史中，这种分离产生了奴隶制、农奴制、雇佣制。在奴隶制社会中，劳动者在出卖劳动力的同时，不仅丧失了劳动的自主权，而且劳动者自身也天然归奴隶主所有。农奴为了生存，只能依附于封建主，被迫转让自己部分劳动的自主权。而对于雇佣劳动，出卖劳动力意味着劳动者彻底失去劳动的自主权，服从于资本家的指挥，从而使得资本家无偿占有大量剩余劳动（或者说剩余价值），而"这种剩余劳动是资本未付等价物而得到的，并且按它的本质来说，总是强制劳动，尽管它看起来非常像是自由协商议定的结果"。① 在这里，马克思批判了生产资料与劳动的分离所带来的对劳动力自主权的泯灭。

其二，私有制社会自由交易的结果已经被打上了严重的劳动异化烙印。在劳动力成为商品后，劳动力被资本所支配，马克思对由劳动而产生的异化从五个方面进行了相应阐述。第一，劳动异化造成了人与物的对立。本来作为劳动工具的机器设备等生产资料，理应置于劳动的控制下，但却演变成为"作为异己的和统治的权力同劳动相对立"。② "因为我劳动是为了生存，为了得到生活资料。我的劳动不是我的生命"③，"劳动所生产的对象，即劳动的产品，作为一种异己的存在物，作为不依赖于生产者的力量，同劳动相对立"④，"在于不归工人所有，而归人格化的生产条件即资本所有，归巨大的对象［化］的权力所有，这种对象［化］的权力把社会劳动本身当做自身的一个要素而置于同自己相对立的地位"。⑤ 劳动者利用劳动创造的物质财富却反过来成为奴役人的工具，劳动者创造的物质财富越多，套在劳动者身上的枷锁就越重，人彻底沦为物的奴隶。这样，劳动力交易的自由是物质控制下的自由，或者说是由掌控物的另一阶级控制下的自由。第二，劳动异化使得劳动者在劳动过程获得的不是快乐，而是痛苦。"劳动对工人来说是外在的东西，也就是说，不属于他的本质；因此，他在自己的劳动中不是肯定自己，而是否定自己，不是感到幸福，

---

① 《马克思恩格斯文集》第 7 卷，人民出版社，2009，第 927 页。
② 《马克思恩格斯文集》第 8 卷，人民出版社，2009，第 207 页。
③ 《马克思恩格斯全集》第 42 卷，人民出版社，1979，第 38 页。
④ 《马克思恩格斯文集》第 1 卷，人民出版社，2009，第 156 页。
⑤ 《马克思恩格斯文集》第 8 卷，人民出版社，2009，第 207 页。

而是感到不幸，不是自由地发挥自己的体力和智力，而是使自己的肉体受折磨、精神遭摧残。"① 对工人来说，"这种劳动不是他自己的，而是别人的；劳动不属于他；他在劳动中也不属于他自己，而是属于别人"。② 劳动者理应能"自由地有意识地"支配自己的劳动，但劳动的异化使得"人们就会像逃避瘟疫那样逃避劳动"。③ 第三，劳动异化使得人的类本质退化。"异化劳动从人那里夺去了他的生产的对象，也就从人那里夺去了他的类生活，即他的现实的类对象性"④，异化劳动把人的自主活动、自由活动贬低为仅仅维持人的肉体生存的手段，"而自由的有意识的活动恰恰就是人的类特性"。⑤ 劳动不能使劳动者解放，而是使劳动者遭受更深的肉体和精神束缚，使得具有劳动能力的劳动者并不能自由支配自己的劳动，劳动的目的性仅停留在和动物劳动没有差异的满足肉体的需要上，人变得越来越自私、利己，越来越没有社会性。第四，劳动异化造成了人与人之间的阶级对立。在私有制的高级阶段即资本主义社会里，社会分裂成一部分掌握生产资料的资本家和一部分拥有劳动力却无生产资料的工人阶级，工人阶级为获得生活资料，只能将劳动力出卖给资本家，变得越来越依附于资本家。而资本家凭借对生产资料的私人占有，进而通过剥削而获得工人的大部分劳动成果，这就使得人们之间理应存在的平等友好关系演变成相互利用、相互敌对、相互冲突的阶级关系。第五，劳动异化造成了人的片面发展。在资本主义社会化大生产的前提下，分工使得人们在一个狭小的专业领域参加劳动，这虽然提高了人们的劳动熟练程度和劳动技能，大大促进了生产力的发展，但同时"分工使这种劳动力片面化，使它只具有操纵局部工具的特定技能"。⑥ "终生从事同一种简单操作的工人，把自己的整个身体转化为这种操作的自动的片面的器官"⑦，"就个人自身来考察个人，个人就是受分工支配的；分工使他变成片面的人，使他畸形发展，使他受

---

① 《马克思恩格斯文集》第 1 卷，人民出版社，2009，第 159 页。
② 《马克思恩格斯文集》第 1 卷，人民出版社，2009，第 160 页。
③ 《马克思恩格斯文集》第 1 卷，人民出版社，2009，第 159 页。
④ 《马克思恩格斯文集》第 1 卷，人民出版社，2009，第 163 页。
⑤ 《马克思恩格斯文集》第 1 卷，人民出版社，2009，第 162 页。
⑥ 《马克思恩格斯文集》第 5 卷，人民出版社，2009，第 495 页。
⑦ 《马克思恩格斯文集》第 5 卷，人民出版社，2009，第 313 页。

到限制"①，并且会因"人的这种畸形发展和分工齐头并进"而各自得到不断强化。

其三，劳动力商品交易并不必然是劳动者自由意志的体现。社会中存在千差万别的劳动者，每个劳动者的兴趣、爱好、资源禀赋等各种条件存在差异，劳动技能必然表现出异质性。劳动力商品自由交易意味着每个拥有不同技能的劳动者都能选择适合自己的工作、充分发挥自己的才能，而不是被迫选择适应交易另一方意志的工作。从存在雇佣关系的资本主义社会来看，法律上已经明确禁止交易的一方强买强卖的行为，但劳动力商品的交易只有符合雇佣方的要求时，交易才能得以完成。这也就是说，作为劳动者来说，其劳动技能的培养必须满足雇佣者的需要，而不是出于自身发展的需要，交易的自由更多体现的是雇佣者的意志，而并非劳动者的意志。从另一个角度来看，我们需要为不同劳动者提供能充分发挥其能力的相应工作，这既有利于发挥劳动者的才能又能促进社会的发展，从而形成个人与社会之间的良性互动。符合这一要求的社会就是共产主义社会，因为共产主义社会已经消灭了生产资料的私有制，取而代之的生产资料公有制将劳动力置于社会的控制之下。正如马克思所指出的那样："生产资料的全国性的集中将成为由自由平等的生产者的各联合体所构成的社会的全国性的基础，这些生产者将按照共同的合理的计划进行社会劳动。"② "在这种制度下不再有任何阶级差别，不再有任何对个人生活资料的忧虑，在这种制度下第一次能够谈到真正的人的自由。"③ 在这里，马克思实际上证明了相较于以往的生产资料私有制社会，共产主义社会才能给予劳动者更高层次的自由。

其四，私有制社会并不能有效实现消极自由和积极自由的有机统一。消极自由认为自由不需要外来干涉，而积极自由则承认劳动者自身能力越强，自由程度就越高。在没有干预的情况下，私有制社会中拥有生产资料的阶级（如奴隶主、地主和资本家）能控制的资源较多，本身就意味着其

---

① 《马克思恩格斯全集》第 3 卷，人民出版社，1960，第 514 页。
② 《马克思恩格斯文集》第 3 卷，人民出版社，2009，第 233 页。
③ 《马克思恩格斯全集》第 20 卷，人民出版社，1971，第 126 页。

能力较强，这也就意味着拥有生产资料的阶级具有相对较多的自由。相反，马克思恰恰是站在劳动者立场上来拓展劳动者的自由交易程度的。在马克思看来，自由的最高程度是与消灭私有制的共产主义社会一一对应的：在共产主义社会"每个人的自由发展是一切人的自由发展的条件"[1]，每个劳动者在共同劳动中使其自由个性得到充分的实现。"任何人都没有特殊的活动范围，而是都可以在任何部门内发展，社会调节着整个生产，因而使我有可能随自己的兴趣今天干这事，明天干那事，上午打猎，下午捕鱼，傍晚从事畜牧，晚饭后从事批判，这样就不会使我老是一个猎人、渔夫、牧人或批判者。"[2] 在共产主义社会，由于个人能力的发展和时间范围的扩大，以及随着分工和私有制的消灭，积极自由与个人的消极自由实现了有机统一。

第三节　马克思关于如何实现劳动力商品自由交易的分析

自由一词来源于拉丁文 libertas，原意是从被束缚中解放出来。从总体上来看，自由空间的拓展在于将劳动者从束缚中解脱出来。那到底有哪些束缚呢？马克思从生产力和生产关系的视角对这一问题进行了探讨。

首先，生产力的发展水平直接对劳动者的自由交易空间形成制约。这一观点不仅是马克思主义学者的观点，而且也得到西方非马克思主义学者的认同，如阿马蒂亚·森（Amartya Sen）在《以自由看待发展》一书中就开门见山地指出："发展可以看做是扩展人们享有的真实自由的过程。"[3]因为劳动者的活动空间必须置于大自然的环境之中，因此，生产力发展的实质也是人改造自然的过程，劳动者的自由在于征服和改造自然，使其在人类的控制之下，而不是让自然界对劳动者的劳动形成空间上的束缚，正如恩格斯所指出的那样："自由不在于幻想中摆脱自然规律而独立，而在

---

[1] 《马克思恩格斯文集》第 2 卷，人民出版社，2009，第 53 页。

[2] 《马克思恩格斯文集》第 1 卷，人民出版社，2009，第 537 页。

[3] 〔印〕阿马蒂亚·森：《以自由看待发展》，任赜、于真译，中国人民大学出版社，2002，第 3 页。

于认识这些规律，从而能够有计划地使自然规律为一定的目的服务。"① 对于劳动者来说，生产力的发展使得劳动者活动的自由空间集得以不断拓展。而从另一个层面来看，生产力的发展，使得社会能容纳的劳动力需求不断增加，从而使得劳动者交易的空间集不断拓展。这在存在雇佣的社会更为明显，如在资本主义社会，当生产力发展时，对劳动力的需求就会不断增加，既能使就业不断增加，也给劳动者更多的挑选不同雇佣者的自由选择空间。另外，从人类社会发展的历史来看，如果要实现个人自由的不断拓展，就必须保障其对应的物质基础的不断进步和发展。一般地，物质基础的不断进步和发展是与社会分工一一对应的过程。随着社会分工的不断深化和细化，新型产业的出现或者现有产业规模的不断扩大，对于劳动者来说，其选择集必然会不断扩大。同时，社会发展必然也会使相应的基础设施不断完善，使得劳动者在更大的范围寻找工作和流动成为可能。比如，我国高铁这一基础设施的大量建设，使得劳动者可以在更大范围寻找工作和流动，拓展了劳动者进行劳动力商品交易的场所，亦拓展了交易的选择集（如交易空间和交易方式等）。

其次，生产关系也直接制约了自由空间的拓展。生产关系是人们在物质资料生产过程中所形成的社会关系和经济关系，其本质是人与人之间的关系。当生产资料和劳动力分离时，社会就分裂成两个对立的阶级，一方自由空间的拓展就意味着另一方自由空间的压缩，从而通过对立的利益调整过程表现出来，即当交易一方利益增加时，另一方利益就会减少。当然，如果交易的双方利益趋于一致进而阶级对抗就不存在即各阶级利益趋于一致时，自然，劳动者的自由空间也就不会受到外来力量的侵犯，自由交易也就能得到保证。但是，阶级利益趋于一致意味着阶级的消灭，而阶级的产生直接源于生产资料的私有制，这也证明在生产资料私有制的社会里，自由只是相对的。在共产主义社会，由于生产资料的公有制和剥削阶级的消灭，劳动力商品交易并不是在个体之间完成的，而是个体将劳动力产权交易给劳动者联合体，这个联合体再依据每个劳动者的个体技能的差异安排其具有创造性的工作，"这种制度将给所有的人提供健康而有益的

---

① 《马克思恩格斯文集》第9卷，人民出版社，2009，第120页。

工作，给所有的人提供充裕的物质生活和闲暇时间，给所有的人提供真正的充分的自由"①，从而"个人的独创的和自由的发展不再是一句空话"。

在马克思的唯物辩证法中，生产力决定生产关系。生产力的变动也必然要求与之相应的生产关系的调整。因为自由空间的拓展源于生产力和生产关系的调整与改变，从而在一定时期不同的生产力和生产关系状况就会呈现与之相对应的自由交易形式。从人类发展的历程来看，马克思将劳动者自由空间的拓展过程分为三个阶段，他曾经指出："人的依赖关系（起初完全是自然发生的），是最初的社会形式，在这种形式下，人的生产能力只是在狭小的范围内和孤立的地点上发展着。以物的依赖性为基础的人的独立性，是第二大形式，在这种形式下，才形成普遍的社会物质变换、全面的关系、多方面的需要以及全面的能力的体系。建立在个人全面发展和他们共同的、社会的生产能力成为从属于他们的社会财富这一基础上的自由个性，是第三个阶段。第二个阶段为第三个阶段创造条件。"② 从这段话中，我们可以看出："人类要摆脱自然的束缚需要一代又一代的人去认识自然规律。同时，人类也需要根据生产力的发展程度，采取不同的方式，去实现劳动者与生产资料的结合，由此划分成各个不同的经济时期和社会结构。只有这样，人类才能不断提高人的独立性，实现自我。"③

总之，马克思对生产资料私有制进行了批判，也对消灭生产资料私有制的未来社会的发展进行了预测，在马克思的分析中，劳动力商品的自由交易蕴含着两层含义：其一，调整生产关系尤其是调整阶级关系是拓展自由空间的有效手段；其二，劳动力商品交易空间的最大化在于破除生产资料私有制，取而代之的是生产资料公有制。

马克思经济学的魅力在于其对社会发展本质的深刻认识，对于如何实现劳动力商品自由交易的问题只是给予方向性阐述，而并没有针对细节的具体政策的分析。当今社会远没有达到共产主义社会所要求的高度发达的生产力水平，盲目照搬马克思对于自由交易的要求，肯定会出现"水土不

---

① 《马克思恩格斯全集》第 21 卷，人民出版社，1965，第 570 页。
② 《马克思恩格斯文集》第 8 卷，人民出版社，2009，第 52 页。
③ 许明达：《论马克思经济哲学中的自由观》，《南方论丛》2002 年第 9 期。

服"的病症。基于目前还存在生产资料私有制的实际情况，探讨拓展自由交易的具体政策则需要从劳动力产权主体、劳动力产权交易客体等方面入手。

首先，交易主体自由交易需要在劳动力市场上进行，劳动力市场通过一些内在规则规范交易双方的行为，因此，劳动力市场的规则直接决定了劳动者的交易自由。也就是说，劳动者的交易自由是在市场规则上的自由，而不能超越市场规则的范围。市场的最大作用之一在于对于资源的有效配置：对于劳动者来说，市场能使劳动者将劳动力出卖给出价最高的雇主，劳动者在和各雇主的反复谈判中能够自由选择不同交易对象。从政策的含义来看，劳动者的交易自由则是需要破除一切限制劳动力自由择业的政策和体制障碍。譬如，在我国改革开放初期，城乡分割户籍体制就将农村劳动者的交易自由固定在农村劳动力市场上，纵然有部分劳动者能通过一些方法进入能够带来更高收益的城市，但也要付出更大的努力或者更高的成本。随着户籍制度的放开，劳动者由农村向城市转移，劳动者交易的自由空间从农村劳动力市场拓展到城市劳动力市场的同时，也促进了经济的发展，进而拓展了劳动力市场的范围和边界，使得劳动者交易的自由空间不断扩大。

其次，劳动力商品交易意味着当劳动者不认同相应的交易价格时，可以选择不就业的方式中断交易。当劳动者就业获得的工资只能维持基本生存时，其只有选择交易给不同雇主的自由，而没有不交易的自由。要想改变这种状况，则需要社会为之提供起码的生活资料。而与之相对应的就是为社会劳动者提供起码的社会保障，完善的社会保障体系能为失业的劳动者提供生存的生活资料。另外，保障劳动者在失业、患病、工伤、生育时的基本生活和基本医疗需求，使无收入、低收入以及遭受各种意外伤害的劳动者有所依靠和保障，也有利于实现整个社会的稳定。

再次，劳动力商品交易的主体是劳动者，劳动力商品自由交易最终落实到主体的能力上。对于劳动者来说，自我能力越强，其获得积极自由的空间也就越大，和雇主进行谈判时就越能处于有利的地位。劳动者能力的不断增强涉及相关公共政策的调整，需要为劳动者创造有利条件，"这些条件就是，它们提供的机会可以合理地分享。为了使这种情况得以发生，需要有适当的公共政策（涉及学校教育、保健、土地改革等等）”，但"市场的全面成就深深地依赖政治和社会安排"。① 这也引出了一个发展的矛盾：因为劳动者自身能力的增强依赖于公共政策，公共政策表现出来的是政治和社会安排的结果，而政治和社会安排本身又是阶级利益调整的反映。一般地，公共政策的利益倾向取决于利益双方或者多方博弈的结果，当一方力量较强时，公共政策必然趋向于力量强的一方。因此，劳动者需要通过增强自身能力来左右涉及普通劳动者义务教育、医疗保健等方面的公共政策的制定。但在马克思所处的资本主义社会，由于劳动者自身能力较弱，公共政策在其与资本家的博弈过程中更倾向于维护资本家利益；这恰恰说明，这种公共政策的制定和调整总是以保证资本家利益不受侵犯为前提的。当然，这一矛盾本身就是建立在自由市场的基础之上的，而当劳动者联合起来和资产阶级对抗时，特别是阶级矛盾较为尖锐时，为了维护资产阶级的整体利益，国家也会作出一定程度上有利于劳动者的公共政策调整。例如在资本主义社会发展的过程中，社会保障等有利于普通劳动者的公共政策的制定正是劳动者联合起来，通过罢工甚至激烈的阶级冲突，使资产阶级得以让步而最终形成的结果。

最后，需要对交易强势的资方予以政策的规制。一般地，交易一方的强势地位来源于其垄断地位。但是，这种垄断地位有显性垄断和隐性垄断两种形式。由于垄断强调一方对交易行为和价格有直接控制力，对于交易的一方通过明显联合方式形成的垄断（如托拉斯组织），其界定相对较为容易，这种类型在此我们称为显性垄断。而隐性垄断则并不是直接由联合而形成的垄断，这种类型的垄断是由供求关系严重失衡引起的，使得交易的一方的垄断不源于显性的垄断组织，而源于隐性的市场力量，从而使交易一方的利益受损看起来是市场调节必然的结果。在劳动力商品交易的过程中，作为雇佣者的资本家之间一般并不存在联合的情形，但在劳动力相对过剩的背景下，资方实际上已经获得了隐性垄断的权力，从而使得资方能不断侵犯劳动者的应有权利。如在马克思所处的资本主义早期阶段，资

---

① 〔印〕阿马蒂亚·森：《以自由看待发展》，任赜、于真译，中国人民大学出版社，2002，第9页。

本家就可以将劳动力价格压低到劳动力价值以下水平，而且工人应有的生活和社会保障并不能得到保证。资本家拥有的隐性垄断势力对工人利益造成了侵犯，而这在资本主义社会显然不会得到资产阶级学者的彻底批判。但是，资本主义社会对工人残酷的压榨在遭到工人阶级的反抗后，也有西方学者开始对资本主义社会进行反思，如阿马蒂亚·森就曾指出："实践中产生的问题通常是由于其他原因——而并不是因为市场的存在本身——而导致的，这些问题包括：对运用市场交易准备不足，毫无约束的信息藏匿和缺乏法规管制，使得强势者能够利用非对称的优势来牟利。"[①] 尽管阿马蒂亚·森并没有明确指出劳资双方在交易时的不对等关系，但其表述已隐含了对强势的资方进行管制的观点，只是很少有西方学者注意到这一点。正如曾担任英国女王法律顾问的伦敦大学法学院院长罗伊德所指出的那样："把契约自由当成自由社会基石的人往往会忽略，在买卖中议价的地位如果不平等，这种自由很可能就只是单方面的。"[②] 按照资本主义社会的逻辑，在劳动力过剩的背景下，限制资方的隐性垄断是劳动力商品自由交易的重要条件，但在资本主义社会想要完全限制资本是不可能的，这好比要资本家消灭资本主义社会一样荒谬。

由于彻底管制好资方是不现实的，那么工人通过工会等组织扩大自己的自由空间在理论上就是合理的，但在实际中，由于工人利益和资方利益相对立，因此，工会在理论上和实践上必然都会遭到资方的反对。如在理论上，以哈耶克、弗里德曼等为首的新自由主义经济学家就坚决反对工会组织的建立，他们将工会同垄断组织等同起来，认为在劳动力市场上，工会会破坏市场的自由竞争，人为抬高工资水平，使得雇佣工人数量减少，从而会直接导致大量人员失业。在实践上，西方国家都在通过不同形式削弱工会，如英国于 1982 年和 1984 年就分别颁布了限制工会权力的《就业法》和《工会法》。德国也基本在同时期颁布了一系列限制工会的法律。从里根时代开始，美国政府就大力推行新自由主义政策，通过降低工会的

---

① 〔印〕阿马蒂亚·森：《以自由看待发展》，任赜、于真译，中国人民大学出版社，2002，第 9 页。

② 〔英〕丹尼斯·罗伊德：《法律的理念》，张茂柏译，新星出版社，2005，第 116 页。

组建率以及劳动者的入会率等措施不断分化工会组织以及劳动者的团体力量。如果从维持资产阶级利益视角来看，这种理论上的批判和在实践中推行相关限制工会的政策也就不足为奇了。因为资产阶级不可能完全站在工人阶级立场上来说话，歌颂劳资自由谈判而限制工会的权力也一直是资本主义社会的主旋律之一。

第四节　本章小结

当劳动者拥有生产资料并能自主进行生产时，就不存在劳动力所有权和使用权之间的分离，自然也就不存在劳动力产权实现的问题。当人类进入资本主义社会后及生产资料向少数资本家手中集中时，劳动者就只能被迫出卖劳动力，但这只是劳动力使用权的暂时让渡，因为所有权天然地和劳动者在一起，这也就产生了劳动力产权实现的问题。换言之，劳动力商品的自由交易是劳动力产权实现的逻辑起点。当劳动力自由交易并不能保证交易结果的公平合理时，也就证明了劳动力产权实现在逻辑起点上的不公平性，从而构成了马克思从逻辑起点公平性角度对资本主义社会的批判。

当劳动力成为商品后，劳动力商品的买卖表现为劳动者和雇主之间在劳动力市场上的自由交易行为。在西方的理论中，劳动力商品的自由交易存在两个前提条件：一是劳动者意志自由，即劳动力商品交易以双方自愿为前提，交易双方都有选择交易与否的决定权；二是交易双方主体之间的平等性，即劳动力商品交易双方在劳动力商品价格谈判中具有同等地位和权利。在西方的理论中，自由交易可以从消极自由和积极自由两个层面来衡量。消极自由强调交易中不应受到外在力量的干涉；积极自由强调了个人能力对自由空间的拓展。

马克思对西方理论中的劳动力自由交易进行了批判。在他看来，私有制社会已经造成了劳动者与资本家地位的不平等；私有制社会自由交易的结果已经被打上严重的劳动异化烙印；在私有制社会中劳动力交易并不必然是劳动者自由意志的体现，而且即使是私有制社会也并不能有效实现消极自由和积极自由的有机统一。因此，在资本主义社会中，当劳动力商品自由交易的前提条件无法得到满足时，在资本强势的逻辑中，劳动者只获得相对较低的工资并不是劳动力市场自由交易的公平性的体现，生产资料公有制的共产主义制度才是满足劳动力自由交易的制度条件。尽管我们目前不能达到共产主义社会的生产力水平，但基于马克思理论的分析，我们仍能得到一些有益的政策含义：从劳动力交易的媒介来看，需要进一步规范劳动力市场行为，促进自由流动的一体化劳动力市场的形成；从劳动力商品的主体来看，既需要进一步健全社会保障制度，还需要提高劳动者的能力；从交易双方的行为来看，劳动力自由交易程度的拓展在于规范市场行为，特别是对强势的资方予以规制。

第三章

劳动力产权实现的前提条件：
劳动力价值实现

引言　等价交换是否意味着劳动力产权实现

　　劳动力商品自由交易的直接结果是劳动者获得相应的工资。而工资只是劳动力价格的外在表现形式，同样需要遵循价值规律以及等价交换的原则。马克思在分析"劳动力商品等价交换"时，还对"等价交换"中的"价"作出了科学界定。马克思在吸收亚当·斯密的劳动价值论的有益成分的基础上，建构了劳动二重性理论，从使用价值和价值两个辩证维度来分析资本主义制度下劳动力这一"特殊商品"。在劳动者将劳动力商品出卖给资本家以后，劳动力商品的价值通过工资的形式得到补偿，在价值量上，"就是维持劳动力占有者所必要的生活资料的价值"。① 而"当劳动力被使用的时候，它会比它本身具有的价值，比它所费的价值，生产更多的价值（利润）。这个价值余额，对产业资本家来说，就是劳动力的使用价值"。② 资本家之所以能获得劳动力的使用价值，就在于它在使用和消费过程中，能创造出比自身价值即劳动力价值更大的新价值。进而，货币转化为资本的前提条件就是劳动力成为商品，而这使得在生产过程中出现了价值增值 [G—W—G' $(G + \Delta G)$] 的飞跃，这一价值增值的秘密就在于资本

---

① 《马克思恩格斯文集》第 5 卷，人民出版社，2009，第 199 页。
② 《马克思恩格斯文集》第 7 卷，人民出版社，2009，第 393 页。

家购买了劳动力这种特殊商品，表现为资本家无偿占有劳动者创造的剩余价值，从而为马克思揭露资本主义社会剥削的秘密找到了一把钥匙。

在马克思看来，劳动力商品等价交换的原则可以简单表述为：劳动力商品交换要以价值为基础，实行等价交换，即工资与劳动力价值的一致。但劳动力价格（工资）与劳动力价值的相一致，也是一种高度抽象的分析，因为价格与价值的一致只是供求平衡的一种趋势反映，而在现实中，供大于求或者供不应求的状态却是常态。由此看来，工人和资本家作为劳动力商品的卖者和买者"自由"地讨价还价，最终形成双方一致认同的成交价格，看似是公平的结果，但这只是一种假象。这一结果的不公平并不只停留在交易领域，因为资本家购买的劳动力商品是一种特殊商品，能创造出比自身价值（劳动力价值）更大的价值，而支付劳动力价格后的剩余价值全部被资本家所占有，这种隐藏在劳动力商品交易背后的剥削关系，揭示了资本主义社会最大的不公平。在这里，对劳动力交易公平的分析是一种辩证的分析思路：一方面，资本主义社会由于存在剥削，并不能保证劳动力产权交易的公平，劳动力产权交易更高层次的公平必须建立在解构资本主义社会甚至建立在无剥削的新制度基础之上；另一方面，在不改变资本主义社会制度结构和框架的前提下，利润成为资本的附属物，劳动力产权交易的结果只能实现劳动力价格与劳动力价值的一致。由此可见，这也就是劳动力产权实现的第一个层次，即只是劳动力使用权权益的实现。在资本主义社会看似公平的交易，从人类社会制度发展视角来看，实际上并不公平。

第一节　马克思研究劳动力价值实现的客观历史条件

一　工人阶级的弱势地位

马克思理论诞生于资本主义机器大生产阶段。相较于资本主义社会发展的前两个阶段（简单协作阶段和工场手工业阶段），这一阶段的突出特点是在劳动资料的变革基础上，确立了机器在生产过程中的核心地位，生产效率的提升使资本主义生产逐渐摆脱了前两个阶段中完全依赖于劳动者感性经验的状况。正如马克思所指出的那样："劳动资料取得机器这种物质存在方式，要求以自然力来代替人力，以自觉应用自然科学来代替从经验中得出的成规。"① 因为机器大工业替代工场手工业模式体现的是技术的变革，而技术本身是资本要素的产物，从而技术变革背后反映的是两要素主体（资本家和劳动者）之间的关系。一方面，劳动力商品能否顺利交易出去取决于其是否符合技术的需要。在前面两个阶段的资本和劳动力之间的协作关系发生了根本性变化，"劳动过程的协作性质，现在成了由劳动资料本身的性质所决定的技术上的必要了"。② 另一方面，在马克思所处的年代，劳动者"自由得一无所有"，劳动力商品能否完成交易直接关系到劳动者的生存，这也就使得劳动者必须进行自我调整以适应技术或者说机器的需要，从而表现为活着的工人服从死的机器的统治，即"死机构独立于工人而存在，工人被当做活的附属物并入死机构"。③ 而劳动者服从机器的控制和统治，折射出劳动者对资本家的实际依附。简单来看，离开了资本家，劳动者就无从生存，而且这种依附关系存在一种自我强化的态势。

首先，机器与劳动力之间存在一种替代关系。"在工场手工业中，单个的或成组的工人，必须用自己的手工工具来完成每一个特殊的局部过程。如果说工人会适应这个过程，那么这个过程也就事先适应了工人。在机器生产中，这个主观的分工原则消失了。在这里，整个过程是客观地按其本身的性质分解为各个组成阶段，每个局部过程如何完成和各个局部过程如何结合的问题，由力学、化学等等在技术上的应用来解决。"④ 也就是说，维持生产已不停留在能否在市场中购买熟练的技术工人层面，技术的先进程度已经使得"机器替代人"的现象越来越普遍。因此，"是用这样一个机构代替只使用一个工具的工人，这个机构用许多同样的或同种的工具一起作业，由一个单一的动力来推动，而不管这个动力具有什么形式"。⑤ 当然，能否用机器替代工人，取决于两者带来的剩余价值总量的差异，即

---

① 《马克思恩格斯文集》第 5 卷，人民出版社，2009，第 443 页。
② 《马克思恩格斯文集》第 5 卷，人民出版社，2009，第 443 页。
③ 《马克思恩格斯文集》第 5 卷，人民出版社，2009，第 486 页。
④ 《马克思恩格斯文集》第 5 卷，人民出版社，2009，第 436~437 页。
⑤ 《马克思恩格斯文集》第 5 卷，人民出版社，2009，第 432 页。

"对资本说来，只有在机器的价值和它所代替的劳动力的价值之间存在差额的情况下，生产机器所费的劳动要少于使用机器所代替的劳动"①，机器才会被使用。

其次，工人的劳动技能存在不断片面化的趋向。在工业革命时期，企业是"一个由无数机械的和有自我意识的器官组成的庞大的自动机，这些器官都受一个自行发动的动力的支配，从而为了生产同一个物品而协调地不间断地活动"②；专业化分工在机器的参与下不断得到细化和深化，而专业化分工过程也将劳动力卷了进来，每个劳动力被自动分配到各种机器上，从事整齐划一、单调重复的活动，成为专门服侍机器的奴仆，正如马克思所指出的那样："过去是终生专门使用一种局部工具，现在是终生专门服侍一台局部机器。滥用机器的目的是要使工人自己从小就转化为局部机器的一部分。这样，不仅工人自身再生产所必需的费用大大减少，而且工人终于毫无办法，只有依赖整个工厂，从而依赖资本家。"③ 而且"分工使这种劳动力片面化，使它只具有操纵局部工具的特定技能"。④ 也就是说，技术越先进，机器带来的分工越细化，效率越高，劳动者对资本家的依附性就越强。

最后，工人阶级并未形成有效的联合，而这主要受制于几个方面的因素。其一，在马克思所处的年代，作为维护工人阶级的有效组织如工会并未形成强大组织力，其作用相当有限。其二，机器的大量运用使得工人面临更大的失业风险，从而无形地削弱了工人阶级斗争的力量，正如马克思所指出的那样："机器不仅是一个极强大的竞争者，随时可以使雇佣工人'过剩'。它还被资本公开地有意识地宣布为一种和雇佣工人敌对的力量并加以利用。机器成了镇压工人反抗资本专制的周期性暴动和罢工等等的最强有力的武器。"⑤

总之，机器的使用一方面强化了作为资本存在形式的机器体系的作

---

① 《马克思恩格斯文集》第 5 卷，人民出版社，2009，第 451 页。
② 《马克思恩格斯全集》第 43 卷，人民出版社，2016，第 438 页。
③ 《马克思恩格斯文集》第 5 卷，人民出版社，2009，第 486 页。
④ 《马克思恩格斯文集》第 5 卷，人民出版社，2009，第 495 页。
⑤ 《马克思恩格斯文集》第 5 卷，人民出版社，2009，第 501 页。

用，另一方面使工人在生产中的地位被彻底边缘化，在和资本家的博弈中，劳动者处于弱势地位，"资本雇佣劳动"是这一时期的真实写照。

二　商品生产在古典企业中进行

马克思根据当时的时代背景，把资本主义社会抽象为劳动者和资本家相互对立的阶级社会，这种对立建立在当时企业的组织结构上。在企业内部组织结构上，资本家既是资本的所有者，也是直接经营者，换言之，资本家直接拥有了企业的经营权和管理权。在这种古典企业结构中，形成了一种科层式的结构，即劳动者在资本家的监管下从事生产，资本家和劳动者是监督与被监督、领导与被领导的阶级对立式的雇佣关系。从企业的内部权力来说，资本家掌握生产资料的所有权、企业经营权和管理权，劳动者的剩余索取权自然就被剥夺了。从另一个角度来看，资本家拥有剩余索取权和控制权有其内在的原因。

首先，资本—技术的一体化是资本家获得剩余索取权的根本原因。资本家并不是天然就获得剩余索取权的，这取决于技术与资本的结合程度。在工场手工业阶段，一些封建作坊的工人常常拥有较为熟练的、难以替代的技能，这些工人也会因为具有这些决定生产效率的技能而拥有和资本家进行谈判的地位以及对企业的控制权，进而拥有了部分剩余索取权。换言之，当技术与劳动者结合在一起时，必然会增强劳动者的谈判力，反之，当技术是通过资本的方式如机器设备等呈现时，就自然赋予了资本家更大的控制权。在历史的发展轨迹中，工场手工业阶段被机器大工业时代替代时，技术水平的提升直接推动了这一时期的生产力发展，但与此同时，资本家在掌控生产技术的同时也拥有了支配各种资源的权力（包括劳动力），使得劳动力服从于资本的统治，正如马克思所指出的那样："机器体系中，对象化劳动在物质上与活劳动相对立而成为支配活劳动的力量，并主动地使活劳动从属于自己"①，而造成这一结果的背后原因在于"从机器体系随着社会知识的积累、整个生产力的积累而发展来说，代表一般社会劳动的不是劳动，而是资本。社会的生产力是用固定资本来衡量的，它以物的形

---

① 《马克思恩格斯文集》第 8 卷，人民出版社，2009，第 186 页。

式存在于固定资本中"。①

其次，机器的运用弱化了劳动者的谈判力。在马克思所处的工业革命时期，生产力发展依赖于机器设备的投入，劳动过程被进一步简化，由此，也带来两个后果。其一，拥有一定技能的熟练劳动者由于机器的使用而被无形替代，就算被雇用，也退化为提供简单劳动的劳动者。因此，在整个劳动力市场，劳动者提供的劳动不断被简单化和同质化，劳动力市场需要的是适应机器生产的简单劳动。其二，尽管劳动力所有权与劳动者具有不可分离的特性，但机器的运用弱化了前者对劳动者的激励作用。"工人在技术上服从劳动资料的划一运动以及由各种年龄的男女个体组成的劳动体的特殊构成，创造了一种兵营式的纪律。"② 换言之，机器一运转，操作机器的劳动者就需要付出一定劳动量，从而机器的运用能对劳动者的劳动量量化。只要机器在运转，劳动者就需要付出一定量的劳动，这种"兵营式的纪律"也就造成了对劳动者进行激励的多余。而且在劳动力严重过剩的背景下，被解雇的风险也使得劳动者不敢轻易懈怠。

最后，资本家集所有者和经营者于一体的身份成为其获得剩余控制权和剩余索取权的直接原因。一般来讲，企业的剩余控制权来源于企业的经营管理权。在马克思所处年代的古典企业中，由于劳动者处于弱势地位，企业的经营管理权自然属于资本家。一方面，"资本雇佣劳动"自动赋予了资本家管理的职能。马克思曾经指出："一旦从属于资本的劳动成为协作劳动，这种管理、监督和调节的职能就成为资本的职能。这种管理的职能作为资本的特殊职能取得了特殊的性质。"③ "起初资本指挥劳动只是表现为这样一个事实的形式上的结果：工人不是为自己劳动，而是为资本家，因而是在资本家的支配下劳动。随着许多雇佣工人的协作，资本的指挥发展成为劳动过程本身的进行所必要的条件，成为实际的生产条件。现在，在生产场所不能缺少资本家的命令，就像在战场上不能缺少将军的命令一样。"④ 另一方面，资本家获得剩余索取权和控制权又与其生产资料的

① 《马克思恩格斯文集》第 8 卷，人民出版社，2009，第 187 页。
② 《马克思恩格斯文集》第 5 卷，人民出版社，2009，第 488 页。
③ 《马克思恩格斯文集》第 5 卷，人民出版社，2009，第 384 页。
④ 《马克思恩格斯文集》第 5 卷，人民出版社，2009，第 383 ~ 384 页。

占有相对应。"资本家所以是资本家,并不是因为他是工业的管理者,相反,他所以成为工业的司令官,因为他是资本家。工业上的最高权力成了资本的属性,正像在封建时代,战争中和法庭裁判中的最高权力是地产的属性一样。"① 也就是说,对生产资料的占有是资本家获取剩余索取权和控制权的根本原因,而对企业的经营管理权是其实现剩余索取权和控制权的途径与形式。

总之,"以机器生产为代表的工业经济时代的生产方式,形成了物质资本的所有者获得企业控制权的现实基础,物质资本所有者垄断了企业的控制权和剩余索取权,'资本雇佣劳动'的企业制度得以广泛地建立起来"。②

第二节　劳动力价值实现的内涵

产权是人们(财产主体)围绕或通过财产(客体)而形成的经济权利关系。同理,劳动力产权是劳动者(产权主体)通过劳动力商品(客体)发生的一系列经济权利关系。因为在劳动力产权中,劳动力商品的交易并不是劳动力所有权的交易,也就是说,当进行劳动力商品交易时,其劳动力产权主体并未变更,劳动者只是将劳动力使用权暂时交给资本家来支配和使用。劳动者出卖劳动力这一过程,涉及两个问题。其一,劳动力使用权的价值补偿实现的前提是个别劳动力使用权能得到社会承认,这也就是说,在劳动力商品交易过程中,存在一个个别劳动能否得到社会承认的过程,即劳动力价值的补偿不是以个别价值为依据,社会存在一个共同遵循的价值规范尺度,这是劳动力价值的决定过程。其二,劳动力使用权转让是以货币方式实现的,这涉及劳动力价值向劳动力价格的转化,这是劳动力价值的外在实现过程。由此,劳动力价值实现也存在两个方面,即劳动力价值量的决定以及劳动力价格与劳动力价值之间的一致,在总体上呈现的是"劳动力商品等价交换"。

---

① 《马克思恩格斯文集》第 5 卷,人民出版社,2009,第 386 页。
② 时永顺:《资本雇佣劳动的根源》,《首都经济贸易大学学报》2005 年第 3 期。

一 劳动力价值实现是价值规律的具体体现

由于"资本雇佣劳动"的逻辑造就了劳动者弱势和资本强势的局面，资本家凭借生产资料所有权直接获得了全部剩余价值。在这一分配格局中，"劳动者获得工资、资本家获得利润"的格局得以形成，但这并不等于劳动力价值实现就自动完成。非市场要素是影响工资的重要因素，但在马克思看来，一方面，由于维护工人阶级的组织并未建立，而且即使建立起来，受制于当时劳动力严重过剩的环境，其作用也相当有限。另一方面，作为最强力的权力机构，资本主义国家和政府并不可能真正站在工人阶级立场上，而且即使制定出一些有利于工人的政策，大多也是为了维护本阶级利益以及缓和阶级矛盾。也就是说，在马克思所处的工业革命时期，劳动者并不可能通过非市场因素来提高其工资水平。

由于非市场因素在当时状况下并不可能成为劳动者提高工资所能利用的手段，故而在资本主义制度的框架内，工资的影响因素回归到市场因素中。劳动力获得工资的起点是劳动力商品的交易，这种交易首先表现为一种市场行为。因此，劳动力价值实现就完全演变为一种纯粹的市场交易行为，遵循等价交换的价值规律。

价值规律是马克思在对资本主义社会中生产和交换进行深刻分析后的重要发现。价值规律认为商品交换要以价值量为基础，实行等价交换。同理，劳动力成为商品后，其交易也应遵循价值规律，遵循劳动力价格和劳动力价值应该相一致的基本要求。只是劳动力价值与劳动者生存联系在一起：正常的劳动者只要生存下来就天然具有一定劳动能力，对于没有生产资料的劳动者，交易劳动力商品的过程就是获取生存资料的过程。就劳动力生产而言，则是维持已有劳动者生存的过程；就劳动力再生产而言，则是培育未成年子女并使其进入劳动力市场的过程。由此，维持劳动力生产和再生产决定了一个客观性的生活资料的价值，也就是劳动力价值，这一价值量的变化直接决定劳动力价格的变动。在其他条件不变的情况下，劳动力价值的正向变动会一一反馈到劳动力价格变动上；当劳动力价值不发生变化时，其劳动力价格也稳定在一固定值，当劳动力价值不断下降时，其劳动力价格也会相应下降。

价格在供求关系的影响下围绕价值上下波动是价值规律的表现形式，价格与价值在某个时间点经常呈现不一致，但从长期来看，在供求关系的影响下，价格与价值又呈现出相同的趋势，正如马克思所言："如果你们不只是观察每天的波动，而是分析较长一段时期的市场价格的运动，例如像图克先生在他的《价格史》中所做的那样，你们就会发现，市场价格的波动，它们的背离价值，它们的上涨和下落，都是互相抵消和互相补偿的。"① 同理，当劳动力供求并不平衡时，其劳动力价格与劳动力价值之间就呈现出不一致性，从而表现为劳动力价格围绕劳动力价值上下波动。换言之，任何影响劳动力供求关系变动的因素，都会反馈到劳动力价格与劳动力价值的偏离上。在这里，需要分析劳动力商品的供给和需求的变动对劳动力价格（工资）与劳动力价值一致性的冲击以及偏离程度。

马克思并没有对劳动力价值和工资相一致的直接论述，但从其对价值规律的相关论述中，我们能得到相关验证。当劳动力成为商品时，劳动力商品买卖也遵循价值规律，即劳动力价值和劳动力价格的相等只在劳动力供求平衡的状况下才得以呈现。但价值和价格相等是较为少见的，因为在现实中，供求不平衡的状况是一种常态，由此推理就必然得出：价值和价格不一致是一种常态，而价值和价格相等是一种偶然现象。在马克思的价值规律中，劳动力价格与劳动力价值的相等是一种趋势反映，而这种趋势反映是对应于劳动力商品供求平衡的趋势反映的。

二 劳动力供给对劳动力价格（工资）的影响

（一）劳动力供给的特点

一般而言，定义一单位劳动力时，是以劳动力工作时间为尺度的（比如一天工作时间的长度为 8 小时）。当一位劳动者增加劳动时间时（比如增加 4 小时工作时间），相当于在市场中增加了劳动力供给（相对在市场中增加了 0.5 个单位劳动力）。也就是说，在不改变劳动者数量的前提下，劳动力供给量可以进行调整和控制，但这不可能无限度调整，因为劳动者一天的工作时间存在一个生理界限，比如劳动者不可能一天 24 小时都工

---

① 《马克思恩格斯文集》第 3 卷，人民出版社，2009，第 52 页。

作。在劳动时间无法改变时，如现在很多国家已经从法律上确认了一天 8 小时工作制，劳动者数量的增加和减少就直接决定劳动力总量的供给量。

从劳动者数量控制来看，劳动力再生产过程是一部分劳动者退出劳动力市场（一般而言，界定为 60 岁），一部分劳动者进入劳动力市场（一般而言，界定为 18 岁）的过程。这两部分劳动者的数量变化就构成了劳动者在总量上的变化。当一个社会处于严重老龄化时期时，即退休劳动者数量居多时，即退出劳动力市场的劳动者数量明显高于进入劳动力市场的劳动者，劳动者数量在整体上的供给缩减效应就逐渐显现出来。反之，当一个社会进入劳动力市场的劳动者的数量超过退出劳动力市场的劳动者时，工资将呈现不断下降的趋势。从这个意义上来看，人口结构直接决定了劳动力市场的整体供给水平，合理的人口结构将会直接影响工资水平。

从劳动力总量控制来看，由于劳动力这种商品与其他商品存在不同的地方，故而劳动力商品供给行为存在与其他商品不同的特点。

首先，劳动力商品供给的增加并不必然与工资上涨存在正向的关系。劳动者的可支配时间在除掉必要的休息时间后，可以分为工作时间和休闲时间两部分。西方经济学把闲暇看成一种商品，闲暇的价格就是闲暇的机会成本即收入，当工资很低时，替代效应（使闲暇消费减少）超过收入效应（使闲暇消费增多），即劳动力商品的供给就会增加，劳动力商品的供给曲线和其他商品供应趋向一样，呈向右上方倾斜的态势；当收入很高时，收入效应（使闲暇消费增多）超过替代效应（使闲暇消费减少），劳动供给减少，劳动供给曲线向后弯曲。也就是说，劳动力商品的供给并不一定服从商品价格上涨、商品供给量必然增加的定律，同时，这意味着劳动力商品对价格足够敏感，劳动力价格每一次变化将对应于劳动力商品数量的调整。

其次，劳动力商品的供给甚至可能出现价格下降而供给增加的情况。在资本主义社会的初期，劳动者一无所有，劳动力价值是维持劳动者生存的最基本手段。从劳动力再生产的角度来看，在一家庭范围现有工资不仅仅是对自身劳动力价值的补偿，还涉及对未成年子女的抚养以及对无工作能力的退休老人等的赡养，但工资却只给予参加工作的劳动者，也就是说，工资是维持包括自己在内的家庭中成员生存的总费用即劳动力价值。

为了生存，家庭内的劳动力价值总量存在不能下降的刚性，否则，低于这一固定值就无法生存。假定维持劳动力生存和再生产的价值总量在短期内为一不变的固定值 M，假设在 t 时期，家庭内参加工作的劳动者数量为 N_t，每单位劳动者参加劳动的时间为 l_t，定义劳动力数量以时间单位计量总量 $L_t = N_t \cdot l_t$，每单位劳动时间的工资为 W_t，则存在这一等式：$M = L_t \cdot W_t$。在 $t+1$ 时期，当 W_{t+1} 下降时（$W_{t+1} < W_t$），因为存在 $M = L_{t+1} \cdot W_{t+1}$，则意味着 $L_{t+1} > L_t$，即劳动者不但不会减少劳动力商品的供应，相反还会不断增加劳动力商品供应。具体而言，在不增加劳动者数量（$N_t = N_{t+1}$）的前提下，劳动者必然会增加劳动时间（$l_{t+1} > l_t$），这也相当于劳动力供给总量在增加（$N_{t+1} \cdot L_{t+1} > N_t \cdot L_t$），从而来弥补家庭劳动力价值总量的缺口。而当劳动时间无法增加（$l_{t+1} = l_t$）时，劳动力供给数量就会增加（$N_{t+1} > N_t$），甚至还会使未成年的劳动力、妇女以及退休劳动力加入就业队伍中。而且劳动力供给的增加又会使供求不平衡的关系进一步加剧，使得就业人口进一步增加、就业者的工资进一步下降，从而陷入恶性的自我强化的循环发散轨道。

（二）劳动力过剩与生存工资理论

郭继强的研究就将劳动力供给曲线分为两段[①]（见图 3-1），一段是在拐点 F 以下的 FKJ 部分，这部分劳动力供给曲线是向右下方倾斜的，代表的是工资低廉、工作条件差、就业不稳定的次级劳动力市场（secondary labor market）。另一段是在拐点 F 以上的 CBF 部分，即典型的古典劳动力向左上方弯曲的供给曲线，代表劳动力具有充分弹性的正规劳动力市场。这两部分存在一个交点，即拐点 F。郭继强将拐点 F 对应的工资水平和劳动量分别设为 L^* 和 W^*，却并未讨论 L^* 和 W^* 的内生决定因素，而仅仅将其作为两个已知变量纳入模型中。正因为这一研究存在缺陷，其解释上下两段劳动力供给曲线差异的时候，就只好求助于心理学理论：FKJ 是停留在满足劳动者必需支出的较低层次欲望的部分，而 CBF 部分则是在较低层次的欲望得到满足后才会产生追求效用最大化更高层次的欲望。因为西方

---

① 郭继强：《中国城市次级劳动力市场中民工劳动供给分析——兼论向右下方倾斜的劳动供给曲线》，《中国社会科学》2005 年第 5 期。

经济学也是建立在边际效用理论基础之上的，郭继强的研究符合西方经济学的研究范式。尽管郭继强的开创性研究并不符合马克思经济学的研究范式，但为我们用马克思经济学分析劳动力价值实现提供了崭新的思路。

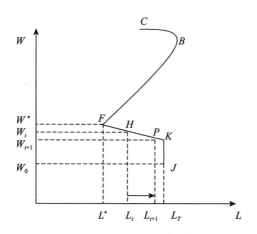

图 3 - 1　劳动力供给过剩对工资的影响

资料来源：郭继强《中国城市次级劳动力市场中民工劳动供给分析——兼论向右下方倾斜的劳动供给曲线》，《中国社会科学》2005 年第 5 期。

郭继强所提及的次级劳动力市场正是资本主义发展初期的真实写照。在这一时期，"羊吃人"等暴力运动使得土地等重要生产资料与劳动者之间出现了分离，工人除了劳动力商品以外，"自由得一无所有"。工人出卖劳动力成为他们维持生存的唯一手段，这就是工人的劳动力供给呈现出劳动力价格反向变化的动因：工资降低，能不能减少劳动力商品的供应呢？显然不能。相反，为了获取一定量最基本的生产资料，当工资下降时，工人还会不断加大劳动力投入力度以维持最基本的生存。这也就从经验上验证了在拐点 F 以下的劳动力商品向右下方倾斜的供给曲线的合理性。

进一步来看，拐点 F 以下反映的是劳动力供过于求的状况，而 F 以上则是劳动力供给的正常曲线。当不考虑需求因素的影响时，在图形 FB 部分，这段曲线也隐含着这样一种逻辑：劳动力工资在维持劳动力生存基础上还存在一定剩余，即当劳动力供应处在 F 点以上时，存在 $M < N_t \cdot L_t \cdot W_t$。在 $t+1$ 时期，当劳动者面临工资下降时（$W_t > W_{t+1}$），劳动者可以减少劳动力的供给（$N_t \cdot L_t > N_{t+1} \cdot L_{t+1}$）。在保证能维持劳动力的生存和再生产（$M = N_{t+1} \cdot L_{t+1} \cdot W_{t+1}$）的前提下，由于在 $t+1$ 时期劳动力供给总量的减少，$t+2$ 时期的工资水平又逐渐回升，从而达到通过减少劳动力商品的供给来提高工资的目的。换言之，当工资水平下降时，劳动者能通过减少劳动力商品的供给来影响劳动力价格，这也说明劳动者的工资在获得基本生产和发展生活资料的基础上还存在部分剩余，工资大于劳动力价值，劳动力价值得到较高程度实现。在图形 FKJ 部分，当工资下降时，劳动者反而会不断增加劳动力的供给，这也意味着劳动力价值较低程度实现，即现有工资还低于劳动力价值，劳动者还会通过增加劳动力商品供给的方式来填补工资与劳动力价值之间的缺口。由此可见，F 点将劳动力价值实现程度分为较低实现和较高实现两部分，这也说明拐点 F 代表的是劳动力价值基本实现的均衡点。从提高劳动力价值实现程度来看，F 点以上可以通过劳动力商品供给来实现工资的涨落，而 F 点以下则无法通过自身劳动力商品供给来实现工资的涨落，因此，F 点以下曲线将是提高劳动力价值实现程度的重点。

在图 3-1 中的 FKJ 部分，在 t 时期，H 点的劳动力价值实现程度较低，其对应的劳动力商品供应量和工资分别为 L_t 和 W_t，由于工资低于劳动力价值，工人必须再增加劳动力供给量才能填补两者之间的缺口，从而使得劳动力商品供给量由 L_t 增加到 L_{t+1}。由于劳动力供给量的增加，在 $t+1$ 时期，H 点将滑向 P 点，其对应的工资水平由 W_t 下降到 W_{t+1}，工资在 $t+1$ 时期的下降，又会进一步促使在 $t+2$ 时期劳动力供给量的增加，从而使得 $t+2$ 时期的工资 W_{t+2} 进一步下降……这个过程将在不断循环累积中得到自我强化，直至降到最低维持劳动者生存的工资水平点 W_0（因为降低到 W_0 水平以下，必然遭到劳动者的反抗，对资本家也不利）。这也证明，在劳动力过剩时，工资会被压低到劳动力价值以下并最终压缩到维持劳动者生存的水平，劳动者不断恶化的生存状况是自由市场竞争的必然结果。

由 19 世纪德国的工人运动活动家斐迪南·拉萨尔提出的工资铁律就认为工人的实物工资将永远倾向接近于仅可维持工人生活所需的最低工资额。法国资产阶级古典经济学家、重农学派的代表人物安·罗伯特·雅克·杜尔阁也提出类似的理论即工资生存理论。在他看来，工资呈下降的一种必然态势。因为在竞争性的市场中，在存在过剩人口的条件下，只有出价更低的劳动者才能率先就业，从而工资最终压缩到只能维持生存的最低水平。同时，"工人与工人之间的竞争，其结果必然使工人的工资只限于维持他的生活所必需的生活资料的水平。他还认为，一旦工资高于这一水平，则会出现人口增长和劳动力供给的增长，从而造成工资下降到维持生存的水平；反之，如果工资低于维持生存的水平，则会造成人口减少和劳动力供给的下降，从而使工资上升到维持生存的水平"。① 因此，工资铁律和工资生存理论都将劳动力价值定义为维持劳动者生存的价值水平，换言之，对于劳动者来说，工资不存在对劳动力价值的偏离，劳动力价值得到了充分的实现。自然，这些观点也不承认资本家剥削工人的事实，粉饰了资本家压低工人工资的合理性，否认工资存在上升的趋势，充分暴露出为资本家剥削辩护的阶级立场。在马克思看来，资本主义社会存在"工资的最低限度"，这确实是那个年代资本家对工人进行疯狂压榨的真实反映：当工人只能靠工资生活时，就"必须在他能够得到工作的时间、地点和条件下接受工作。工人没有公平的起点。饥饿使他处在非常不利的地位"。② 这样，资本家就可以直接地降低工资水平使"工作日的长度越来越接近可能的最高限度，而工资越来越接近绝对的最低限度"③，从而使得劳动者失去了利用减少劳动供给来实现工资上涨的手段。总之，在资本主义发展的初级阶段，劳动力相对充裕，工资上涨的阻力相对较大。

在以亚当·斯密为首的信奉自由市场经济的西方学者看来，如果劳动力保留高工资将面临较低就业水平，而低工资则能带来更加惠及大众的更高的就业水平。由此看来，为了维护整体劳动者的利益，劳动者需要容忍较低的工资，这和杜尔阁的工资生存理论异曲同工。在这些西方经济学理论中，资本家的利益是不可侵犯的，否则，当资本家利益受到侵犯时，资本家减少投资的结果将是工人的失业，工人的生活状况就更加糟糕，这也成为对"在资本主义社会资本家养活工人"进行辩解的一个注脚。

在资本主义社会初期，资本家不但获得了剩余价值转化而来的利润，

---

① 胡放之：《西方 200 年来工资决定理论概述》，《咸宁学院学报》2005 年第 4 期。
② 《马克思恩格斯全集》第 25 卷，人民出版社，2001，第 489 页。
③ 《马克思恩格斯全集》第 25 卷，人民出版社，2001，第 496 页。

而且还由于工资被压低到劳动力价值以下，资本家获得额外的利润（劳动力价值和工资的差额），这正是资本家对工人阶级的残酷剥削在资本主义发展初期的又一种真实写照。正如马克思所说，"这种维持生存和延续后代的费用的价格就是工资。这样决定的工资就叫做最低工资额。这种最低工资额，也和商品价格一般由生产费用决定一样，不是就单个人来说的，而是就整个种属来说的。单个工人、千百万工人的所得不足以维持生存和延续后代，但整个工人阶级的工资在其波动范围内则是和这个最低额相等的"。① 总之，"在雇佣劳动制度的基础上要求平等的或甚至是公平的报酬，就犹如在奴隶制的基础上要求自由一样"。②

三 劳动力需求对劳动力价格（工资）的影响

（一）影响劳动力需求的因素

资本家雇用劳动者进行生产的目的在于使剩余价值最大化，换言之，对劳动力的需求源自资本家，资本家对劳动力需求的增加是追逐剩余价值最大化的必然结果，影响到资本家占有剩余价值的因素都会影响其对劳动力的需求。

其一，从剩余价值和工资的关系来看，劳动者和资本家二者之间一方获得多，另一方就必然获得少。在单位商品中，当劳动者工资降低时，意味着资本家获得的剩余价值会增加，自然，资本家对劳动力的需求就会增加。这时资本家对劳动力的需求就表现为一条向右下方倾斜的曲线（近似于直线），如图 3-2 中的 D_{L1}。

其二，在自由竞争的市场环境中，企业有不断提高资本有机构成的趋势。具有较高劳动生产率的个别资本家率先采用新技术提高劳动生产率并推动资本有机构成不断提高，使商品的个别劳动时间低于社会必要劳动时间，并从中获得超额剩余价值。每个企业为了在市场竞争中处于有利地位，都会争相采用新技术、提高资本的有机构成，从而使得整个社会的资本有机构成得到普遍提高。追逐超额剩余价值在推动着资本有机构成提高

① 《马克思恩格斯文集》第 1 卷，人民出版社，2009，第 723 页。
② 《马克思恩格斯文集》第 3 卷，人民出版社，2009，第 56 页。

的同时，也带来另外一个问题：每单位资本能吸纳的活劳动明显减少，出现了机器排挤工人的局面，使得相对于资本而言，对劳动力的需求明显降低。如图 3-2 中的 D_{L2}，资本有机构成的提高使得向右下倾斜的曲线（近似于直线）更为陡峭，相对于 D_{L1}，在每一工资水平上，对应的劳动力需求都明显减少。

其三，资本积累量越大，其创造的剩余价值总量也就越大。资本和资本的运动（积累）是马克思经济学研究的核心，资本主义生产是将资本和劳动力两种要素按照一定比例结合在一起的过程。在生产资料属于资本家、劳动者无生产资料的情况下，劳动者只有为资本所需时，才能被雇用而获得谋生的机会，从而劳动者依附于资本和资本家而生存。这也就是说，在不考虑资本有机构成的情况下，资本家的资本积累越大，对劳动力的需求也就越大，这也相当于劳动力需求曲线（近似于直线）向右上方平移。如图 3-2 中的 D_{L3} 就是由 D_{L1} 向右上平移所得，相对于 D_{L1}，在每一工资水平上，其对应的劳动力需求都明显增加。

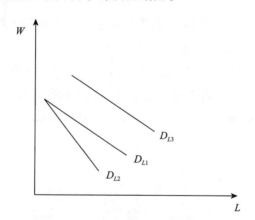

图 3-2　劳动力需求对工资的影响

（二）供求关系变动对劳动力价格（工资）的影响

在马克思经济学中，工资是劳动力价格的外在表现形式，工资的高低取决于两个因素：劳动力价值和供求关系。劳动者工资最终量的高低可以分解为两个步骤。第一步，在供求关系平衡的条件下，劳动力价值决定了一个与自身相等的工资量。第二步，当劳动力供求关系偏离初始的供求平衡时，这一变化会使得工资与初始的劳动力价值（或者工资）产生偏离。

但是，这两个步骤并不存在先后顺序，这两个步骤随着劳动力商品交易的完成也得到实现。

图3-3中，在加入需求因素后，我们将看到最终决定工资量大小的因素。F点是劳动力供给曲线$BFKJ$与劳动力需求曲线D_{L1}的交点，在这一点上劳动力价值和工资是相等的，其对应的充分就业水平为L^*，劳动力供求关系达到平衡，劳动力价值得到基本实现。在静态分析中，当我们假设劳动力价值不变时，劳动力供求关系的变化，将反馈到最终工资与劳动力价值（W^*）的偏离上。当劳动力供给偏离初始均衡，由L^*增加到L_t时，工资有下行的压力。如果工资具有充分的伸缩性，那么工资的最终大小存在两种可能性。其一，如果劳动者有了诸如工会等组织，劳动力最低工资标准为W_t，则劳动力需求量为L_{t1}，劳动力供应的增加带来了工资与劳动力价值的偏离，即由W^*下降到W_t，并且导致劳动者存在部分失业（$L_t—L_{t1}$部分）的情况。在这种情况下，工人阶级获得的整体经济利益为工人就业人数和工资的乘积（$L_{t1} \cdot W_t$）。其二，如果没有其他因素干扰，并推行充分就业的目标（就业量为L_t），则劳动力价值偏离的程度更大，即由W^*下滑到W_{t2}，工人阶级获得的整体经济利益为$L_t \cdot W_{t2}$。在这两种情况下，如果更为关注工人阶级的整体利益，那么$L_{t1} \cdot W_t$与$L_t \cdot W_{t2}$的值的大小就成为在最低工资标准和市场调节工资之间的选择标准。同时，第一种情况存在部分就业（L_{t1}）和部分失业（$L_t—L_{t1}$），就业群体和未就业群体的收入

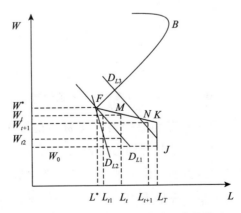

图3-3 劳动力供求关系对工资的影响

差距就会拉大；第二种情况是充分就业状况，但相较于第一种情况就业群体的收入，第二种情况明显偏低。如果整个社会更为关注提高劳动收入，则选择第一种情况更优，否则，如果更为关注劳动者充分就业，则第二种情况是最优选择。但不管哪一种情况，在劳动力供给的冲击下，工资都发生偏离，也就是说，劳动力供求关系决定的是工资的变动（$W^*—W_t$ 或者 $W^*—W_{t2}$），而并不决定工资本身（W_t 和 W_{t2}）。

在图 3-3 中，需求曲线 D_{t2} 代表的是在 F 点时资本有机构成提高，从而在 W_t 到 W_{t2} 工资水平之间，对应的就业量都会减少，甚至能把工资压低到维持生存的最低工资水平 W_0。而当资本家资本积累增加时，D_{t2} 向右上方平移到 D_{t3}，从而与曲线 FB 相关，获得高于 W^* 的工资水平以及比 L^* 更高的就业量，于是呈现工资上涨和就业增加的正向变动轨迹。

第三节　劳动力异质性与劳动力价值的实现

一　劳动力异质性的内涵

劳动力是"人的身体即活的人体中存在的、每当他生产某种使用价值时就运用的体力和智力的总和"。[1] 也就是说，劳动力的表现形式为人体中脑力和体力支出的总和。每个劳动者蕴藏在人体中的脑力和体力必然是不同的，产生的劳动效果也必然存在差异，正如马克思所指出的那样："一个人在体力或智力上胜过另一个人，因此在同一时间内提供较多的劳动，或者能够劳动较长的时间。"[2] 劳动力的差异对每个劳动者来说都天然存在，但"对不同等的劳动来说是不平等的权利。它不承认任何阶级差别，因为每个人都像其他人一样只是劳动者；但是它默认，劳动者的不同等的个人天赋，从而不同等的工作能力"。[3] 因此，不同的劳动者表现出的劳动能力必然存在差异，这种由于人的差异而导致的劳动力能力的差异，被称

①　《马克思恩格斯文集》第 5 卷，人民出版社，2009，第 195 页。
②　《马克思恩格斯文集》第 3 卷，人民出版社，2009，第 435 页。
③　《马克思恩格斯文集》第 3 卷，人民出版社，2009，第 435 页。

为劳动力的异质性。

劳动力的异质性承认劳动力的差异，这种差异一部分来源于天赋，即每个劳动者在出生时就因为体质等多方面的原因会导致内在的体力和脑力存在差异，但这种差异更多来自后天的教育、培训等。这种后天的投入是造成劳动力差异的最主要原因，这在学术界已经有较多的学者不断加以证明。如古希腊哲学家柏拉图在《理想国》中就论述了教育和培训对人的能力提升的重要性，在他看来，通过发展基础教育能不断发展人的先天能力。亚当·斯密更是将这种后天培养等同于一种投资，这种投资在后期不仅能收回成本还能赚取部分利润。亚当·斯密特别强调后天教育的重要性，在他看来："工人增进的熟练程度，可和便利劳动、节省劳动的机器和工具同样看作是社会上的固定资本。学习的时候，固然要花一笔费用，但这种费用，可以得到偿还，赚取利润。"[①] 在这里，亚当·斯密初步勾勒出人力资本的概念，也就是说，教育能使劳动力发生增值，使得劳动力具有和资本相同的增殖属性；而且教育改变了劳动者的脑力和体力水平（一般来说，教育主要是改变脑力水平），使其在劳动与物质资本结合的过程中创造出更大的价值，表现为劳动生产效率的提升。从另一个角度来看，这亦是劳动力异质性的表现，而这种异质性劳动力的最大特点在于能创造出更大的价值。古典经济学的另一大师马歇尔首次从劳动力价值补偿的角度对劳动力异质性进行了划分。他将劳动力价值不发生增值、只是等值补偿的劳动力称为普通劳动力，将劳动力价值能发生增值的劳动力称为资本型劳动力。这种划分关注了人作为劳动生产要素所有者的重要性，并将资本型劳动力的所有者指向"具有特殊天才的人"，而"具有特殊天才的人"是由后天教育培养的积极结果。以舒尔茨为代表的经济学家，进一步拓展了资本型劳动力的概念，在他们看来，资本型劳动力和普通劳动力的差别源于教育等方面的投资，这实质上也是一种资本投资，舒尔茨、贝克尔、明赛尔、丹尼森等学者认为对生产者进行普通教育、职业培训等支出和其在接受教育时产生的机会成本等，相当于在生产者身上的价值凝结（表现

---

① 〔英〕亚当·斯密：《国民财富的性质和原因的研究》（上卷），郭大力等译，商务印书馆，1979，第28页。

为蕴含于人身中的各种生产知识、劳动与管理技能和健康素质的存量总和），他们将这部分投入称为人力资本。这样，劳动力就可以明确地被划分为两部分，即普通劳动力和人力资本劳动力。

尽管马克思并没有提出人力资本的概念，但将劳动者分为普通劳动者和人力资本劳动者的思想却能在马克思的分析中找到佐证。马克思指出："为改变一般人的本性，使它获得一定劳动部门的技能和技巧，成为发达的和专门的劳动力，就要有一定的教育或训练，而这又得花费或多或少的商品等价物。劳动力的教育费用随着劳动力性质的复杂程度而不同。"① 从另一个角度来看，生产商品的劳动有简单劳动和复杂劳动之分。简单劳动是指不需经过专门训练和培养，一般劳动者都能胜任的劳动，而复杂劳动则是指需要经过专门的训练和培养、具有一定的文化知识和技能的劳动者才能从事的劳动。而与之相对应，普通劳动者主要从事的是简单劳动，人力资本劳动者主要从事复杂劳动。至此，人们对劳动力的异质性形成了较为一致的认识，人力资本概念也在学术界得到一定程度认同。

在这里，我们承认的"人力资本"概念来源于对马克思理论的推导。严格来讲，劳动力资本和人力资本的概念在马克思经济学中是不科学的，因为在马克思经济学中，资本是能够带来剩余价值的价值，反映的是一种剥削关系。劳动力或者人力资本获得的收入显然是劳动者自身创造的价值，劳动者只是拿回了那部分属于自己的价值，在本质上这和资本的概念是不同的。但从形式上来看，资本的功能在于其增殖性，即资本不仅能带来成本的收回还能获得利润，从这个意义上来看，我们所谓的人力资本只是表现出资本的增殖形式，而不能体现资本的本质。

二　异质性劳动力的价值补偿

实际上，我们研究劳动力异质性，并简单地将劳动力分为普通劳动力和人力资本劳动力，其直接目的在于论证不同类型劳动力价值的实现和补偿问题。如果普通劳动力遵循工资（W^*）等于劳动力价值（V^*）的等价交换原则，即 $W^* = V^*$，那么人力资本价值补偿的差异则存在于教育、培

---

① 《马克思恩格斯文集》第 5 卷，人民出版社，2009，第 200 页。

训等投资增量中，这相当于马克思所指出的劳动力价值的第（3）部分内容（劳动者受教育或训练而花费的一定量的价值），相较于普通劳动力，人力资本劳动力在价值量上有一个增量（$\triangle V$），与之相对应，在收入上也存在一个增量（$\triangle W$）。

人力资本投资的动机来源于能获得大于或等于零的利润（$\triangle W - \triangle V \geq 0$）。在这里，这一不等式的成立在于雇主愿意支付给人力资本劳动者更高的劳动报酬（$\triangle W$）。当雇主不愿意支付给工人更高的工资时，如雇主只愿意支付给劳动者的工资为 W^*，进行人力资本投资则是不理性的行为［因为 $W^* < (V^* + \triangle V)$］，这时候在市场上工作的人力资本劳动者就会关闭部分人力资本，在生产过程中退化为提供简单劳动的普通劳动者。在马克思所处的年代，"这种教育费用——对于普通劳动力来说是微乎其微的——包括在生产劳动力所耗费的价值总和中"。[①] 这其实已经说明这一时期普通劳动者占主导。进一步来看，在马克思所处的年代，在机器上作业的流水线工人，每个工人都按照机器的程序进行相同的工作，劳动力成为机器运行的附属品，资本家这时候需要的是按照机器程序进行工作的普通劳动者，对应支付给劳动力的收入为 W^*，在这种环境中，劳动者就不可能进行人力资本投资。

普通劳动力和人力资本劳动力的差别在于存在一个教育、培训等方面的投资，即存在一个价值增值额（$\triangle V$），如果假定普通劳动力的价值补偿是等值补偿（$R^* = V^*$），那么人力资本则是增值补偿［$(R^* + \triangle R) > (V^* + \triangle V)$］。因为人力资本存在增值补偿，所以普通劳动力就有向人力资本劳动力转变的内在动力。但是，这一转变并不总能顺利实现，因为这一转变存在较多内在制约条件。一是人力资本的形成意味着一定教育、培训等方面的投入，当这种投资额（$\triangle V$）作为一种形成人力资本的门槛值时，门槛值越高，就能对进行人力资本投资的群体形成反向淘汰机制，即越富裕的群体越有可能进行大量人力资本投资。相反，当这一门槛值不断降低时，进行人力资本投资的群体就会不断增加。当大量劳动者"自由得一无所有"，连起码的生存资料获取都困难时，还要拿出一部分费用进行人力

---

① 《马克思恩格斯文集》第 5 卷，人民出版社，2009，第 200 页。

资本投资显然是困难的，所以在马克思所处的年代，"这种教育费用——对于普通劳动力来说是微乎其微的"就很好理解了。二是人力资本的形成还与人的生理禀赋联系在一起。比如当大家都认识到上大学接受高等教育是形成人力资本的过程时，每个劳动者就都有上大学的内在愿望，但能否上大学很大程度上又和天生的智力水平紧密相关，即使意识到上大学能提高劳动收入，也并不是每个人都能实现上大学的目标，而且即使能上大学，上重点大学也注定只是少数一部分人才能实现的目标。也就是说，相对于普通劳动力来说，人力资本劳动力的定义内含着相对于普通劳动力的稀缺性。三是人力资本投资存在一定风险，甚至在某种意义上说，其是一种风险投资。这种风险投资的收益能否实现，取决于劳动力商品能否交易出去，当劳动力商品无法交易出去时，自然这笔投资就无法收回。而且即使劳动力商品能交易出去，其收益还涉及劳动力竞争环境以及社会经济发展状况等方面的情况，这是无法控制和也无法预料到的，从而收益也就存在不确定性。

在马克思看来，资本主义社会应该遵循等量资本获得等量利润的规律。资本家利用资本进行生产时，需要将预付资本中的一部分用于购买劳动力。当资本家对不同类型劳动力支付的价格不同时，其应获得的利润总量也应该有所差异。假定对单位普通劳动力支付的工资为 W^*，对单位人力资本劳动力支付的工资为 $(W^* + \triangle W)$，社会平均利润率为 r，如果资本家对人力资本有需求，则单位人力资本能为资本家带来的利润总量为 $(W^* + \triangle W) \cdot r$，这时人力资本创造的价值总量为 $(W^* + \triangle W) \cdot (r+1)$，人力资本劳动者的实际价值量为 $V^* + \triangle V$，定义劳动效率 e_h 为其创造的新价值总量和价值总量的比值，则人力资本劳动者的劳动效率 $e_h = (W^* + \triangle W) \cdot (r+1)/(V^* + \triangle V)$。同理，普通劳动者的劳动效率为 $e_l = W^* \cdot (r+1)/V^*$。显然，存在 $e_h > e_l$。在这里，资本家在生产过程中还存在对不变资本（或者物质生产资料）的支出，但这并不对利润总量产生影响，只是由于有了人力资本的投入，总体的劳动效率会得到提升。这也就是说，当资本家愿意支付给人力资本高于其劳动力价值的报酬时，其本身要求人力资本劳动力要有相对较高的劳动效率。因为劳动效率的提高，单位时间内，尽管资本家在预付资本上有所增加，但其能获得更多的利润总量。

在资本家进行生产时，不仅涉及购买劳动力，还涉及购买一定的物质生产资料，这部分生产资料一般是以机器设备等不变资本的形式出现的。当一定量的劳动力支配一定量不变资本时，劳动力与不变资本在数量上的比例关系反映的是一定的技术关系，这也就涉及刻画这一技术关系的资本有机构成。当资本家按照一定比例购买不变资本（C）和可变资本（V）时，即资本有机构成 $q = C/V$ 不变时，每单位不变资本对应于一定劳动力的支出。这好比在资本主义社会早期，在机器上作业的流水线工人，每个工人都按照机器的程序进行相同的工作。对于资本家来说，每个工人的劳动是同质的，而且每单位普通劳动力也对应于一确定值的利润，即当支付给劳动者 $W^* = V$ 的报酬时，就获得相对固定的利润。在这里，劳动者只是迎合物质生产资料（如机器设备）的被动角色，劳动效率已被机器所控制，即每单位普通劳动力劳动效率为 $1 + r$。进一步来讲，资本家这时候需要的是按照机器程序进行工作的普通劳动者，而且每个劳动者在机器的控制下都需要付出相同的劳动量，从而对每个劳动者都给予相同的劳动力价值补偿。同时，由于资本家给劳动者与其价值相一致的工资（$W^* = V$），劳动者进行人力资本投资则是不理性的行为，最终的结果是形成同质化的劳动力。

第四节　本章小结

劳动力商品自由交易后，劳动者获得了工资，但这并不意味着劳动力产权实现。因为工资是劳动者让渡劳动力使用权后的相应报酬，这一报酬直接关系到劳动力的生产和再生产问题，这是劳动力产权实现的前提条件，亦是劳动力价值实现的过程。

劳动力成为商品后，劳动力价值实现表现为工资对劳动力价值的等值补偿。马克思理论中"劳动力商品等价交换"是基于马克思所处年代的分析，其有两个隐含条件：其一，工人阶级处于弱势地位；其二，组织生产的企业是资本所有权和经营权合二为一的古典企业形式。这两个条件使得资本能保持强势地位，排除了工人获得剩余价值的可能性。在马克思所处的年代，劳动者并不能通过非市场性因素来提高工资水平，工资水平的决定在形式上表现为一种劳动力市场交易行为。在马克思的分析逻辑中，"劳动力商品等价交换"的内涵是在劳动力供求平衡时，工资与劳动力价值一致的反映，是劳动力价值得到实现的过程。由于劳动力供求平衡只是劳动力商品长期调整的趋势反映，而劳动力供求不平衡却是一种常态反映，劳动力价值实现并不能自动完成。

从劳动力供给来看，劳动力商品供给具有价格上涨供给减少以及价格下降供给增加的反向特点，从而在劳动力商品供给过剩的工业革命初期，劳动者工资不断下降；从劳动力需求来看，劳动力的需求源自资本家，当劳动者创造的剩余价值量越大，资本有机构成越低，资本积累量越大时，对劳动力需求量也就越大。当劳动力供给大于需求时，将会出现工资小于劳动力价值的状况，使得劳动力价值不能完全实现，反之，当劳动力供给小于需求时，将会出现工资大于劳动力价值的状况。劳动力商品等价交换是劳动力供求平衡的反映，在供给和需求变动时，相当于对供求平衡状态形成一种冲击，从而使得工资与劳动力价值出现一定程度的偏离。

在马克思所处的年代，机器的替代作用，使得劳动力异化为同质化的简单劳动力。但马克思理论已有对异质性劳动力的相关论述，进而我们可以将劳动者分为提供简单劳动的普通劳动者和提供复杂劳动的人力资本劳动者。相较于普通劳动者，人力资本劳动者存在价值投入增量。劳动者是否愿意加大人力资本的投入力度，在于其能否通过提高劳动生产效率来达到改变需求状况的目的。一般而言，由于劳动者的劳动生产效率能在单位时间内为资本所有者带来更多的剩余价值，资本所有者对人力资本劳动者的需求也更大，从而人力资本劳动者的劳动力价值实现程度也相对较高。

第四章

劳动力产权实现的关键要素：
对西方利润分享制度的阐释和批判

引言　西方利润分享制度是否意味着劳动力产权实现

资本主义生产过程离不开土地、物质资本和劳动力等生产要素，是这些要素在共同协作下产生新的价值的过程。在这些要素中，土地、物质资本等要素在生产过程中只是通过转换它的物质形式将其自身价值转移到新商品中，并不创造新价值，但资本所有者却凭借对这些要素的投入获得相关利润。因为这些要素通常以资本的形式出现，其实质就是资本家凭借资本的所有权获得利润，从而形成"土地得地租、资本得利润"的所有权资本分配模式。西方国家兴起的利润分享制度改变了劳动者只获得工资的局面，使得劳动者也能参与到利润分享中，这一制度变革是一个值得探讨的问题。

1794 年美国人阿尔伯特·盖莱汀（A. Gallatin）首次在自己的工厂中实施了利润分享制度，随后宝洁（1887 年）、柯达（1916 年）等大型企业也陆续响应，20 世纪 60 年代以来工人特别是人力资本劳动者参与利润分享已经成为一种趋势；美国学者马丁·威茨曼在 20 世纪 70 年代为解决"滞胀"危机而给出了利润分享制度的药方，随之西方各主要发达国家也探索出如职工股票期权、直接利润分享、经济增加值分享等多种利润分享的实现形式，利润分享制度已经成为当今发达资本主义国家最重要的薪酬分配方式之一。

利润分享制度在西方国家得到实践的同时，关于利润分享的理论研究也成为较多学者关注的热点之一。早在 1884 年泰勒（Taylor）就指出利润分享其实质是为劳动者提供更多的参与机会和权利。[①] 门罗（Monroe）在 1896 年就认为利润分享制度的推广是一种社会进步[②]，这表现为能够节约监管成本，激发工人提高生产效率的积极性[③]；提升工人对企业的忠诚度。[④] 由于人力资本在当今发挥越来越重要的作用，不少学者认为利润分享应该主要针对人力资本劳动者，赋予人力资本劳动者剩余索取权能达到有效提高劳动者的积极性与生产效率的双重目的，而且美国、法国、英国等发达国家的实践也验证了上述结论。[⑤] 整体而言，西方学者的许多研究已经证明了利润分享有利于经济发展，是一项正确的决策，更有甚者认为"利润分享计划会使每个工人都成为资本家，这就保证了雇员会支持美国资本主义而反对国家社会主义"[⑥]，利润分享制度似乎成为维持资本主义社会的良方。

在资本主义经济体系中，当劳动力商品交易完成后，资本家在一定时间内获得劳动力使用权和支配权，并给予劳动者相应的工资，这是劳动力产权实现的第一个层次。对于西方国家兴起的利润分享制度，劳动者不仅获得了工资，还由此获得了利润索取权，在形式上这已经符合了劳动力产权实现的第二个层次，但这仍需要基于马克思经济学的分析进行研判和审视。

---

① S. Taylor, *Profit-sharing Capital and Labors: Six Essays*, London: Kegan Paul, Trench&Co., 1884, pp. 66 – 69.

② P. Monroe, "Profit-sharing in the United States", *American Journal of Sociology*, Vol. I, No. 6 (1896): 685 – 709.

③ Richard T. Greenhill, *Performance Related Pay-The Complete Guide to Pay Policy, Benefits, Profits, Profit Sharing, Profit Related Pay Share Incentive Schemes*, Cambridge: Simon & Scbuster International Group, 1988.

④ 黄益新：《重视研究利润分享制的实质与意义》，《财贸研究》2003 年第 2 期。

⑤ Fathi Fakhfakh & Virginie Perotin, "The Effects of Profit-sharing Schemes on Enterprise Performance in France", *Economic Analysis*, Vol. 3, No. 2 (2000): 93 – 111; S. Estrin, V. Pérotin, A. Robinson and N. Wilson, "Profit-Sharing in OECD Countries: A Review and Some Evidence", *Business Strategy Review*, Vol. 8, No. 4 (1997): 27 – 32; Douglas L. Kruse, "Profit Sharing and Productivity: Micro Economic Evidence From the United States", *The Economic Journal*, Vol. 102, No. 410 (1992): 24 – 36.

⑥ Daryl D'Arl, *Economic Democracy and Financial Participation-A Comparative Study*, London and New York: Routledge, 1992, p. 4.

第一节　马克思视角下的利润分享的本质含义

一　利润分享的本质含义

在马克思看来，商品的价值由三部分构成即不变资本（C）、可变资本（V）和剩余价值（M）。在传统分配模式中，不变资本在商品出卖后通过相应的价值得以补偿，从而形成资本家获得利润（或者剩余价值）和劳动者获得工资（或者说劳动力价格）的格局。在资本主义社会，对于资本家来说，不变资本和可变资本的支付相当于资本家的预付成本，在扣除这两项成本后，资本家就获得利润。利润分享制度则意味着，资本家要将剩余价值（M）中的一部分与劳动者分享。

从形式上来看，利润分享制度将劳动者的劳动收入分为两部分，即一部分通过事前的工资支付（W），另一部分是事后的部分利润（M_1）。在这里，有两项规定。一是工资在价值量上应该和可变资本的价值量基本相等，即工资是对劳动力价值的价值补偿（$W = V$）。二是劳动者分享的利润不可能无限大，劳动者不可能获得全部利润，即 $M_1 \leqslant M$。在这两项规定中，可以看出利润分享制度必须建立在劳动力价值得到基本实现的前提之上，而且对于劳动者来说，因为劳动者的收入存在一个增量（M_1），利润分享也就意味着他们的经济状况得到了一定程度的改善。

从劳动者获得的收入构成来看，劳动者获得的收入存在确定的部分和不确定的部分。因为工资是一种事前支付，在劳动者出卖劳动力的同时，就必须支付给劳动者，这部分收入与整个经济状况无关，即不管雇佣者的经济活动最终是亏损还是盈利，都必须支付给劳动者。这部分收入对于劳动者来说，是确定性的收入，不具有任何风险。对于利润分享的那部分收入，当企业经营状况良好时，获得的利润总量增加，劳动者分享的总量也就高，反之，当经营状况不佳甚至亏损时，劳动者分享的总量就会减少甚至降为零，从这种意义上来看，这部分收入存在不确定性。

从利润分享的实现过程来看，利润分享将劳动者的关注点由交易过程拓展到生产过程。在传统"劳动者得工资、资本家得利润"的分配模式中，劳动者将劳动力出卖给资本家得到工资后，劳动力商品的价值补偿就伴随着交易过程而得以完成。至于生产过程，因为最终的利润和劳动者并没有直接关联，劳动者的态度则是"事不关己高高挂起"。如果依据资本主义经济学中人性自私的前提假设，劳动者必然通过偷懒来达到减少劳动消耗的目的，资本家和劳动者之间是指挥与被指挥、监督和被监督的对立关系，从而在生产过程中势必产生较多的监督成本。当劳动者参与利润分享后，劳动者一部分的收入取决于整个企业的总体利润状况，劳动者也更加关注生产过程，从而能在一定程度上减少偷懒的动机。

从利润分享的主体来看，劳动者成为分享利润的又一主体，这一分配方式的调整意味着收入分配主体之间关系的调整。在马克思看来，当劳动者的劳动力价值补偿得到满足而其创造的利润却都被资本家所占有时，这就是一种赤裸裸的剥削，即创造的大量剩余价值（M）不归创造主体所有，资本家和劳动者之间是雇用与被雇用、剥削与被剥削的对立和冲突的关系。当劳动者也参与利润分享后，一方面在理论上容易造成劳动者拿回了本属于自己创造的成果的假象，另一方面劳动者的劳动收入在一定程度上还和事后的利润存在关联性，由于利润的总量关系到资本家和劳动者的直接利益，劳动者和资本家紧张的对抗关系将被劳资合作的关系替代。相对于传统分配模式，利润分享制度将使得劳资矛盾在一定程度上得到缓和。

总体而言，利润分享是将原本专属于资本家的利润部分让渡给劳动者，表现为劳动者的收入得到增加，在整体上必然呈现出资本家和劳动者的收入差距趋向于缩小而不是拉大。这也就是说，劳动者和资本家之间的收入差距是否缩小是鉴别利润分享真伪的重要尺度之一。

二　对"劳动力商品等价交换"的"修正"

当劳动力只获得相应的工资时，暗含的是劳动力供求平衡的一种趋势反映，对应的分配模式就是资本家获得利润（相当于剩余价值 M）、劳动者获得工资（相当于劳动力价值 V）。而当劳动力供不应求时，工资（W）就会大于劳动力价值（V）。假定工资（W）大于劳动力价值（V）的差额为 M_2（$M_2 = W - V$）。由于劳动者新创造的价值部分为 $V + M$，劳动者获得的这部分增额（M_2）必然来自剩余价值（M），从而资本家不再独享剩余价值，而只是获得其中的一部分（$M-M_2$），劳动者也获得了和资本家一样的剩余价值分配权。只是这种分享利润的权利直接隐藏在劳动力商品交易中，而并没有通过事后利润分配的形式呈现。换言之，劳动力直接获得高于劳动力价值的工资尽管没有体现利润分享的形式，但其本质上仍是一种利润分享。在这里，我们仍然遵循马克思的思路，假定没有非市场因素（如并没有强有力的维护工人阶级利益的组织等）影响，获得利润分享的权利就在于创造劳动力的稀缺性，劳动力只有具有了稀缺性或者说不可替代性，那么就能获得超过劳动力价值的工资，也就天然获得了利润分享的权利。

工资对于资本家来说，是一种成本支出。当劳动者工资较高时，自然会削减资本家的利润。而资本家并不是被动的，其也可以作出相应调整：当劳动力成本较高时，可以寻找能对劳动力进行替代的、价格更低的生产要素。在马克思看来，对劳动力的替代正是资本有机构成提高的一个动因。资本有机构成的提高既能使资本家通过提高劳动者的劳动生产效率获得超额剩余价值，而且还能形成对劳动力的替代，这也就是马克思所描绘的"机器排挤工人"的境况，正如马克思所指出的那样："机器不仅是一个极强大的竞争者，随时可以使雇佣工人过剩。它还被资本公开地宣布为一种和工人敌对的力量并加以利用。"① 在这里，马克思只是针对整体工人而言，将个体劳动力的差异抽象掉，将劳动力简化为同质化的劳动力。一般地，机器对劳动力的替代更多的是对简单劳动力的替代，劳动力的知识含量越高、技能水平越高，其也就越难被替代或者能被替代的程度也就越低。而知识含量、技能水平的高低正和人力资本投入量直接关联。这也就是说，人力资本投入量越大或者人力资本存量越高的劳动者被替代的可能性越低，其就越有可能具有稀缺性，这部分劳动者也就越有可能获得利润分享的权利。

在这里，还得注意几点。其一，马克思并不赞成个人所有制条件下的劳动力产权实现形式。在个人所有制条件下，劳动者个体拥有一定的生产

---

① 《马克思恩格斯文集》第5卷，人民出版社，2009，第501页。

资料并能够自主进行生产（如封建式自给自足的小农经济生产方式），劳动创造的一切财富自然归劳动者所有，劳动力产权得到完全实现。但这种自我雇佣的生产方式与马克思所考察的资本主义社会化大生产发展相违背，并不是社会发展的方向。其二，劳动力产权的实现并不仅仅停留在形式上劳动者能获得工资的收入。因为劳动力产权的实现要求在对耗费的劳动力进行补偿后劳动者还能分享到剩余价值。劳动力产权实现首先必须满足工资对劳动力价值进行等值补偿的条件。在形式上，劳动者有工资和利润分享两部分收入，从劳动力收入的结果来看，其总量上必须大于劳动力价值。其三，劳动力产权实现是与劳动者自身发展紧密联系在一起的。当劳动者只获得相当于劳动力价值的工资时，工资只是对劳动力耗费的等值补偿，对于劳动力生产而言，这只是劳动力的简单再生产的过程。而当劳动力产权得到实现时，在补偿劳动力价值后，劳动者才能对劳动力再生产进行追加，表现为劳动力扩大再生产的过程，也就是说，劳动力产权实现是劳动者自身发展的直接途径。

第二节　资本主义利润分享制度兴起的客观原因

利润分享制度并不是资本主义制度在西方确立时就有的，而是资本主义社会发展到一定阶段的产物。相较于马克思所处年代的分配方式，利润分享制度颠覆了劳动者只获得工资的分配格局，这是资本主义经济体系发生的一种新变化。但这种新变化与客观条件的变化密不可分。

一　古典企业向现代企业的变迁

从微观视角来看，利润的分配是在企业内部资本家和劳动者之间博弈的结果。在古典型企业中，从生产到销售都在一个企业内部完成，物质资本直接转化为产业资本的形式，在产业资本的循环中，顺次经过购买、生产、销售三个阶段，分别采取货币资本、生产资本、商品资本三种职能形式，资本在时空上表现为生产资本、货币资本、商品资本按一定比例进行配置。尽管资本以不同的形式出现，但这些资本的所有者都归同一主体所有，而且在机器工业的主导下，企业需要的只是普通劳动者的简单劳动。

在古典企业中，生产要素直接简化为产业资本（物质资本）和劳动力，这时的分配关系就对应简化为单纯的劳动者和资本家之间的分配关系。在这两种要素中，劳动力的相对过剩（相对于资本的需求而言），使得两种生产要素的所有者（劳动者和资本家）具有不对等的谈判力，资本家的强势使得其能获得独享剩余价值的权利。

但当资本和劳动力两种要素的稀缺性发生一些改变时，这一模式对应的分配方式也必然会发生调整和改变。资本和劳动力之间的稀缺性以及各主体谈判力量的对比，又源自两种生产要素各自的分化。马克思在分析资本主义生产关系时，为了揭示资本主义社会的本质，将生产要素抽象化为资本和劳动力是合理的。但现实中，资本和劳动力本身并不是同质化的。在社会分工越来越细的背景下，资本也在进行分裂。① 从企业组织变迁视角来看，这就是古典企业组织向现代企业组织转变的过程。

从企业组织内的资本要素的分裂来看，随着企业规模的不断扩大，单纯一个资本家拥有企业所需要的大量资本显然是不现实的。古典企业向现代企业的转变过程中，企业的投资主体日益呈现出多元化的趋向，因此现代企业的运作成为不同类型资本家进行联合生产的过程。这一联合过程是大量个体性的私人资本通过积聚的形式得以社会化的过程，而积聚的形式得益于股票等信用方式的发展和兴起。在马克思看来，"股份制度——它是在资本主义体系本身的基础上对资本主义的私人产业的扬弃；随着它的扩大和侵入新的生产部门，它也在同样的程度上消灭着私人产业"。② 换言之，现代企业的社会化程度越来越高。在古典企业中，产业资本在循环中依次经历货币资本、生产资本、商品资本三种职能，在现代企业中，这三种职能形式的资本各自独立出来，形成独立形态的产业资本、商业资本和金融资本。具体而言，金融资本家拥有大量闲散资金，产业资本家拥有土地、厂房以及进行生产的机器等实物形式的物质资本，商业资本家拥有对商品进行销售的平台等商品资本；而在现代企业中，商品的生产则是这些

---

① 杨继国：《不完全合约理论的逻辑悖论与企业理论的创新》，《中国工业经济》2003年第3期。

② 《马克思恩格斯文集》第7卷，人民出版社，2009，第497页。

资本家进行联合和分工的过程。

由于资本的分裂，原来由单一资本履行的职能也进一步分化，而企业所有权和经营权也随之分离。与此对应，企业内部形成一种三极结构：第一极是生息资本家，他们凭借单纯的资本所有权成为企业一员；第二极是职能资本家，他们直接参与企业日常经营管理，拥有资本支配权、指挥权和监督权等；第三极是获取工资的劳动者。而分工的进一步深化，使"这种管理劳动作为一种职能越来越同自有资本或借入资本的占有权相分离"。① 这也就是说，从事管理劳动的群体已经不是资本所有者，从事企业管理职能的一个新的劳动者群体——经理人——已经在现代企业中形成，这些"不能以借贷也不能以别的方式占有资本的单纯的经理，执行着一切应由执行职能的资本家自己担任的现实职能，所以，留下来的只有执行职能的人员，资本家则作为多余的人从生产过程中消失了"。② 这些获得了企业的经营与管理权的经理人自然也能和资本家进行有力的谈判，而且获得了企业的经营与管理权也自然能制定有利于自身的利润分配规则，这也就暗含着企业经理人并不是一个弱势群体，他们在经营管理中能获取部分剩余控制权，分享到企业的部分利润。

二　人力资本劳动者的强势与激励

科学技术是推动社会发展的动力，其作用渗透到生产要素中。在马克思所处的年代，技术水平直接凝结在机器上，表现为先进机器的发明和创造。但随着社会的发展，科学技术也越来越渗透到劳动力要素中，表现为具有更高知识含量、更高技能的劳动能力。从另一个角度来看，这是劳动者不断增加人力资本投入的结果，也是科学知识以及相关技能与劳动力紧密结合在一起的过程。直观来看，这部分拥有较高人力资本存量的劳动者在当今企业中的地位也越来越重要，从某种程度上直接决定企业在市场竞争中的成败。

在企业内部，由于人力资本具有与劳动者不可分离的特性，劳动者对

---

① 《马克思恩格斯文集》第 7 卷，人民出版社，2009，第 436 页。
② 《马克思恩格斯文集》第 7 卷，人民出版社，2009，第 436 页。

其人力资本的支配是主动的：劳动者可以选择努力工作最大限度发挥其劳动力价值；而当利益受到损害时，劳动者也可以选择关闭部分人力资本使其产生一种劳动力的"无谓耗散"。对于资本家来说，一方面，马克思所处年代的"机器排挤工人"的模式在现代企业中已经失效。机器已经无法取代具有高技能、高管理水平的劳动者。另一方面，在传统压榨式的工资模式中，利润与劳动者的人力资本存量失去关联性，这无法刺激劳动者将自身劳动能力完全释放出来，而且在管理手段上也无法对其进行有效的监督与约束，这正是激发人力资本劳动者积极性只能采取"激励"而非"压榨"手段的逻辑。

随着古典企业模式被颠覆，在现代企业的建构中人力资本劳动者已经进入企业经营管理的过程中。这部分人力资本劳动者通过"干中学"等方式积累了部分专用性投资，这部分投资形成的知识仅对应于该企业，一旦拥有这些资本的劳动者离开该企业，专用性投资的作用就随之贬值，造成劳动者和雇主之间的双重损失。显然，这部分专用性投资就是劳动者和资本所有者进行谈判的有力筹码。而且作为在企业中主要从事经营管理的人力资本劳动者，其具有一定"专有通用性"，且永远属于对企业有价值的稀缺性资源，特别是"在知识经济中的新型企业里，知识成为企业最重要的要素，劳动者所拥有的人力资本许多具有了'专有通用型'性质；所以，知识的创造和使用者即人力资本所有者，包括企业家和劳动者的谈判力大大上升"。[1]

正因为劳动者和资本家之间地位发生一些变化以及人力资本的自身特性，劳动者特别是具有较高人力资本存量的劳动者具有较强的谈判力，而与之相对应，传统工资模式需要作出相应调整以适应新的形势变化。具体而言，"由经理和核心技术人员构成的人力资本是企业的核心资源，他们的积极性和创造性的发挥，关系着企业的生存和发展。选择适当方式对他们进行激励，让他们分享企业的剩余，享有剩余索取权，是现代企业发展的内在逻辑结果"。[2]

---

① 杨继国：《人力资本产权：一个挑战公司治理理论的命题》，《经济科学》2002年第1期。

② 赵云昌：《人力资本的专用性及其制度设计》，《财贸研究》2004年第1期。

三　资本所有者的社会风险的增加

劳动力创造的新价值［（$V+M$）部分］以及物化劳动转移的旧价值（C部分）都凝结在新商品中，新商品能否卖出去，决定着资本家能否获得剩余价值（M）。在马克思看来，"商品—货币"的转换过程，是商品的惊险跳跃。"这个跳跃如果不成功，摔坏的不是商品，但一定是商品占有者。"[①] 马克思的这句话已经明确指出资本家所面临的风险：在资本家给工人支付一定工资（W）后，资本家获得的利润已经与工人无关，但同时，资本家要承担商品不能销售出去的风险。马克思将资本主义的分配方式概括为工人获得工资、资本家获得利润的分配格局，实际上已经承认资本家能获得稳定的利润水平（M），与之相对应的经营风险也被抽象掉。

风险以及风险分担正随着企业组织形式变迁而发生相应变化。在古典企业中，企业所有权和经营权统一于资本家，资本家成为唯一承担风险的主体，而与风险对应的全部利润被资本家所占有。在古典企业向现代企业转型过程中，随着经济的发展，企业之间的竞争日益加剧，企业经营面临的风险与日俱增。同时，机器大工业时代占主导的古典企业瓦解后，企业所有权和经营权发生了分离，企业演变成金融资本家、产业资本家、商业资本家以及人力资本劳动者等群体进行分工的联合体，分工链条的拉长，使任何一个群体进入和退出甚至由此发生的机会主义式的"敲竹杠"行为都会直接影响企业的经营状况，这些风险的化解需要突破传统的固定工资模式，将企业风险与企业利润直接关联起来。

因为工资是作为成本的概念进入资本家大脑的，当资本家给予劳动者的工资较高时，企业利润水平会随之降低。在古典企业中，机器大工业生产将劳动者驯服成为机器指挥下提供简单劳动的劳动者，劳动者与资本家之间的谈判力也随之下降，从而劳动者的工资被压低到劳动力价值以下，资本家支付给劳动者较高工资而导致利润下降的风险不存在。但在现代企业中，劳动力异质性以及人力资本劳动者数量增多时，就需要对不同的劳动力商品进行定价。但人力资本所代表的能力具有不可证实性的特征，即

---

① 《马克思恩格斯文集》第8卷，人民出版社，2009，第127页。

人力资本在使用前，我们对其劳动能力具有不完全信息，这种能力的大小只有在事后的使用中才能体现出来。当工资较低时，劳动者可以选择关闭部分人力资本；当工资水平较高时，又会削减资本家的利润。传统的工资制既无法使劳动者激励水平达到最优，也无法回避因为对人力资本劳动者工资定价过高而带来的利润减少的风险。

总之，企业经营的风险既来源于社会竞争，也来源于企业内部利益关系的协调，化解风险的有效途径之一就是让参与企业生产、经营、管理等方面更多的劳动者成为风险的分担者，从而大大降低原本属于资本所有者的风险，这也正是让劳动者特别是人力资本劳动者参与利润分享的逻辑之一。

第三节　人力资本劳动者参与利润分享的两个理论模型

一　人力资本劳动者承担风险的利润分享模型

（一）人力资本劳动者承担风险的利润分享模型的构建

在马克思的分析中，在没有非市场因素干扰下，当劳动力供给与需求平衡时，资本家将按劳动力价值（V）支付给工人工资（W）。但这是抽象掉风险的结果，为此，我们需要考察风险因素对劳动者和资本家行为的调整。

假设商品能顺利卖出去的概率为 p（$0 \leqslant p \leqslant 1$），这时资本所有者能获得预期利润（$M$）。为了研究方便，假定商品不能顺利卖出去的概率为 $1-p$，此时资本所有者不但不能获得利润，还得支付给工人工资（W），即此时资本所有者的利润为负值（$-V$），由此构建的资本所有者承担全部风险但无利润分享模型为：

$$R_0 = p \cdot (M) + (1-p) \cdot (-V) \tag{4.1}$$

在此模型中，当资本所有者能获得稳定的预期利润，即要求 $R_0 \geqslant M$ 时，由式（4.1）可得：$p=1$。这也就是说，当不存在风险时，资本所有者才能获得稳定的预期利润（M）。

但当 $p=1$ 不成立时，即 $0 \leqslant p \leqslant 1$ 时，资本所有者并不能获得稳定的预期收益（M）。资本所有者由此对劳动力分配方式的调整必然应满足不会比原有模式分配状况还差的原则。

假定资本所有者将原来的固定工资转化为两部分：一部分是低于劳动力价值（V）的工资（W_1），另一部分以事后利润分享形式的呈现出来。假设参与利润分享的比例为 r，劳动者获得的这部分利润为 rM，从而存在这一等式：$W = V = W_1 + rM$。由此构建有风险但有工人参与利润分享的模型：

$$R_{01} = p \cdot (1-r)M + (1-p) \cdot (-W_1) \tag{4.2}$$

在式（4.2）中，对于资本所有者来说，这一分配模式的调整必须能使其收益有所提升，也就是要求：

$$R_{01} = p \cdot (1-r)M + (1-p) \cdot (-W_1) \geqslant R_0 = p \cdot (M) + (1-p) \cdot (-V)$$
$$\tag{4.3}$$

由式（4.3）可得：$p \leqslant 0.5$。这也就是说，商品存在能卖出去和不能卖出去两种情况，当商品卖不出去的概率大于卖出去的概率时，资本所有者就有动力进行利润分享，因为资本所有者的预付资本减少（由 W 减到 W_1），而且劳动者的部分收入（rM）也承担了部分风险，使得资本所有者的状况有所改善。

但从本质上来看，这只是保留了利润分享的形式，因为利润分享是在工资等于劳动力价值的基础上进行的。在这种"所谓"的利润分享的分配形式中，工资就已经被定义在低于劳动力价值以下（$V > W_1$），劳动力价值的实现存在不确定性。在无法保证劳动力价值充分实现的前提下，这种分配模式只会使劳动者承担更多的风险，更加有利于资本所有者而不是劳动者。

在传统分配模式中，资本所有者预先支付给工人工资（W），当劳动力供给过剩时，工资低于劳动力价值（$V > W$），资本所有者能获得的利润为 $M + V - W$。在现实中，确实存在商品不能顺利卖出去的风险。假设商品能顺利卖出去的概率为 p（$0 \leqslant p \leqslant 1$），这时资本所有者能获得预期利润（$M + V - W$）；假设商品不能顺利卖出去的概率为 $1-p$，此时资本所有者不但不能获得利润，还得支付给工人工资（W），即此时资本所有者的利润为负值（$-W$），资本所有者获得的预期利润为：

$$R_1 = p \cdot (M + V - W) + (1 - p) \cdot (-W) \tag{4.4}$$

当资本所有者能获得稳定的预期利润，即 $R_1 \geqslant M$ 时，由式（4.1）可得

$$p \geqslant \frac{M + W}{M + V} \tag{4.5}$$

当劳动力过剩越严重时，工资（W）与劳动力价值（V）的偏差也越大，在式（4.5）中，$\frac{M + W}{M + V}$ 部分就会越小，从而满足不等式要求的对应的 p 值也就越小。换言之，当劳动力严重过剩时，工资与劳动力价值的偏离能在一定程度上化解风险（在这里，要求一个较小的 p 值就能满足不等式要求）。这也就是说，当劳动力严重过剩时，资本所有者并没有动力去和工人进行利润分享。

当劳动力需求大于供给时，如果采用传统工资模式，资本所有者将会支付给工人以高于劳动力价值的工资（$W > V$）。由于新价值为 $V + M$，当工资高于劳动力价值时，就意味着劳动力本身参与了利润分享，即分享到了超过劳动力价值的部分利润 [相当于（$W - V$）]，资本所有者已经不可能获得全部利润（M）。同理，假定资本所有者面临的风险在于不确定能否将商品卖出去，其中商品能顺利卖出去的概率为 p（$0 \leqslant p \leqslant 1$），这时资本所有者能获得预期利润（$M + V - W$）；假定商品不能顺利卖出去的概率为 $1 - p$，此时资本所有者不但不能获得利润，还得支付给工人工资（W），即此时资本所有者的利润为负值（$-W$），资本所有者获得的预期利润为：

$$R_2 = p \cdot (M + V - W) + (1 - p) \cdot (-W) \tag{4.6}$$

假定资本所有者与工人分享利润，将劳动收入分解为两部分，即一部分是低于原有工资（W）的工资（W_1），另一部分以利润分享的形式呈现。假定参与利润分享的比例为 r，劳动者获得的这部分为 rM，从而存在这一等式：$W = W_1 + rM$。这时，资本所有者获得的预期利润为：

$$R_3 = p \cdot (1 - r)M + (1 - p) \cdot (-W_1) \tag{4.7}$$

由式（4.5）、式（4.6）可以看出，当以利润分享的形式对传统工人只获得工资的形式作出调整后，资本所有者承担的风险明显减少，即 $(1 - p) \cdot (- W_1) > (1 - p) \cdot (- W)$。这也就是说，劳动者承担部分风险。对于资本所有者来说，作出这一分配方式的调整，则意味着起码要比原有的分配状况有所改进，即要求：

$$R_2 = p \cdot (M + V - W) + (1 - p) \cdot (- W) \leqslant R_3 = p \cdot (1 - r)M + (1 - p) \cdot (- W_1)$$

$$(4.8)$$

由式（4.8）可得

$$r \geqslant p \cdot \frac{(M + V - W)}{M}$$

$$(4.9)$$

在式（4.9）中，$\frac{(M + V - W)}{M}$ 部分是资本所有者所获得的利润占总利润的比例。在原有分配模式中，给予劳动者工资后，这将是一确定值。因此，p 值将与 r 呈现正向变动关系。当风险越高时，即 p 值越高，劳动者应获得的利润分享比例（r）也应较高，因为劳动者也分担部分风险。同理，当 p 值越小时，劳动者分担的风险就较小，获得利润分享的比例（r）也就应相对降低。

（二）模型的进一步讨论

如果把利润看成一种风险回报，那么作为分享利润的主体，承担风险的责任越大，其相应获得的利润分享的比例也就应越高。当把利润作为一种风险收益时，它本身可能是正值，也有可能是负值。当利润为正时，劳动者和资本所有者都能获得不同量的正利润。但当利润为负时，劳动者和资本所有者都应承担相关损失，这也就是说，劳动者和资本所有者各自需要承担经营失败的风险责任。这不仅仅意味着劳动者和资本所有者不能获得相关利润部分的收益，还表明两者必须具有承担风险责任的抵押物。

在现代企业中，作为企业的法人或者物质资本的投资者，法律已经赋予资本所有者以其出资额来承担相应的有限责任。这种出资额成为天然的抵押物，西方理论由此就认为资本所有者天然获得了利润分享的权利。当劳动者并不持有企业的股票时，从以物质资本投入额作为风险抵押物的视角来看，劳动者就不具备承担风险责任的能力，自然也就不应获得相应的利润分享，而物质资本承担风险成为其拥有者获取剩余利润的主要依据。

物质资本一般以货币化的形态出现，而货币作为风险抵押物时，它并不一定就直接是风险承担者，而恰恰相反有时其演变为风险的回避者。当资本投资者通过购买股票等方式进行投资，且预知企业面临风险或者无法获取预期收益时，投资者则会选择"用脚投票"的方式撤出投资或者将投资转移到具有更高收益的企业上，这既是资本所有者逐利本性的必然反应，也是资本所有者规避风险的过程。从这个意义上来看，物质资本所有者特别是货币资本所有者对风险的承受力是事后的、消极的。

从组织生产的企业视角来看，企业是一系列生产要素所有者进行投资的集合体。生产要素所有者进行了相关投资，自然就承担了由于投资失败而产生的相关风险。在这些生产要素中，资本所有者以物质资本的方式进行了相关投资，这在法律上以股权等形式得到承认，是一种显性投资。而当人力资本作为生产要素进入企业组织后，人力资本也应围绕企业需要而进行基于劳动技能的相关专用性投资，这部分投入能否取得预期利润也与企业本身的经营状况有关：当企业经营状况好时，他们能从这部分投资中获得预期收益，而当经营状况不好时，其投资也就会受到损失，甚至化为泡影，这也就是说，这部分专用性投资也是一种风险的抵押品。而且当人力资本劳动者发展这种专用性技能时，本身就已经被套牢：当企业发展遭遇到经营不善、前景黯淡等困境时，这部分劳动者既面临随时破产的巨大风险，也要承受降低工资、无利润分享的损失，而且并不能通过随意退出的方式进行相关风险的回避，从而以自觉和主动的方式承担了相关风险。

当然，普通劳动者在被企业雇用后，由于本身并没有专用性投资，也没有通过退出的方式规避风险的任何障碍，普通劳动者也就不可能获得分享利润的权利。在这里，利润分享是承担风险的对等物，这也就暗含着这样一层含义：承担的风险越大其应获得利润分享的比例也就越高。当人力资本劳动者的劳动力技能通用性越强时，其回避风险的能力也就越强，其获取的利润分享比例也就越低。反之，人力资本在企业进行的投资专用性越强，其被套牢的可能性也就越大，对应承担的风险也越大，应获得的利润分享的比例也就越高。

因此，人力资本劳动者和物质资本所有者都承担企业的相关风险。以物质资本作为抵押物来推导出资本所有者就应该独享利润在理论上是站不住脚的，人力资本劳动者参与利润分享在理论上不仅是合理的，而且在实践上也不断得到应验。

二　人力资本劳动者参与利润分享的激励模型

（一）人力资本劳动者的激励难题

马克思在分析资本主义社会关系时，将之抽象为雇佣者（资本家）和被雇佣者（劳动者）两个阶级。在资本主义初期，资本家既是资本的所有者，也是直接经营者，资本所有权和经营权属于同一资本家。同时，在劳动者将劳动力商品的使用权暂时让渡给资本家后，必须服从资本家的意志，并按照资本家的要求进行生产活动。由此，资本家拥有了资本家和劳动者的双重身份：作为资本的所有者，占有劳动者创造的剩余价值；作为劳动者，资本家也付出了指挥、监督等管理劳动，只是和劳动者不同的是，资本家本身拥有生产资料，资本家的劳动是一种自我雇佣，并且资本家直接占有自己劳动所创造的剩余价值。

但当今随着科学技术高速发展，分工变得更加细致，企业间以及企业内部之间的协作范围更加广泛，企业的管理和经营的职能也日益突出。一方面，由于自身的精力、时间、相关知识、管理能力等方面的限制，资本家完全掌控企业经营、管理权的活动已经显得力不从心。另一方面，随着分工的深化，管理者既要协调好企业内部各生产要素之间的相互关系，形成生产效率的合力，也要处理好在商品生产过程中诸如生产、流通、交换、分配各个经济环节之间的关系，经营管理劳动直接决定企业的成败兴衰，经营管理劳动的作用日益重要。因此，资本的所有权和经营管理权的分离及有效分工是一种必然趋势。马克思曾经就指出"资本主义生产本身已经使那种完全同资本所有权分离的指挥劳动比比皆是。因此，这种指挥劳动就无须资本家亲自进行了。一个乐队指挥完全不必就是乐队的乐器的所有者"。[①]　由此，企业的所有者（资本家）将企业的经营管理权委托给企

---

① 《马克思恩格斯文集》第 7 卷，人民出版社，2009，第 434 页。

业管理人员、经理人，从而企业人力资本劳动者得以形成，企业所有者与企业家等人力资本劳动者之间形成一种委托—代理关系。

在资本家和企业家等人力资本劳动者之间的委托—代理关系中，面临两个问题。其一，如何使劳动者的人力资本释放出最大的能力水平即如何对人力资本劳动者形成有效激励；其二，如何避免和惩罚人力资本劳动者为谋取自己利益而损害资本家利益的机会主义行为，这是激励的反面，即如何对人力资本劳动者进行合理惩罚的问题。传统治理模式给出的药方是：一方面要给予人力资本劳动者高于普通劳动者工资的收入；另一方面，通过雇用监督者、支付监督成本对人力资本劳动者的机会主义行为进行监督。但这并不能有效解决上述问题。首先，人力资本劳动者的工资是由其劳动力价值决定的。每个劳动者的劳动力价值都不同，这样一来，资本家给予每个劳动者的工资都不应该相同。如果工资遵循等价交换原则，那么资本家需要准确知道每个劳动者的劳动力价值的大小，而对于劳动力价值的大小，劳动者显然比资本家拥有更充分的信息，资本家不可能真正知道劳动力价值的大小；而且即使资本家能准确知晓每个劳动者劳动力价值的大小，但对每个劳动者给予不同工资，是和每个劳动者反复谈判的过程，这会产生一个较大的交易成本。这也就是说，即使在劳动力供给平衡的状况下，劳动力商品等价交换在理论上的成立也是建立在资本家对劳动者拥有充分信息以及无交易成本的前提之上的。显然，充分信息和无交易成本的严格条件在现实中很难实现。其次，人力资本劳动者将劳动力出卖给资本家后，即使能通过合同契约的方式对双方行为进行规范，但合同契约本身不可能是完备的，从而在双方履行合同过程中也面临由监督合同履行程度、对合同细节讨价还价等带来的一系列相关交易成本。最后，即使承认付出监督成本后可以有效防止人力资本劳动者的机会主义行为，但也因此带来一个难题：谁来监督监督者？因此，当劳动者和资本家信息不对称以及由此带来较大交易成本时，劳动者只获得工资的分配模式需要进行修正。

（二）人力资本劳动者激励与利润分享的理论模型

普通劳动者（记为 L_c）和人力资本劳动者（记为 L_H）这两种类型的劳动者在价值量上表现出一定差异（人力资本劳动者存在一个价值增量）。

从另一层面来看，人力资本劳动者在价值增量上的投资，表现为在劳动者身上凝结更多的知识、更高的技能水平、更好的健康状况等，相对于普通劳动者，人力资本劳动者提供的是一种复杂劳动，在相同的单位时间内，"比较复杂的劳动只是自乘的或不如说多倍的简单劳动"[①]，即复杂劳动创造的价值量等于倍加的或自乘的简单劳动创造的价值量。假定普通劳动者创造的价值量为 V_{new}（$V+M$ 部分），那么人力资本劳动者创造的价值量为 $\alpha V_{new}(\alpha \geq 1)$。如果遵循等价交换原则，给予普通劳动者的工资应为 $W_C = V$，给予人力资本劳动者的工资应为 $W_H = \alpha V$。当资本家对劳动者的能力等信息掌握不充分时，就直接给予每单位劳动力（不管是普通劳动者还是人力资本劳动者）平均工资为 $\overline{W} = \beta V < W_H = \alpha V(\beta \geq 1)$，对于普通劳动者来说，因为 $\beta \geq 1$，这部分劳动者在对劳动力价值进行补偿后，还存在部分增值；对于人力资本劳动者来说，由于人力资本是劳动者的主动性资产，可以随时选择将其人力资本水平部分甚至全部关闭，从而存在一个严重的"租值耗散"的问题，即相当于 $(\alpha - \beta) V_{new}$ 部分被无谓耗散。

进一步来看，这部分耗散是对劳动者和资本所有者的双重损失，双方损失量分别为 $(\alpha - \beta) V$、$(\alpha - \beta) M$。在这里，如果人力资本劳动者是严重过剩的，那么进行人力资本投资则是亏损的，劳动者有可能退化为提供简单劳动的普通劳动者。更为极端的是，在机器时代，每一台机器都需要一个进行简单操作的工人，资本所有者只需要最为简单的劳动力，资本所有者只给普通劳动者的工资水平，即 $\overline{W} = W_C = V = W_H = \alpha V$，对此，人力资本劳动者将关闭其大部分人力资本，并退化为普通劳动者（$\alpha = 1$）；而且只要当工资水平（$\overline{W}$）小于人力资本劳动者工资水平（W_H）时，都存在"租值耗散"的问题。

资本家对人力资本劳动者工资的定价建立在和普通劳动者的工资比较的基础之上，即 α 的值的确定上。但人力资本水平是蕴藏在劳动者体内的知识、技能等方面劳动能力的体现。具体而言，人力资本劳动者的劳动生产效率是普通劳动者的 α 倍，这本身是基于人力资本劳动者和普通劳动者在正常努力水平上的生产效率的体现。劳动者是否处在正常努力水平上，

---

① 《马克思恩格斯文集》第5卷，人民出版社，2009，第58页。

只有劳动者自己拥有最充分信息。当劳动者的努力水平不同时，其对应的生产效率也不同，即 α 是一个变动值，与劳动者的努力水平呈正向关系。这也就是说，劳动者和资本所有者之间信息不对称带来了人力资本劳动者的积极性非激励而难以调动的问题。

在现实中，普通劳动者因为可替代性更强，从而供给过剩的情况也更为普遍。在马克思所处的年代，人力资本劳动者并不普遍。当普通劳动者供需平衡时，如果普通劳动的工资遵循工资等于劳动力价值的等价交换原则，那么人力资本劳动者的工资定价则不应遵循等价交换的原则。因为人力资本劳动者投资本身存在价值增量，从某种意义上来说，这种投资就是一种风险投资，如果人力资本劳动者和普通劳动者一样都只是等值补偿，而不存在增值收益，那么劳动者的最优选择将是不进行人力资本投资，直接演变为普通劳动者。因此，当普通劳动者遵循等价交换原则时，人力资本劳动者的定价原则应为 $W_H = \gamma V \geq V_H = \alpha V$，从而人力资本劳动者投资的增值额为 $(\gamma - \alpha)V$。

一般地，在机器作业方式中，机器的运转需要劳动者付出固定的劳动量，机器直接控制劳动者的生产效率，并不需要发挥劳动者的主动性，需要的是标准化的普通劳动者。但在并不是完全由机器所控制的行业中，劳动者的创造性和主动性直接决定生产效率、商品的数量以及相关利润，这也就需要对人力资本劳动者进行激励。假定资本所有者给予人力资本劳动者利润分享的权利，每单位人力资本劳动者的劳动力收入被设定为以普通劳动者的工资水平为参照的保底工资，而其他增额收入则来自利润分享，即人力资本劳动者收入为 $W_H = W_C + r(\gamma - 1)M$。在这里，$r$ 为人力资本劳动者分享利润的比例。当 $(\gamma - 1) = 0$ 时，则 $W_H = W_C$，这也就是说，普通劳动者并没有利润分享的权利。假定资本所有者雇用 n 个工人，在 n 个工人中普通劳动者和人力资本劳动者的比例分别为 p、$(1-p)$，其中 $0 \leq p \leq 1$。当资本所有者进行利润分享的分配方式调整后，和未调整的分配方式相比，前者仍然遵循利润最大化的目标，由此有：

$$\text{MAX } pnM + (1-p)(\gamma-1)(1-r)nM - nM \tag{4.10}$$

由式（4.10）可得出：

$$(\gamma^* - 1)(1 - r^*) = 1 \tag{4.11}$$

在式（4.11）中，γ^*、r^* 分别为均衡时的最优值。由式（4.11）可知，当资本所有者分享的利润比例（$1 - r^*$）越低时，人力资本劳动者利润分享的比例（r^*）也就越高，人力资本劳动者的生产效率值（γ^*）也就越高，对人力资本劳动者的激励作用也就越明显。反之，当劳动者利润分享的比例（r^*）越低时，对应的 γ^* 也就越低，对人力资本劳动者的激励作用也就越小。

式（4.11）中的最优值 γ^*、r^* 确定后，就能对人力资本劳动者起到最优的激励作用。但当人力资本劳动者和资本所有者之间的力量不均衡时，这种激励作用也会发生相应调整和变化。当资本所有者属于强势的一方，并将其利润分享比例（$1 - r$）定在高于最优的水平（$1 - r^*$）时，则存在（$\gamma^* - 1$）（$1 - r$）> 1，即资本所有者将本应和人力资本劳动者分享的部分利润占为己有，从而获得的利润总额将大于未调整前的水平（nM），这对人力资本劳动者的激励作用也会相应减弱，劳动生产效率值会逐渐下降，并在一更低水平（γ^{**}）上使其恢复到（$1 - \gamma^{**}$）（$1 - r$）$= 1$ 的新均衡状态；当（$1 - r$）低于最优水平（$1 - r^*$）时，则人力资本劳动者属于强势的一方，可以占有本应属于资本所有者的部分利润，人力资本劳动者的积极性会进一步被调动，会使得 γ^* 逐渐上升到一更高的值 γ^{***}，从而最终恢复到更高水平的均衡状态，即（$1 - \gamma^{***}$）（$1 - r$）$= 1$。

同理，当人力资本劳动者利润分享的比例值低于最优水平 $\gamma < \gamma^*$ 时，在利润分享最优规则不变的前提下，人力资本劳动者获得了超过均衡时的最优收益，此时存在对劳动者进一步激励的空间，使得 γ 的水平逐渐恢复到 γ^* 值；当 $\gamma > \gamma^*$ 时，对人力资本劳动者就存在激励过度的问题，收益和激励不匹配时，劳动者又会减少努力，使得激励值 γ 逐渐下降到 γ^* 值，从而进一步恢复均衡的最优水平。

整体而言，在模型中利润分享制度承认了劳动者能力以及对生产的贡献的差异，表现出劳动者的劳动生产效率越高，其对应的利润分享比例也就越高，从而能有效对劳动者进行激励。

第四节 西方利润分享制度对资本主义长期发展的影响

一 西方利润分享制度对资本主义长期发展的影响的理论分析

20 世纪 70 年代资本主义社会发生了严重的经济"滞胀"危机，为了解决这场"滞胀"危机，美国经济学家马丁·L. 威茨曼开出的药方是推行让劳动者分享利润的制度，这一制度自提出以后在西方各主要发达国家得到积极响应和实践，俨然已经成为当今西方资本主义国家劳动者最重要的薪酬分配方式之一。在分享经济中，由于企业的劳动成本与企业的产品价格直接挂钩，企业往往有降低产品价格的倾向，这样就抑制了通货膨胀。由于设定了利润的分享比例，企业只要增加工人就会有利润的分享，就不断会吸收就业，从而利润分享制度具有自动调节就业和抑制通货膨胀的功能。由此，马丁·L. 威茨曼认为"这（利润分享制）是资本和劳动之间矛盾的解决途径。因为它能使两者无论在繁荣还是在衰退阶段都能成为伙伴"。① 在这里，利润分享制度是解决资本主义社会日益严重的劳资矛盾的产物，同时，利润分享制度也是对传统工资制度弊端的一种调整，从根本上是为了维系资本主义社会的长期发展。

从马克思经济学的观点来看，剩余价值总量的创造取决于两个因素。其一，每次资本循环带来的利润。在资本循环次数一定的前提下，每次循环利润越大，剩余价值总量也就越大。其二，资本循环的次数。在剩余价值量一定的前提下，循环的次数越多，剩余价值总量也就越大。在每期资本循环中，资本家对工人的剥削越严重，每次资本循环获取的剩余价值量也就越大，但对工人的严重剥削，会遭到工人的反抗，甚至会激发阶级冲突，使得这种生产方式只能在一个相对较短的时期持续。反之，如果能对工人作出部分让步，给予其享有部分利润分享的权利，在一定程度上也能缓和阶级矛盾，使得资本循环次数变多。这也就是说，资本家面临一个权

---

① 〔美〕马丁·L. 威茨曼：《分享经济——用分享制代替工资制》，林青松等译，中国经济出版社，1986，第 63 页。

衡：是要这种模式，即每期利润很高，但循环次数很少；还是要另一种模式，即让工人分享利润，资本家每期获得的利润很低，但循环次数较多。简单来讲，资本家必须在短期利益与长期利益之间作出权衡和选择。

二　西方利润分享制度对资本主义长期发展作用的理论模型

假定资本家 1 关注短期利益，按照传统的"资本家获得利润、劳动者获得工资"的生产方式来组织生产；资本家 2 关注长期利益，给予工人部分利润分享的权利。再假定资本家 1、资本家 2 都是同质化无差别的，都从事简单再生产，并且当期的剩余价值全部继续投入到下期生产中，遵循剩余价值资本化的扩大再生产方式。

在第一次资本循环中，资本家 1 的利润为 M_1，资本家 2 的利润为 $(1-r)M_2$，假定工人 1、工人 2 分别在资本家 1、资本家 2 工厂工作分别获得 W_1、W_1+rM_2 的收入。因为工人参与利润分享意味着直接削减资本家的当期利润，一般情况下会降低资本家短期利润总量，只有资本家预期到分享利润能使资本循环次数足够多时，才会作出短期的让步，接受并推行利润分享制度，由此假设：

$$(1-r)M_2 \leqslant M_1 \tag{4.12}$$

在给予资本家 1、资本家 2 相同的预付资本的情况下，即 $b = C_1 + W_1 = C_2 + W_1 + rM_2$，两个资本家资本投入的利润率分别为 $p_1 = \dfrac{M_1}{b}$，$p_2 = \dfrac{(1-r)M_2}{b}$，由此也可以看出：资本家 1 的利润率也会高于资本家 2 的利润率 $(p_1 \geqslant p_2 \geqslant 0)$。假定资本家 1 的资本循环次数为 T $(T \geqslant 1)$，第 1 次循环中收益为 M_1，则第二次为 $(b+M_1)(1+p_1)$，以此类推，在第 T 次循环中，资本家 1 的总收益为：

$$R_1 = (b+M_1) \cdot (1+p_1)^{T-1} \tag{4.13}$$

工人 1 获得的固定工资的总收益为

$$p_1 = W_1 T \tag{4.14}$$

资本家 2 采取了利润分享制度，阶级矛盾在一定程度上得到缓和，假定资本家 2 的资本能循环 $T+N$ 次（$N \geqslant 1$），由此，我们可以得到资本家 2 的总收益：

$$R_2 = [b + (1-r)M_2][(1-r)(1+p_2)]^{T+N-1} \qquad (4.15)$$

工人 2 获得的总收益为

$$p_2 = (T+N)W_1 + [b + (1-r)M_2]\sum_{i=0}^{T+N-1}(P_2 r)^i \qquad (4.16)$$

由式（4.13）和式（4.15）可以清楚地看到：$p_2 > p_1$，这也证明：对于工人来说，利润分享能够在一定程度上改善工人状况，但这一过程能否实现还取决于资本家对未来预期收益的比较。

如果资本家接受利润分享制度，那就意味着利润分享制度能在预付资本相同的情况下，带来更高的收益，即 $R_2 \geqslant R_1$，由式（4.13）和式（4.15）可得：

$$[b + (1-r)M_2][(1-r)(1+p_2)]^{T-1}[(1-r)(1+p_2)]^N \geqslant (b+M_1)(1+p_1)^{T-1}$$
$$(4.17)$$

由于 $M_1 \geqslant (1-r)M_2, p_1 \geqslant p_2$，可推出

$$[b + (1-r)M_2][(1-r)(1+p_2)]^{T-1} \leqslant (b+M_1)(1+p_1)^{T-1} \qquad (4.18)$$

由式（4.17）、式（4.18）可以得到：

$$[(1-r)(1+p_2)]^N \geqslant 1 \qquad (4.19)$$

在马克思的分析中，随着社会的发展，平均利润率下降是资本主义社会的内在客观规律，即 $\lim\limits_{N \to \infty} P_2 = 0$，由此可得：

$$\lim_{N \to \infty}(1+P_2)^N = 1 \qquad (4.20)$$

由于 $0 \leqslant (1-r) \leqslant 1$，由式（4.19）、式（4.20）则可以推出：

$$\lim_{N \to \infty}(1-r)^N = 1 \qquad (4.21)$$

由式（4.21）可知，在保证资本家不受损失的情况下，实现资本主义社会的持续发展则不需要利润分享制度，这就得出一矛盾：利润分享制度

是为实现资本主义社会长期发展而诞生的，但维持资本主义长期发展又不需要利润分享制度，这也就证明了利润分享制度并不是真正有效维持资本主义持续发展的良方。但在一个相当长的时间内，$1 + p_2$ 呈现下降的态势，这也就要求 $(1 - r)$ 必须不断上升，也就是说，为了保证资本家的利益不受到损失，资本家必须拥有较高的利润分享比例，工人分享利润的比例 r 则要控制在一个相对较低的区间内。在西方发达国家中，工人实际获得的剩余价值份额普遍在 15% 以下[1]，这一事实正好佐证前面的分析结论。由此可见，在这个模型中，利润分享制度成为在保证资本家利益前提下调节资本家和工人阶级矛盾的"润滑剂"，资本家用较少的利润分享额度"恩赐"给工人换取了资本家的相对较长期的发展，但利润分享制度并不是维持资本主义可持续发展的良方，它注定只是针对资本主义制度的顽疾开出的"镇痛剂"而已。

20 世纪 60 年代以来西方发达国家普遍推行了利润分享制度，从而在西方发达国家中资本收入所占的比重理论上应该是不断下降的，但西方发达国家呈现的恰恰是相反的事实，如法国学者托马斯·皮凯蒂就指出 1970 年资本收入占发达国家收入的比重为 15% ~ 25%，而在 2000 ~ 2010 年这一比重呈现上升的态势，这一比重基本稳定在 25% ~ 35%。[2] 更严格地讲，西方发达国家的利润分享制度只是保留了利润分享的形式，并不能等同于马克思主义意义上的利润分享制度，从而呈现的不是资本所有者和劳动者之间收入差距的缩小而是不断扩大的态势。

第五节　本章小结

在劳动力商品进行交易后，劳动者创造出的新价值包括劳动力价值和剩余价值两部分。劳动力使用权收益的实现对应于劳动力价值的实现，从而劳动力所有权收益只能来源于剩余价值部分，这表现为劳动者要获得部分利润分享的权利。西方国家兴起了利润分享制度，劳动者既获得劳动力

---

[1]　何传启：《分配革命——按贡献分配》，经济管理出版社，2001，第 189 页。
[2]　〔法〕托马斯·皮凯蒂：《21 世纪资本论》，巴曙松等译，中信出版社，2014，第 226 页。

价格形式的工资，也获得了部分利润，似乎颠覆了传统的"劳动者获得工资、资本家获得利润"的分配格局，这是否意味着劳动力产权实现呢？这需要从马克思理论出发，进行相应理论阐释和审视。

从马克思理论来看，利润分享制度是指在对劳动力价值进行完全补偿后，劳动者还能分享到一部分剩余价值，在形式上，劳动力收入被分为工资和利润分享量两部分并在总量上超过劳动力价值。利润分享制度相当于将原来归属于资本所有者的利润让渡给劳动者，客观上能缩小资本所有者和劳动者之间的收入差距，在一定程度上缓和劳资矛盾；同时，由于利润直接与劳动者的收入紧密相关，利润分享制度能对劳动者起到激励作用。根据价值规律的相关原则，只有当劳动力稀缺时，劳动力价格才能高于劳动力价值，劳动者能参与利润分享也意味着具有稀缺性的人力资本劳动者在和资本所有者谈判时，具有较强的谈判能力并由此获得利润分享的权利。

由马克思时代的工资制向利润分享制度的转变也蕴含着马克思所处的年代相关社会历史条件发生了变迁：工资制对应的古典企业逐渐向现代企业转变，这一转变使得资本分裂，也促进了社会分工深化，人力资本劳动者也因此逐渐获得了企业的经济管理权，占据强势的地位；人力资本非激励而难以调动的特点也决定了利润分享是激励劳动者的有效手段；同时，当社会风险增加时，人力资本参与利润分享也是其承担风险获得相应报酬的反映。

当利润分享是承担风险的对应物时，人力资本劳动者承担的风险越大，其获得利润分享量也就越大；但当利润分享是对劳动者激励的对应物时，对人力资本劳动者激励程度越高，劳动生产效率越高时，其获得的利润分享比例也应相应提高。西方利润分享制度只是单纯强调劳动者的利润分享，而忽视了劳动力价值实现，因此，利润分享制度并不意味着劳动力产权实现。西方利润分享制度如果想成为维持资本主义社会长期发展的良药，那么只能给予劳动者一个较小的利润分享比例，资本家仍独占绝大部分剩余价值，这在整体上无法改变资本主义剥削的基本事实，从而只是在一定程度上缓和资本主义社会的劳资矛盾，而不可能成为资本主义社会持续发展的动力源泉。

第五章

劳动力产权实现的科学界定：
利润分享制度的建构思路

引言　何谓合理的利润分享制度建构逻辑

产权的界定在于确立人们在经济活动中受益、受损以及补偿的规则。当一种财产被界定给某一人时，就意味着他能独享附着在上面的相关收益。当进行一项产权交易时，随着交易一方的所有权的转让，交易的另一方将获得产权交易所带来的全部收益。从生产的角度来看，在买方付出一定成本购买生产要素后，他就获得了该生产要素的使用权和由使用权而带来的一切收益。从根本上来讲，这种收益是由所有权的变更带来的。因此，这种收益可称作所有权收益。这种收益的典型特征就是产权的主体和使用权的主体具有一致性。如当甲有一台机器时，其就天然拥有这台机器所带来的一切收益，而当甲和乙就这台机器进行交易时，在交易达成后，乙就拥有利用这台机器获得的一切收益，这种收益建立在所有权和使用权同步转移的过程中。劳动力商品的产权特殊性在于在劳动力商品交易后，劳动者只是将劳动力使用权和支配权进行了暂时性转让，但劳动力所有权仍归劳动者所有，劳动力商品的使用权和所有权转移的不同步决定了劳动力产权实现与其他生产要素产权的实现具有差异性。

物质资本要素在进入生产后，利润是对物质所有权实现的回应。劳动力商品在进行交易后，工资只是劳动力使用权的收益，所有权收益并没有实现。从本质上来讲，只要存在生产资料私有制，存在"资本雇佣劳动"，就天然存在资本无偿占有利润的合理逻辑。如果劳动力要素所有权实现，其必然会挤占资本的利润，这是否意味着"劳动者对资本利益的侵犯"？进一步来讲，如果劳动者能分享到利润，那么能分享利润的依据是什么？其比例应该多大？这一系列问题需要我们作出理论回答。此外，马克思对资本主义社会的批判建立在生产资料私有制基础之上，这也是劳动力使用权和所有权发生分离的根本原因，那么在社会主义公有制条件下，是否意味着劳动力产权就能自动实现？社会主义国有企业的劳动力产权实现应该如何进行制度建构？这些问题也亟待我们作出理论回应。

第一节 马克思关于劳动力产权实现的分析

在马克思看来，资本主义社会无法实现劳动力产权，只有从根本上否定资本主义，建立以公有制为基础的共产主义社会，才能保障劳动力产权实现。在未来共产主义社会，尽管消灭了商品货币，但劳动力这一概念仍将存在，劳动力产权在更高层次得到了彻底实现。由此，马克思劳动力产权实现思想在未来共产主义社会得到彰显。

一 生产资料公有制：劳动力产权完全实现的前提条件

劳动力产权实现既是劳动者付出劳动的生产过程，同时也是其将劳动与生产资料结合在一起改造世界的过程。劳动力产权的实现不能超脱于生产资料的所有制形式。在生产资料私有制的社会，社会分裂为一部分掌握生产资料的统治阶级，另一部分拥有劳动力但无生产资料的劳动者。在奴隶社会，掌握生产资料的奴隶主通过直接占有奴隶，而强制劳动者劳动，谈不上劳动力产权实现。在封建社会，由于土地的私有制，地主强制占有劳动者劳动力的部分使用权和支配权，使得劳动力产权只能停留在部分实现的层面；在资本主义社会，由于劳动者转让了一定时间内的劳动力的使用权和支配权，劳动者创造的剩余价值被资本家全部占有或者部分占有，使得劳动力产权也只能部分实现。而只有在共产主义社会，生产资料私有制的消灭使得劳动力产权中的权能结构得以完整保留，产权主体和收益主体实现了统一，即任何人都可以自由进入、平等地分享，并获取收益，劳动力产权得以完全实现。由此可见，生产资料的所有制状况也直接决定劳动力产权的实现程度。

在资本主义生产体系中，马克思将商品的价值分为不变资本（C）、可变资本（V）、剩余价值（M）三部分。在这三部分价值的补偿中，不变资本（C）是物化劳动，并不创造价值，只是将旧价值转移到新商品中，并在生产过程中对不变资本的损耗、折旧、重置成本等耗费进行等值补偿；工资只是对维持劳动力生产和再生产所消耗的生活资料即劳动力价值（V）的补偿，这和不变资本耗费的补偿是同性质的。当把剩余价值看作资本家预付不变资本的利润时，不变资本作为生产要素在生产过程中索取了两次，或者说经历了两次分配；而对劳动力要素来说，其只有对劳动力价值补偿的一次索取或者说一次分配。这也就是说，在资本主义社会，劳动力作为生产要素产权主体的地位被剥夺了，工资表现为雇佣劳动条件下的报酬，资本家无偿占有剩余价值，即资本家通过雇佣劳动者的形式占有劳动力产权收益。在恩格斯看来，这是资本主义制度运转的必然结果，他曾经指出："流动的劳动，即劳动力，是应当可以和它的全部产品相交换的。这就是说，它应当不和它的价值相交换，而和它的使用价值相交换；价值规律应当适用于其他一切商品，但是对于劳动力，它是应该被废除的。"[1]在这里，恩格斯实际上是在批判资本主义社会的不合理，即劳动力商品的使用价值创造出劳动力价值以及剩余价值，但劳动力的所有者却只获得了相当于劳动力价值的工资。从另一个层面来看，对劳动者最为公平的分配则是劳动者获得其创造价值的全部，也就是说，劳动力要素也存在劳动力价值实现和劳动力产权实现的两次收入索取权。但这在资本主义社会是不可能实现的。因为"流动的劳动"就是工业革命早期资本主义社会雇佣关系的真实写照。工资只是对劳动力消耗的等值补偿（相当于一种成本补偿），而并不以利润形式呈现出来。马克思甚至还进一步指出："如果劳动不是规定为雇佣劳动，那么，劳动参与产品分配的方式，也就不表现为工资。"[2]马克思不是一般地批判雇佣劳动，他甚至在设想的更高层次的共产

---

① 《马克思恩格斯文集》第 9 卷，人民出版社，2009，第 329 页。

② 《马克思恩格斯文集》第 8 卷，人民出版社，2009，第 19 页。

主义社会中旗帜鲜明地指出："消灭雇佣劳动制度"。

马克思在批判雇佣劳动制度的同时，其实也对造成这一制度的根源进行了更为彻底的批判。在马克思看来，生产资料私有制是产生拥有生产资料的剥削阶级和只拥有劳动力而无生产资料的劳动者的根源。进一步讲，生产资料与劳动者分离的直接后果就是雇佣劳动制度的产生，雇佣劳动制度与生产资料私有制是一个硬币的两面。在消灭私有制、建立公有制的共产主义社会，雇佣劳动不复存在，凭借生产资料所有权获得收益的阶级也自动消失。因此，在消灭生产资料私有制的共产主义社会，生产资料要素所有权的实现和劳动力产权的实现发生逆转：对生产资料在生产过程中的消耗进行了等值补偿，而劳动力要素则不仅获得劳动力价值的补偿，还获得劳动力产权收益，即劳动者获得其创造的全部利润。① 此时，因为在利润分配中，生产资料的所有者并不参与利润的分享，劳动力产权将彻底实现，从这种意义上来看，共产主义社会才是人类社会最为理想的社会制度。

二　自由人联合体：劳动力产权实现的经济组织载体

在资本主义社会中，将劳动力和生产资料组合在一起进行生产的经济组织就是企业。在企业里，创造的新价值（$V+M$）将在劳动者和资本家之间进行分配，资本家和劳动者之间一方获得的收入较多时，另一方收入就必然相应减少。简单来讲，收入分配是资本家和劳动者之间对立关系的反映。在共产主义社会里，当生产资料变成公有制以及资产阶级被消灭后，作为资本主义社会生产组织的企业发生了嬗变，在马克思看来，"代替那存在着阶级和阶级对立的资产阶级旧社会的，将是这样一个联合体"②，"它是想要把现在主要用作奴役和剥削劳动的手段的生产资料、土地和资本完全变成自由的和联合的劳动的工具"。③ 在这里，"自由人联合

---

① 在共产主义社会，由于消灭了私有制和商品交换关系，严格意义上来讲，已经不存在劳动力商品和利润的概念，这两个概念分别对应于劳动者发展的生活资料和对社会总产品做了各项必要扣除之后的剩余。

② 《马克思恩格斯文集》第10卷，人民出版社，2009，第666页。

③ 《马克思恩格斯选集》第3卷，人民出版社，1995，第59页。

体"是对资本主义企业组织的扬弃。马克思理论不仅站在批判资本主义社会的视角上，还在批判的基础上提出了对未来共产主义社会的建构理想，而"自由人联合体"正是构建一种将人与人联系起来的全新组织载体。

首先，"自由人联合体"是将现实中的个别劳动力向社会劳动力转化的组织，从而消除了资本主义社会中的私人劳动的狭隘性。正如马克思所指出的那样，在"自由人联合体"中，由于剥削阶级被消灭，劳动者能"用公共的生产资料进行劳动，并且自觉地把他们许多个人劳动力当做一个社会劳动力来使用。在那里，鲁滨逊的劳动的一切规定又重演了，不过不是在个人身上，而是在社会范围内重演"。① 同时，在"自由人联合体"中，由于不存在阶级的对立，劳动者利益的一致性使得社会能对劳动力实行统一支配，使得个别劳动力一开始就具有直接社会劳动的性质。具体而言，在"自由人联合体"中，劳动力能基于社会发展的需要进行合理的配置，正如马克思所指出的那样，"劳动时间的社会的有计划的分配，调节着各种劳动职能同各种需要的适当的比例"。②

其次，"自由人联合体"与劳动者的自由发展紧密联系在一起。在资本主义社会里，劳动者的独立性"以物的依赖性为基础"，劳动者的发展服从于物的需要，呈现出片面化的趋势。在"自由人联合体"中，"各个人都是作为个人参加的。它是各个人的这样一种联合（自然是以当时发达的生产力为前提的），这种联合把个人的自由发展和运动的条件置于他们的控制之下"。③ 而且劳动者的自由发展也是资本主义社会向共产主义社会转变的应有之义，因为"私有制只有在个人得到全面发展的条件下才能消灭，因为现存的交往形式和生产力是全面的，所以只有全面发展的个人才可能占有它们，即才可能使它们变成自己的自由的生活活动"。④

再次，"自由人联合体"破除了资本主义社会企业追求利润最大化的狭隘目的，将生产的目的建立在满足劳动者的需要基础之上。在"自由人联合体"中，"总产品是一个社会产品。这个产品的一部分重新用做生产

① 《马克思恩格斯文集》第5卷，人民出版社，2009，第96页。
② 《马克思恩格斯文集》第5卷，人民出版社，2009，第96页。
③ 《马克思恩格斯文集》第1卷，人民出版社，2009，第573页。
④ 《马克思恩格斯全集》第3卷，人民出版社，1960，第516页。

资料。这一部分依旧是社会的。而另一部分则作为生活资料由联合体成员消费"。① 在这里，马克思用产品的概念替代了商品的概念，从而"供求关系的威力也将消失，人们将使交换、生产及他们发生相互关系的方式重新受自己的支配"。② 而生产目的就直接转变为满足社会成员的消费需要，"生产将以所有的人富裕为目的"。③

最后，"自由人联合体"构建了以劳动时间获取劳动消费品的分配尺度。在劳动量的计量上，由于劳动分工之间的差别已经消失，劳动时间成为衡量劳动量大小的依据，正如马克思所指出的那样，"如果簿记以自然的劳动尺度——时间，即以劳动小时为单位来计算，这就比预先把劳动小时转换为货币简单得多"。④ 劳动时间"是计量生产者在共同产品的个人可消费部分中所占份额的尺度"。⑤

三 剩余索取权：劳动力产权实现的标准

在资本主义社会，企业生产是物质资本和劳动力联合生产的过程，商品的价值包括一部分由物质资本转移到新商品的旧价值和劳动力产权主体创造的新价值。这部分新价值被分为劳动力价值和剩余价值。工人获得的工资只是劳动力价值实现，这是劳动力产权实现的基础。资本家获得剩余价值也是资本主义社会的合理逻辑推演。劳动力产权实现不是劳动力价值实现，而是对劳动者创造的企业剩余价值的索取权。正是因为劳动者创造了全部新价值，但其只获得其创造的部分价值，马克思才批判了资本主义制度的不合理。进一步来看，劳动力产权中的收益权不仅包括获取劳动力生存和发展所需的生存资料的价值，还在于拥有分享企业剩余价值的权利，也就是剩余索取权。由此可以将劳动力剩余索取权定义为劳动者对企业剩余劳动创造的价值的分享权、索取权，劳动力产权的完全实现意味着劳动力获得其创造新价值的全部而不是部分，反之，当劳动力只获得其创

---

① 《马克思恩格斯文集》第 5 卷，人民出版社，2009，第 96 页。
② 《马克思恩格斯文集》第 1 卷，人民出版社，2009，第 539 页。
③ 《马克思恩格斯文集》第 8 卷，人民出版社，2009，第 200 页。
④ 《马克思恩格斯文集》第 9 卷，人民出版社，2009，第 320 页。
⑤ 《马克思恩格斯文集》第 5 卷，人民出版社，2009，第 96 页。

造价值的部分，也就意味着劳动力产权的不完全实现。因此，剩余索取权是获得劳动力产权收益权的关键。只是在这里，劳动力产权实现并不仅仅停留在形式上，劳动者还能获得工资以外的收入。因为劳动力产权的实现要求劳动者在对劳动力耗费进行补偿后还能分享到剩余价值。劳动力产权的实现首先必须满足工资对劳动力价值进行等值补偿的条件。在形式上，劳动者有工资和利润分享两部分收入，从劳动力收入的结果来看，其总量上必须大于劳动力价值。

劳动力产权实现要求劳动者能分享到相应利润，这也要求劳动力产权权利束的主体完整性。简单来讲，劳动力产权权利束要求实现使用权和所有权的统一。由此则可以推论出，在一定制度环境中，劳动力使用权、所有权是直接决定劳动力产权实现程度差异的重要因素。在原始社会，生产力水平比较落后，需要大家共同劳动才能获取生存所需的相应物品，劳动力产权并没有明显界定，劳动力产权成为一种共有产权，在收益上表现为共同分配劳动成果。在奴隶社会，奴隶成为奴隶主的商品，在劳动力产权中，除了劳动力所有权还是归劳动者所有之外，劳动力产权中的使用权、支配权和收益权都直接归奴隶主所有，其劳动力产权实现的实质是劳动力所有权对应的对生活资料的获取。在封建社会，劳动者获得了部分人身自由，也获取了部分劳动力的支配权、使用权，其收益权也在地主和农民之间进行分割。在资本主义社会，劳动者为了生存必须在一定时间转让劳动力的使用权和支配权，劳动力产权中的权利束发生分解，劳动力只获得了使用权收益，而所有权收益则无法体现。而只有在共产主义社会，在彻底消灭生产资料私有制和剥削阶级的基础上，才实现了劳动力产权权利束中权利内容的完整性，劳动力产权收益在劳动者之间实现公平分配，所有权和使用权实现了统一，表现为劳动者实现了其创造价值和所得之间的有效平衡。

不管是劳动者获得剩余索取权，还是要求劳动力所有权和使用权之间的完整性，都要求彻底改变资本独占利润的局面，而这要求从根源上彻底否定生产资料私有制，建立共产主义社会。

四 马克思理论中留下的"中间"地带

在马克思经济学中，工资只是对劳动力价值的补偿，劳动力产权实现是劳动者在劳动力价值实现的基础上还能获得部分利润，表现为劳动者参与利润分享的过程，劳动力产权实现程度的高低也对应于劳动者获得剩余价值（M）的大小。消灭了生产资料私有制，也就消灭了生产资料要素凭借所有权获得收益的可能性，反之，只要存在生产资料要素所有权收益，劳动力产权实现就必然是劳动力要素和生产资料要素之间进行利润分享的过程，而在共产主义社会"自由人联合体"、国有企业、私有制企业中劳动力产权实现呈现不同形式。在表5-1中，不同的组织形式有不同的劳动力产权实现形式。从雇佣制度层面来看，劳动力产权实现分别需要消灭雇佣制度、消除国家雇佣关系、颠覆资本雇佣劳动制度；从体现的生产关系来看，劳动力产权实现分别体现了联合生产与促进个人自由发展的协调、生产资料投资者（国家）、生产组织（国有企业）与劳动者的利益协调、资本所有者和劳动者进行联合生产与利益协调；从分配关系来看，劳动力产权实现分别要践行社会产品的按需分配、按劳分配与按劳动贡献分配、按生产要素分配的理念。

表5-1　劳动力产权实现形式及其内涵

生产组织	利润分享量	雇佣制度	生产关系	分配关系
"自由人联合体"	全部	消灭雇佣制度	联合生产与促进个人自由发展的协调	社会产品的按需分配
国有企业	部分	消除国家雇佣关系	生产资料投资者（国家）、生产组织（国有企业）与劳动者的利益协调	按劳分配与按劳动贡献分配
私有企业	部分	颠覆资本雇佣劳动制度	资本所有者和劳动者进行联合生产与利益协调	按生产要素分配

马克思理论将劳动力价值实现向劳动力产权实现的嬗变依托于共产主义社会替代资本主义社会的过程中。简单地讲，马克思根据其所处的年代，将资本要素产权得到完全实现而劳动力产权完全丧失对应于资本主义社会生产过程，而在共产主义社会中，劳动力产权得到完全实现的同时，生产资料要素所有权收益则不存在。显然，在从劳动力只获得相当于劳动力价值的工资到获得其创造的全部新价值的转变中，以及在资本要素获取全部剩余价值向不获得任何剩余价值的转变过程中，存在一种"中间地

带"：资本要素既不完全获得全部利润，而劳动力要素也不只获得相当于劳动力价值的工资。对于这种"中间地带"，马克思并没有涉及，这也为我们对马克思理论进行创新提供了新的思路。

首先，马克思将劳动力产权实现的过程对应于消灭私有制、建立生产资料公有制的过程。只是马克思将生产资料公有制建构在生产力水平更高的共产主义社会，而对于已经建立生产资料公有制、生产力相对较低的社会主义社会却并没给予相应的论述。具体而言，我国现阶段还不可能形成马克思所倡导的"自由人联合体"，从而在我国生产资料公有制占主导、其他所有制共同发展的社会主义制度框架中探讨我国劳动力产权的实现更具现实意义。

在马克思的分析中，劳动力产权无法实现的根源在于生产资料私有制，生产资料公有制也就为劳动力产权实现提供了重要的制度保障。但在以生产资料公有制为主导的社会主义社会，并不意味着劳动力产权就能自动实现。也就是说，"生产资料的公有制并不意味着雇佣劳动就会自然消灭。我们没有去恢复劳动者作为劳动力要素所有者的地位，没有认识到这是在社会主义取代了资本主义之后需要处理的一个问题。这样做的结果，国家成为劳动者的最大的雇主"。① 因为在社会主义生产力还不够发达的前提下，将劳动力和生产资料等生产要素连接起来的组织仍是企业，但生产资料公有制的国有企业不同于传统私有制的企业，国有企业的劳动力产权的实现是一个马克思并没有关注到的话题。

其次，在当今私有制企业中，劳动力要素如果只停留在劳动力价值实现层面，必然会激化劳资矛盾，不利于和谐社会的构建。在构建和谐的劳资关系中，既需要通过理顺收入分配关系，激发劳动者积极性，又要保证资本收益不会受到伤害。如果认为劳动力产权在共产主义社会得到完全实现，那么在私有制企业中劳动力产权实现也需要在较低的程度上加以界定，从而能有效保护劳资双方的利益。另外，在当今时代，劳动力要素收入已经不仅仅停留在劳动力价值实现的层面上，劳动者参与利润分享的趋

---

① 孙浩：《社会主义劳动力要素的剩余索取权与全要素所有制》，《天津社会科学》2011 年第 4 期。

势也日益明显，利润分享本身就意味着劳动力产权得到部分实现。在承认劳动者具有利润分享权利的同时，由此也产生了一个问题：劳动者分享的利润比例应该多大或者说如何界定劳动力产权的实现？

第二节　劳动力资本化、利润分享　与劳动力产权的跨期实现

一　作为跨期补偿积累起来的劳动的资本化

在资本主义社会，生产的过程就是资本要素和劳动力要素结合的过程。只要资本要素和劳动力要素分属于不同产权主体所有，资本的所有者就天然拥有资本的所有权以及所有权收益。在资本主义社会不存在没有所有权收益的资本。劳动力本身并不可能直接成为资本[1]，但劳动力产权的实现又要以资本要素所有权为参考依据，这也就决定劳动力与资本之间必须构建一个转化的中介，使得劳动力要素和资本要素一样具有要素产权收益。在马克思看来，这一转化的中介就是积累起来的劳动。换言之，当期的劳动只是流量式的劳动，并不能直接转化为资本，必须将这种流量式的劳动转化为存量式的劳动。马克思指出："只是由于积累起来的、过去的、对象化的劳动支配直接的、活的劳动，积累起来的劳动才变为资本。"[2] 在马克思这句话中，我们可以进一步理解积累起来的劳动的两层含义。一是作为当期剩余概念的积累。因为在每期的生产过程中，对劳动消耗必须加以补偿，生产才能得以持续。如果只是对劳动消耗进行了补偿而不存在剩余，是不可能有积累起来的劳动的。对于积累起来的劳动，在劳动结束以后，不可能再以活劳动的形式存在，而只是对原有活劳动的一种凝结，由此可见，这种积累起来的劳动与马克思所强调的物化劳动有相通之处。二是作为跨期补偿的积累。劳动力价值是维持劳动者生存和发展生活资料的总和。当劳动者退休不参加工作后，劳动者退休后的生存依赖于在工作期

---

[1]　吴宣恭：《"人力资本"概念悖论分析》，《经济学动态》2005 年第 10 期。
[2]　《马克思恩格斯文集》第 1 卷，人民出版社，2009，第 726 页。

间的劳动积累。这相当于劳动者在未来一定时期存在一定债务，而这种债务的偿还要求在工作期间进行积累。但积累起来的存量式劳动本身并不会直接就转化为资本，或者要发挥资本增殖的本性，还离不开生产过程，而生产的过程又是资本支配活劳动逻辑的展现。

马克思曾经指出："货币或商品，自在地，在可能性上是资本，正像劳动力在可能性上是资本一样。"[1] 在这里，马克思也并没有否认劳动力转化为资本的可能性，正如货币并不一定是资本一样，劳动力也存在向资本转化的过程。在前面的分析中，可以将劳动力价值补偿分解为三部分即 $V^* = V_0 + V_1 + V_2$。对于劳动者来说，V_0 是对未进入劳动力市场之前的未成年人抚养费的补偿，这相当于通过借款的方式先养活自己，在参加工作期间（一般认为为 18～60 岁）内逐步延期补偿；V_1 则是参加工作时，由于劳动消耗而每期都要补偿的部分，这是维持劳动力再生产的过程；而 V_2 则是在每期工资中提取一部分作为退休后（60 岁后）的养老费用，这是对未来的一种跨期支付。在这三部分中，V_0 是参加工作后的延期支付，直接从每个月的工资中加以扣除，V_1 则是每期劳动消耗的当期补偿；这两部分收入并不停留在劳动者手中，而只是以一种流量的形式加以呈现。而对 V_2 来说，由于是对未来的跨期补偿，这部分收入相当于把过去每期劳动力价值中的一部分收入积累起来，这部分收入以存量的形式和以货币的形式得以呈现。

在马克思所处的年代，一方面，劳动力供给存在严重过剩的状况，在价值规律的作用下，工资也就被不断压低，只够维持劳动者的基本生存，劳动力价值中 V_2 并没有得到体现；另一方面，在那个年代，西方国家并没有建立起完善的社会养老保障制度。但在劳动力价值低于工资的情况下，在长期的调整中会呈现劳动力价值等于工资的趋势，这也就是说，劳动力价值中 V_2 部分也日益得到体现。这样，劳动者在工作中的每一时期（比如每一年）都会提留部分工资（相当于 V_2）作为养老费用。这部分费用由于是跨期支付，相当于劳动者每一期都拥有一定可支配的货币。一般地，这部分货币直接持在手中可能因受到通货膨胀等因素的影响而出现贬值的情

---

① 《马克思恩格斯文集》第 7 卷，人民出版社，2009，第 398 页。

况，劳动者可以以投资的形式来对抗贬值的风险：当劳动者将这部分货币存入银行时，劳动者将以生息资本的形式获取部分利息；当这部分货币用来购买股票时，劳动者则是以金融资本的方式获取股息。这也就是说，劳动者可以将这部分货币以资本的形态呈现出来，从而劳动力价值中部分价值将被资本化。

在某一个时间点上，当工资（W）高于劳动力价值（V）时，劳动者在当期能掌控的货币总量就不仅有劳动者养老费用（V_2）提取的部分，还有工资（W）高于劳动力价值（V）的部分（$W-V$部分）。由此，当劳动者把工资中的一部分以投资形式呈现出来时，这部分货币完成了向资本的转化。这也就是说，劳动力商品遵循等价交换的规律时，即使工资只是对劳动力价值的等值补偿，劳动力产权收益也会得到部分体现。只是劳动力价值中的V_2部分在当期提取时，到下期才能转化为资本，在工作期间，每期都有（V_2）累积的量可以不断转化为资本。进一步来讲，这部分积累起来的劳动遵循的是资本要素的获利规则，也获得了和资本要素一样的产权收益，劳动力资本化的过程得到间接体现。

在现实中，养老费用在劳动力价值中的比重并不高，而且工资高于劳动力价值的情况并不是常态，因此，这部分跨期的劳动力产权收益占总的劳动收入的比重并不高，更确切地说，在劳动力商品等价交换的价值规律下，劳动力产权只是部分得到实现。而且劳动力产权的部分实现还必须具备两个条件。一是工资必须把劳动者养老费用纳入进来，更具体地来讲，社会养老保障制度必须通过强制的方式建立起来。二是社会本身存在较完善的投资体制，劳动者的这部分积累的货币必须在市场中找到合适的投资渠道。在当今，大多数国家的养老等社会保障基金是由国家进行管理的，国家作为投资人，对养老等社会保障基金的保值和增值则提出了更高的要求。

当然，对于并没有完全建立养老等社会保障制度的国家而言，积累的货币并不是通过国家的强制性加以收取的，但这并不说明其不存在，只是养老等社会保障费用由劳动者个人承担。具体而言，劳动者可以在工作的时候将工资收入中的一部分通过储蓄、购买股票等形式资本化。从整体来看，不管是持有股票，还是储蓄抑或其他形式，都是社会财产的转化和表现形式。因此，作为和资本要素对等的要素，劳动力产权的跨期实现在于让劳动者获得更多的财产性收入。更进一步来看，每个劳动者都面临因为养老等而延期支付费用的资本化问题，即使这笔费用所占比重不大，但是对劳动力产权的部分实现仍具有普遍性意义。对于我国而言，全国性的、统一的社会保障制度并没有完全建立起来，党的十七大以来提出的"创造条件让更多群众拥有财产性收入"就显得更具现实意义。

从微观企业组织来看，劳动力要素资本化具有鲜明的政策含义。劳动力产权是通过劳动者在企业组织中进行劳动生产的过程来实现的。在企业中，资本要素获取利润的依据是资本要素所有权。在这里一个思路就是将劳动力价值的一部分跨期实现的资金实现资本化，简单来讲，这可以让企业内部职工利用跨期实现的部分货币来购买公司股票，将劳动者这部分货币资本化，在某种程度上，劳动者也成为公司资本要素的所有者，从而既能帮助公司筹措资金，缓解很多公司资金短缺的难题，也能将劳动者与企业利益紧密联系在一起，形成对劳动者利益的有效激励。另外，劳动力产权跨期实现的本质是部分劳动力价值的资本化，其对应的制度建构则是企业内部职工持股制度。

二　作为当期积累起来的劳动的资本化

因为积累起来的劳动是剩余的存量式的劳动，尽管其在本质上是由劳动者创造的，但是这种劳动的凝结是劳动力要素和资本要素相互协作的结果，其背后涉及劳动者和资本所有者两个群体之间的利益分配。

假定在 t 时期，资本所有者和劳动者获得的剩余价值量分别为 M_{tc}、M_{tl}，则剩余价值总量 $M_t = M_{tc} + M_{tl}$。在马克思所处的年代，劳动者的工资常常被压低到劳动力价值水平以下，"雇佣劳动的平均价格是最低限度的工资，即工人为维持其工人的生活所必需的生活资料的数额。因此，雇佣工人靠自己的劳动所占有的东西，只够勉强维持他的生命的再生产"。[①] 劳动者积累起来的劳动被资本家无偿占有，资本家获得全部剩余价值即资本家获得全部积累起来的劳动（$M_t = M_{tc}$）。在 $t+1$ 时期，这部分剩余价值

---

① 《马克思恩格斯文集》第 2 卷，人民出版社，2009，第 46 页。

（$M_t = M_{tc}$）将全部或者部分追加到投资中，完成由剩余价值向资本的转化。资本家占有资本要素和劳动力要素的全部收益（M_t），这本身暗含着资本处于强势的地位。反过来说，当劳动者处于弱势地位时，劳动者不可能获得剩余价值的分享权利，自然，劳动力产权收益也得不到体现。

同理，当劳动者能分享到部分利润即 $0 < M_{tl} \leq M_t$ 时，在 $t+1$ 时期，劳动者可以把这部分剩余价值通过购买股票等形式转化为资本，从而实现劳动力部分收益的资本化。这也就是说，在 $t+1$ 时期劳动者不仅能获得工资性的收益（不管是否高于劳动力价值），还能获得一部分资本收益，而这部分收益就是资本所有权收益的体现，其正是由前一期的（t 时期）劳动力产权收益转化而来的。由于劳动者并不是把劳动力收入量全部进行跨期资本化，劳动力产权只能在跨期中得到部分实现。在这里，劳动力产权只能在跨期得到部分实现的前提是劳动者本身能分享到剩余价值（$0 < M_{tl} \leq M_t$），这意味着劳动者并不是马克思在资本主义社会初期所描绘的"自由得一无所有"的工人。因为劳动者拥有的剩余价值可以转化资本，劳动者同时拥有了劳动者和小额资本投资者的双重身份。当传统雇佣关系仍然存在时，劳动者的资本交由资本家所控制，或者说，劳动者拥有了资本，却失去了对资本的控制权，从而资本家仍能通过资本剩余控制权制定出更加有利于资本家利益分配的规则。而且当劳动者手上所拥有的资本总量所占比例较小以及较为分散时，资本家侵占作为小额资本投资者的劳动者利益的机会主义行为也就时有发生。尽管劳动力收入部分资本化体现了劳动力产权跨期的部分实现，但从本质上来说，仍然没有改变劳动者所创造的大部分剩余价值被资本家所占有的事实。马克思所强调的剥削仍然存在，只是对劳动者的剥削程度有所差异而已。

当然，当劳动者将部分剩余价值资本化后，将这部分资本用于购买部分生产资料时（如自主创业时），生产资料的主体和劳动力的主体之间实现了统一，劳动者原有的雇佣关系也不复存在。这样，这部分劳动力产权和使用权完成了统一，也就是说，劳动力产权得到了充分实现。简单来看，这是一种小生产的模式，劳动者和生产资料之间实现了统一，尽管这与整个人类生产社会化的大趋势不一致，不符合人类社会整体发展趋势，但没有小生产规模的壮大和发展，也不可能有社会化大生产，从而在一定阶段特别是在社会生产力水平相对较低的初级阶段更多地推动生产资料与劳动者之间的结合，改变资本雇佣模式，实现劳动者的自我雇佣，就具有重要的意义，而更为明确的政策含义则是推动劳动者自主创业，劳动者能够真正完全占有自己所创造的利润，使劳动力产权完全实现。

第三节　两种不同所有制企业中劳动力产权实现模型

一　私有制企业中劳动力产权的当期实现模型

在马克思描绘的资本主义社会里，资本家拥有一切生产资料，劳动者的唯一财富是拥有劳动力，劳动者为了生存，对资本家形成了天然的依附关系。而且在生产过程中，资本家预付资本（K）中的一部分是购买机器设备等以不变资本形式呈现的物质生产资料（C）、一部分是以购买的可变资本形式而存在的劳动力（V），或者说，劳动力要素只是作为资本家预付资本的一部分。劳动者在将劳动力出卖给资本家后，劳动力要素创造的一切收入都归资本家所有。劳动力产权收益并不是没有实现，只是这部分收益并没有归劳动力要素所有者所有，而是通过预付资本的所有权收益表现出来，并被资本家所占有。换言之，劳动力作为生产要素的产权收益被剥夺了。劳动力商品买卖完成后，资本家就获得了劳动力使用权和支配权，其实质就是资本家雇用劳动者进行生产的过程，工资外在表现为雇佣劳动条件下的报酬，资本家无偿占有剩余价值，其实质是通过雇佣劳动者的形式占有劳动力产权收益。正如马克思所指出的那样："如果劳动不是规定为雇佣劳动，那么，劳动参与产品分配的方式，也就不表现为工资。"[1] 由此可见，当传统资本雇佣劳动制度发生改变时，劳动力者只获得工资性收入的状况就会发生改变。

马克思所强调的"资本雇佣劳动"的逻辑建立在两个前提之上。其一，劳动者自由得一无所有，对资本家形成天然依附，必须接受资本家雇佣。其二，由于劳动力要素严重过剩，劳动力要素和资本要素之间的地位

---

[1] 《马克思恩格斯文集》第 8 卷，人民出版社，2009，第 19 页。

并不平等。随着社会经济以及分工的发展，古典企业中企业的所有权和经营权呈现分离的态势，资本家日益演化为物质资本要素的所有者，劳动者也逐渐分化成两部分，即一部分是进行企业管理等方面工作的人力资本劳动者，另一部分是提供简单劳动的普通劳动者。但劳动者并不总是处于供大于求的状况，劳动者特别是人力资本劳动者在生产中的地位日益重要，呈现出供不应求的局面。而且由于存在劳动力供小于求的状况，工资在补偿完劳动力价值后，还存在"积累起来的劳动"，换言之，当今很多劳动者也有部分生产资料，而且并不存在靠出卖劳动力来维持生活的状况，其不同于马克思所描绘的工人阶级。正如让·罗指出的那样："新经济创造了一批不同于传统工人的新型雇佣者。"① 他们成为占有少量生产资料，既不属于资产阶级，也不同于传统工人阶级的一个新型的群体。"它的地位是介于较大的资本家（商人和工业家）即名副其实的资产阶级与无产阶级或产业工人阶级之间，这种地位就决定了它的特性。它力图爬上资产阶级的地位，但命运中的一点点不顺利就把这个阶级中的某些人抛到无产阶级的队伍中去。……因此，这个阶级永远摇摆在两者之间：既希望跻身于较富有的阶级的行列，又惧怕堕入无产者甚至乞丐的境地。"② 而这部分"新中间阶层"和其他劳动者一样虽然不拥有生产资料，但却拥有对一定生产资料的支配权和控制权。从劳动与资本关系视角来看，他们在生产过程中扮演"双重角色"，即在生产过程中同时履行了资本和总体工人两种职能，从而一些西方学者将其称为"一种特殊的无产阶级"。总而言之，劳动力要素地位的不断提升，颠覆了传统资本强势的局面。在资本要素强势、劳动力要素弱势的背景下，资本要素必然会侵占原本属于劳动力要素产权的收益，使得资本的所有权收益直接等同于劳动者创造的剩余价值量。从这种视角来看，在生产资料私有制的背景下，劳动力产权实现在于构建劳动力要素和资本要素对等性的地位。具体而言，当劳动力要素和资本要素地位对等时，资本和劳动力之间都没力量去侵占另一方的所有权收益，劳动

---

① 李其庆：《西方左翼学者对当代资本主义的研究——第三届巴黎国际马克思大会述要》，《国外理论动态》2002 年第 1 期。

② 《马克思恩格斯文集》第 2 卷，人民出版社，2009，第 356 页。

力要素所有权收益自然会得到体现。当资本要素处于强势地位时，资本必然会侵占劳动力全部或者部分产权的收益；同理，当劳动力要素处于强势地位时，劳动力要素也必然侵占资本所有权的部分收益（当然，不可能侵占全部所有权收益，否则资本家就无法获利，必然会退出生产）。

在资本主义社会里，资本的获利规则遵循等额资本获得等额利润的原则。假定社会的平均利润率为 p，在资本雇佣劳动的逻辑中，预付资本（K）中的一部分购买可变资本（V^*），另一部分购买机器设备等不变资本（C^*）。对于资本家来说，其预付资本的总价值为 $C^* + V^*$，其资本要素所有权收益 $R^* = K \cdot p = (C^* + V^*) \cdot p$。劳动力产权实现在于和资本要素一样获得所有权收益。具体而言，每个要素获取收益的依据是自身价值和平均利润率。劳动力价值为 V^*，其要素所有权收益则为 $V^* \cdot p$；物质资本的价值为 C^*，其要素所有权收益为 $C^* \cdot p$。显然，在单位商品生产中，劳动力产权的实现必然会削减资本家的收入，即由 $(C^* + V^*) \cdot p$ 下降为 $C^* \cdot p$，但同时资本家的预付资本也相应降低，即由 $(C^* + V^*)$ 降为 C^*。这也就是说，资本家预付资本中并没有支付给劳动者相当于劳动力价值（V^*）的工资，资本家和劳动者之间传统买卖劳动力以及雇佣关系发生了改变。进一步讲，劳动力产权实现破除了传统资本雇佣劳动的关系：劳动者在付出劳动力、资本家在付出资本后，劳动者与资本家之间形成了一种联合进行生产的关系。

对于劳动者来说，一部分收入是对劳动力价值的补偿，这是对劳动力消耗的补偿，即给劳动者相当于劳动力价值（V^*）水平的工资；劳动者的另一部分收益是劳动力产权收益，这部分收益又是以劳动力价值（V^*）为依据的。对资本家来说，当资本以货币的形式出现时，资本家直接获得所有权收益；当资本以实物（机器设备等）载体形式出现时，资本家也将获得资本使用权的等值补偿（在生产过程中资本的损耗和折旧等，需要在收益中拿出一部分加以补偿）和资本所有权收益。假定平均利润率不变，劳动者获得产权收益的依据是劳动力价值量（V^*），资本家获得所有权收益的依据是其投入的资本量（C^*）。在这里，劳动力价值量和资本价值量（C^*）的大小都是一客观值，但在进行分配时，资本家和劳动者需要分别对对方的付出量（资本家的资本付出量和劳动者的劳动力价值量）作出主观的评价，也就是说，劳动力价值量和资本价值量与主观评价值并不总是一致的。

在现实中，劳动力价值客观值和资本价值客观值并不总是显性的量，劳动力价值量和资本价值量是在资本家和劳动者之间相互认同的量，这其实也就涉及资本家和劳动者之间的博弈，由此进一步作出如下合理假设：当其中一方处于优势时，就能通过提高其投入要素的主观评价值，从而在分配中获得更多收益。当劳动者和资本家两者之间力量处于均势时，资本家和劳动者双方都无法侵占另一方利益，两者都能准确地评定劳动力价值量和资本价值量。

假定资本家和劳动者双方评定的劳动力价值、资本价值分别为 V_n 和 C_n。当劳动者和资本家之间的博弈力量均衡时，则意味着存在 $V_n = V^*$ 以及 $C_n = C^*$。进一步来看，劳动力和资本都遵循等额投入获得同等利润的规则，两者已经是两个无差异的生产要素。具体而言，资本家和劳动者各自的利润分别为 $C^* \cdot p$ 和 $V^* \cdot p$，两者获得的利润大小差异则是由各自投入量［如劳动力价值量（V^*）和资本价值量（C^*）］的大小引起的，劳动者和资本家各自获得的收入水平为：

$$R_L^* = V^* + V^* \cdot p \tag{5.1}$$

$$R_C^* = C^* + C^* \cdot p \tag{5.2}$$

当劳动者和资本家力量均势被打破后，其收入分配模式也会发生相应变化。如在两者博弈的格局中，当劳动者处于强势地位时，劳动者可以将劳动力价值评定值（V_n）定义在高于劳动力价值的实际值（V^*）水平上，同时也意味着资本价值（C_n）压低到其实际价值（C^*）以下，即 $V_n > V^*$ 和 $C_n < C^*$。当劳动者和资本家投资完成后，不管资本家和劳动者之间在价值量上如何评定，其投资的总量为一不变的客观值（$C^* + V^*$），即存在这一等式：

$$C_n + V_n = C^* + V^* \tag{5.3}$$

对于劳动者来说，其收入的总量为劳动力价值量和产权收益的加总，即劳动者收入表示为 $R_L = V_n + V_n \cdot p$，相对于劳动者在均衡状态获得的收入水平，劳动者获得了额外的利润额，可以表示为：

$$\Delta R_L = R_L - R_L^* = V_n - V^* + (V_n - V^*) \cdot p \tag{5.4}$$

这也就是说，当劳动者力量越强时，就能将劳动力价值评价值定义在更高的水平上，使得偏离均衡水平值越大即（$V_n - V^*$）值越大，劳动者就能获得更多的额外利润（ΔR_L）。

同时，由式（5.3）得出：

$$C_n = C^* + V^* - V_n \tag{5.5}$$

从式（5.5）中可以看到，劳动力价值评定值与实际值（$V_n - V^*$）相差越大时，资本家的评定值 C_n 也就越小，这也就是说，当劳动者力量较强时，就会侵占资本家本来应该获得的 ［在量上相当于（$V_n - V^*$）$\cdot p$ ］的利润，资本获得的利润总额 ［（$C^* + V^* - V_n$）$\cdot p$ ］也低于均衡水平值（$C^* \cdot p$）。当劳动者处于强势地位时，其也会通过会计财务等手段不断抬高企业债务或者不断压低实际资产价值，甚至会使得资产价值呈现负值，即 $C_n = C^* + V^* - V_n < 0$，也会使得资本家的利润为负值，即（$C^* + V^* - V_n$）$\cdot p < 0$，从而就会造成这一现象：一方面是作为资本投资者身份的资本家出现大量亏损，另一方面是作为企业中具有强势地位的高级管理者却照样获得高额工资和企业分红。如 "在 2008 年次贷危机中，华尔街的五大投行已面临巨额亏损，股票下跌，市值缩水，可这几家公司的年终奖金却依然创下最高纪录，首席执行官的薪酬更是动辄上亿的天价"。[①] 如果将等额投入获得等额利润视为合理的规则，那么当劳动者的劳动力价值的评定值高于其真实价值时，则是劳动者对资本家正常利润的剥夺，从而造成 "劳动者剥削资本家" 的怪象。

同理，当资本处于强势地位时，劳动力价值评定值（V_n）将会被压低到其真实价值水平（V^*）以下，资本价值评定值（C_n）将会高于其真实价值水平（C^*）。尽管在形式上，劳动力的收入也分为相当于劳动力价值（V_n）的工资和劳动力产权收益（$V_n \cdot p$）两部分，即劳动力收入表示为

[①]　成露：《中国金融高管何时自降高薪》，《工人日报》2008 年 10 月 26 日。

$R_L = V_n + V_n \cdot p$，但由于 $V_n < V^*$，劳动力价值等值补偿和产权收益并没有真正实现。而且当资本较为强势时，会不断压低劳动力价值的评价值（V_n），使得劳动力收入不断降低，最终使得 $R_L = V_n + V_n \cdot p = V^*$，其实质仍是劳动者只获得相当于劳动力价值的工资、资本家无偿占有劳动力产权收益，但劳动者同时获得了工资和利润，在形式上造成了劳动力产权实现的假象。

劳动力产权的当期实现在于劳动力要素和资本要素在价值增值性上的无差异性，即都遵循同等投入获得同等利润的规则。但这本身意味着两种生产要素主体之间地位的平等性。资本和劳动者任一方处于强势地位，就可能侵占另一方的所有权收益。如果资本处于强势地位，将劳动力收入压缩到只获得相当于劳动力价值的工资的状况定义为"资本雇佣劳动"的逻辑，那么当劳动者处于强势地位时，可以将劳动者侵占资本所有权收益的部分或者全部定义为"劳动雇佣资本"的逻辑。但不管是"资本雇佣劳动"还是"劳动雇佣资本"，企业的剩余控制权都是至关重要的变量。在当今企业实践中，具有较高人力资本存量的经理人等管理层获得了企业的剩余控制权，而获得剩余控制权也为这部分群体在制定更加有利于自身利益的企业剩余分享规则（在这里，相当于 C_n 和 V_n 的确定）时提供了便利的条件。总之，当今人力资本量越大的劳动者，在和资本所有者的博弈过程中更容易获得有利地位，其劳动力产权也就更能充分实现。

二 社会主义国有企业中的劳动力产权的当期实现模型

（一）国有企业劳动力产权实现的层次性

在社会主义国家中，生产资料公有制使得全体国民都成为生产资料的所有者，因此，当某一国有企业利用生产资料进行生产时，国民也能凭借其对生产资料的所有权分享到企业利润。简单来看，这和资本要素凭借要素所有权占有收益有相似之处，只是利润分享的主体由资本所有者转化为更为广泛的全体国民。但是，全体国民并不能直接实现对企业利润的分享。在现代国家的建构框架中，生产资料的所有权将被委托给国家进行经营和管理，换言之，国家在形式上获得了剩余索取权，这表现为国有企业上缴一部分利润给国家。国家在获得这部分利润后，在扣除下一期扩大再生产所需要追加的利润额度后，剩下的利润则需要通过提供公共品的形式返还给全体国民，从而全体国民凭借对生产资料的所有权而获取的收益只是一种间接占有。

国有企业职工工资是一种成本概念，企业利润是在总收益中扣除国有企业职工工资的剩余，这部分收益也就是劳动力创造的剩余价值，或者说是劳动力产权收益。由此，利润就被天然分割成三部分：第一部分是上缴给国家的红利部分，第二部分是企业职工利润分享的额度，第三部分是国有企业中用于扩大再生产的追加部分。与国有企业不同的是，私有制企业并不需要给国家上缴利润，甚至不和职工分享企业利润，而且资本所有者是在获得利润后再将部分利润追加到下一期的投资中，是资本所有者的个人投资行为，也就是说，在私有制企业中，利润中的第一部分和第三部分归资本所有者占有，私有制企业中的劳动力产权实现反映了资本所有者和职工之间利益关系的调整。而在国有企业中，利润中的第一部分和第三部分应归国家所占有，劳动力产权实现则是国家和职工利益关系的调整。简单来讲，在国有企业中还存在劳动力要素和资本要素各自的产权收益实现问题，表现为国家和国有企业职工在利润总量上进行分割。作为劳动力产权实现的载体，劳动力要素和资本要素以各自的投入量为获取利润的依据。也就是说，资本要素和劳动力要素在获利性上已经无任何差异，都遵循等量投入获得等量报酬的获利规则。

国有企业和私有制企业的不同之处在于私有制企业的利润分配只是在企业内部进行，而国有企业的利润分配不仅在国有企业内部进行，还必须在国家和国有企业之间进行。而在国有企业和国家之间进行的分配，是指将利润中的第一部分和第三部分上缴给国家后，国有企业内部还必须进行再分配，即利润中的第二部分的分配。但利润中的第二部分只是一种总量概念，还必须将之分配到职工个人手中。由于在国有企业中已经没有了资本家这一群体，利润的第二部分将在国有企业职工内部进行分配，职工劳动力产权实现则是在国有企业内部寻求在不同劳动者之间进行合理分配的规则。

简单来看，国有企业职工劳动力产权的实现存在两个层次：第一层次是作为和资本要素具有平等地位的劳动力要素参与到利润总量的分配中；

第二层次则是劳动力要素内部由于异质性、劳动力贡献等差异而表现为分享利润的比例差异。

(二) 国有企业劳动力产权的当期实现模型

在生产资料私有制的社会里，劳动力和资本作为对立要素参与剩余价值分享，从而劳动力产权实现表现为生产要素主体之间的分配利益的协调关系。而在公有制企业中，参与剩余价值分享的主体是国家和职工，劳动力产权实现表现为国家和职工之间的利益分配以及在劳动者内部进行利益分配的协调。假定国有企业参加工作的职工数量为 N，第 i ($i \leqslant N$) 个劳动者的劳动力价值为一客观值 V_i^*，创造的剩余价值为一客观值 M_i^*，定义剩余价值和劳动力价值比值为劳动力创造系数 $\lambda_i^* = \dfrac{M_i^*}{V_i^*}$（在资本主义社会为了表明剥削的程度，马克思将之定义为剩余价值率。在社会主义社会，相当于劳动者的劳动消耗与剩余价值之间的比值，是劳动者创造能力大小的表现），N 个劳动者创造的新价值总量为一客观值：

$$R = \sum_{i=1}^{N} V_i^* + \sum_{i=1}^{N} M_i^* = \sum_{i=1}^{N} (1 + \lambda_i^*) V_i^* \qquad (5.6)$$

从总量上来看，这部分收入直接对应于职工劳动力价值的实现值 $\sum_{i=1}^{N} V_i^*$ 和剩余价值总量 $\sum_{i=1}^{N} M_i^*$。

从劳动力产权实现的第一层次来看，国有企业职工劳动力产权的实现在于和资本要素一样获得所有权收益。定义劳动力价值总量为 $V^* = \sum_{i=1}^{N} V_i^*$，剩余价值总量为 $M^* = \sum_{i=1}^{N} M_i^*$，平均利润率为 p，则劳动力产权收益为 $V^* \cdot p$；资本要素的价值总量为 C^*，资本要素产权收益为 $C^* \cdot p$。由此，剩余价值 M^* 就被分为上缴给国家的部分 ($C^* \cdot p$) 和职工利润分享总额 ($V^* \cdot p$)，即 $M^* = (C^* + V^*) \cdot p$。定义 $q^* = \dfrac{C^*}{V^*}$，则国有企业职工利润分享量占利润总量的比重为 $\dfrac{V^* \cdot p}{(C^* + V^*) \cdot p} = \dfrac{1}{1 + q^*}$，上缴给国家的利润总量为 $\dfrac{q^*}{1 + q^*} \cdot M^*$，进一步来看，上缴给国家的利润还要分解为追加到下一轮的投资和国家红利两部分。

国有企业职工劳动力产权实现的第二个层次则是劳动者在企业内部进行利润的分配。从利润分配的总量来看，其值为 $\dfrac{M^*}{1+q^*}$，从而留在企业内部的新价值总量为：

$$R_2 = \sum_{i=1}^{N} V_i^* + \frac{\sum_{i=1}^{N} M_i^*}{1+q^*} = \sum_{i=1}^{N} (1 + \frac{\lambda_i^*}{1+q^*}) V_i^* \qquad (5.7)$$

从总量上来看，这部分新价值直接对应于劳动力价值的实现值 $\sum_{i=1}^{N} V_i^*$ 和劳动力产权实现的收益值 $\dfrac{\sum_{i=1}^{N} M_i^*}{1+q^*}$。由于新价值（$R_2$）的产生是劳动者之间进行分工协作的结果，新价值（$R_2$）生产出来以后，就涉及在劳动者内部之间如何分配的问题。在不考虑上缴给国家的部分利润的前提下，国有企业内部分配的尺度将依据两个变量：其一，劳动力价值量的客观值 V_i^*，即不劳动就不获得收入，付出的劳动量越大，获得就越多，这就是按劳分配的最核心含义；其二，劳动力创造价值能力系数的客观值 λ_i^*。劳动者能力越强获得的自然也就应该越高，这就是按贡献分配的核心含义。简言之，在国有企业中，劳动力产权实现与坚持按劳分配和按劳动者贡献分配相统一的原则是一致的。

但在现实中，分工涉及劳动者从事的工作性质等方面的差异，从事不同工作的劳动者在同样时间的劳动消耗和劳动贡献也各不相同，这也就需要对不同劳动者的劳动力价值以及劳动贡献有一个准确的主观评价。具体而言，在劳动力产权实现的过程中，需要对劳动力价值 V_i^* 和劳动力创造价值能力系数 λ_i^* 作出主观评价。从静态分析角度来看，假定对劳动力价值 V_i^* 的主观评价值为 V_i，在不考虑劳动力创造价值能力系数 λ_i^* 以及劳动力价值总量 $\sum_{i=1}^{N} V_i^*$ 一定的情况下，当 $V_i > V_i^*$，即对劳动者 i 的劳动力价值存在过度补偿时，总有部分劳动者（除了劳动者 i 以外）的劳动力价值无法得到完全实现。当 $V_i < V_i^*$ 时，即劳动者 i 的劳动力价值无法完

实现，意味其他一部分劳动者的劳动力价值存在过度实现的情况。同理，在不考虑劳动力价值 V_i^* 以及劳动力价值总量 $\sum_{i=1}^{N} M_i^*$ 一定的情况下，当劳动者 i 的劳动贡献评价值 λ_i 过高时，即 $\lambda_i > \lambda_i^*$ 时，劳动力产权就得到过度实现，而同时其他的部分甚至全部劳动者的劳动力产权就得不到完全实现；当 $\lambda_i > \lambda_i^*$ 时，劳动者 i 劳动力产权的不完全实现与其他部分甚至全部劳动者的劳动力产权过度实现将同时存在。更为理想的状况为任一劳动者 i 的劳动力价值（V_i^*）和劳动力贡献值（λ_i^*）与实际主观评价值（V_i、λ_i）相等即当 $V_i^* = V_i$、$\lambda_i^* = \lambda_i$ 时，所有劳动者的劳动力产权都得到完全实现。实现这一目标则需要社会能形成对劳动者的劳动力价值和劳动力贡献较为完善和准确的评价机制。若这一评价机制无法建立，国有企业职工劳动力产权实现就会出现相应偏差。如传统劳动力工分制，虽承认劳动力付出在时间上的差异，但对劳动力贡献却无法形成准确的评价，从而较容易出现"出工不出力""磨洋工""干好干坏一个样"的状况；传统与按职务职称等相关联的等级工资制，尽管考虑到不同职称等级差异导致的劳动力价值和劳动力贡献的差异，但在职称、级别等级且工资相同的情况下，这种制度却抹杀了劳动力价值以及劳动贡献之间的差异，从而较为容易在一定职称和职务上出现"做一天和尚撞一天钟"的窘境。总之，劳动力产权实现需要遵循"多劳多得，不劳不得"的按劳分配和"贡献越大，收益越大"的按贡献分配相统一的理念。

三 两种不同类型企业劳动力产权当期实现彰显出的共同制度建构思路

劳动力产权实现要求劳动力要素和其他生产要素一样获取要素所有权收益，遵循等量投入获取等量利润的基本规则。在这里，劳动力产权实现要受到两个方面要素制约。一是在不同企业中，除了劳动力要素以外的其他生产要素的主体存在差异。具体而言，在国有企业中，生产资料等生产要素名义归全民所有，但却委托给国家，国家再将其委托给企业，并组织相应生产经营活动，从而劳动力产权实现演变为劳动者、企业和国家这三个要素主体之间的关系。在私有制企业中，劳动力产权实现简单来讲就是要处理资本要素所有者和劳动力要素所有者之间的关系。二是等量投入获取等量利润需要有明确的规则。换言之，投入多就应有更多的利润，投入少获得的利润自然就少。在这里，劳动力产权实现的一个重要功能就是激发不同要素所有者的积极性，既要体现不同要素主体在投入量上的差别，也要关注投入带来的贡献差异。作为企业来讲，一切要素的投入最终的落脚点是实现利润最大化，只有体现要素贡献差异，才能充分调动各要素主体的内在积极性，这一点在国有企业和民营企业中并没有本质上的差异，而只有形式上的差异。具体而言，在国有企业中，由于没有严格意义上的资本要素的介入，企业内部需要在劳动者之间进行分工、协调和联合生产，从而利润分享遵循"多劳多得""贡献越大、分享越大"的原则，这是体现劳动力要素投入差异的制度建构思路。在私有制企业中，资本要素和劳动力要素都要分享到利润，而其合理的制度建构思路则是既要看两者在投入量上的差异，也要关注两者贡献度的差异。

尽管国有企业和民营企业在劳动力产权实现形式上存在差异，但却体现出利润分享制度建构的共同思路即两者在制度建构和设计上都需要关注要素投入量和要素贡献度，而且这两者之间存在一定关联性。当其他条件不变时，要素投入量的变化直接决定利润量的变化，要素投入量越大，能分享到的利润量也就越大，换言之，投入量一般和要素贡献度存在正相关关系，要素投入量是体现贡献度的最直观指标，而且要素贡献度建立在要素投入量的基础之上。一般而言，不管是国有企业还是民营企业，要素投入量相对较容易进行测度，比如在企业中资本的投入量很容易体现出来，而难点在于要素贡献度的测度。由此，劳动力产权当期实现在制度建构思路上的一个重点就是不断完善制度设计，充分体现不同要素贡献度的差异，从而能更好地体现"多劳多得""贡献越大，分享越多"的正向激励思路。

第四节　本章小结

劳动力产权实现重在劳动力所有权收益的实现。在劳动力所创造的新价值中，劳动力使用权收益的实现对应于劳动力价值，劳动力所有权收益只能来源于剩余价值部分。资本获得收益的依据是其要素所有权（这部分也来源于剩余价值），从而劳动力产权实现表现为劳动力要素和资本要素共同分享利润。只是在这里，我们需要界定劳动力要素和资本要素之间利润分享的比例以及利润分享制度的合理建构逻辑。

马克思对资本主义社会的批判在于劳动者只能获得相当于劳动力价值的工资，并不能获取其创造的剩余价值。换言之，资本主义社会劳动者的劳动力产权并不能完全实现。由于在马克思所设想的共产主义社会生产资料已经是公有制，协调生产的组织已经不是资本主义社会追求利润最大化的企业，其公平性在于资本要素已经不复存在，劳动力要素成为获取生活资料的唯一手段，劳动力产权得到了彻底实现。但从劳动者只获得相当于劳动力价值的工资到获得创造一切的价值之间，存在一种中间状态，即劳动者不仅获得相当于劳动力价值的工资，还和资本要素一样获得利润分享的权利。

资本主义社会劳动力产权的实现是以同样作为生产要素的资本为参照物的，这既要求劳动力作为生产要素，获得所有权收益，也要求与资本要素获取所有权收益的规则具有一致性。这也就是说，当资本和劳动力在量上相等时，两者获得的相应利润也应该相等。劳动力产权实现可以从跨期实现和当期实现两个层次来分析。劳动力产权跨期实现的实质是将积累的劳动转化为资本，使得劳动力要素资本化。由于劳动力价值补偿中存在跨期补偿的部分以及劳动力收入在对劳动力价值补偿后的剩余量，这些劳动力收入可以在跨期中转化为资本，实现劳动力资本化。私有制企业中的劳动力产权当期实现要求劳动力要素和资本要素取得同等地位，即劳动力的投入量和物质资本要素投入量一样遵循等量投入获得等量利润的分配规则。

国有企业的特殊性质要求国有企业必须将利润中的一部分上缴给国家。国有企业职工劳动力产权的实现存在两个层次：第一层次是劳动力要素和物质生产资料要素同等地分享利润，表现为在利润总量上按照劳动力价值投入量和物质生产资料投入量的大小遵循等量投入获得等量报酬的分配原则；第二层次是在扣除上缴给国家的利润后，劳动力要素在国有企业内部的利润分配，表现为国有企业职工依据按劳分配和按劳动力贡献分配的原则进行利润分享。

　　总体而言，劳动力产权实现要求劳动者能凭借劳动力生产要素获取相应利润分享的权利，由此以劳动力产权实现来建构利润分享制度就存在两条建构思路和路径：其一，如何让劳动力产权跨期实现，即如何在企业内部实现劳动力要素资本化，这要求让企业内部员工用资金购买公司股票，建立职工持股制度；其二，如何让劳动力产权当期实现，这要求设计出能体现各要素贡献差异的利润分享制度。

第六章

马克思劳动力产权实现思想在我国的境遇：适用与应用

引言 马克思劳动力产权实现思想是否适用于当今中国国情

马克思理论产生于 100 多年前，是当时所处的历史条件和背景下的产物。100 多年过去了，人们对于马克思理论能否解决当今问题，一直争论不休。同理，马克思劳动力产权实现思想也面临这一困惑。马克思劳动力产权实现思想在内容上是对资本主义社会进行批判的思想，进而揭示了资本主义社会剥削的秘密。而我国已经建立了中国特色社会主义制度，在进行社会主义建设的今天，我们更需要建设性的理论，而不是批判性的理论，这需要我们辩证地看待马克思劳动力产权实现思想。进一步来讲，我们既需要看清楚这一思想揭示的资本主义社会乃至人类发展的客观规律，也需要看到我国国情与这一理论的适配性问题。

如何建设社会主义，这是马克思不可能预测到的议题。而在社会主义建设过程中，我国劳动力产权如何实现等一系列问题，更不可能囊括在马克思劳动力产权实现思想之中。改革开放以来，我们逐渐破除了高度集中的计划经济体制，劳动力可以自由流动，劳动力成为商品。随着市场经济体制的建立和完善以及对外开放的深入，我国具有的廉价劳动力等优势，使得我国在国际上取得了比较优势，推动了我国经济快速发展。劳动力成为商品以及建立了市场经济体制这两个条件，使得我们可以用马克思劳动力产权实现思想来分析当今我国的现实状况。我国市场经济体制是建立在生产资料公有制基础之上的，这需要我们客观看待马克思对资本主义社会的批判性。更进一步来看，我国建立了社会主义市场经济体制，劳动力成为商品，如何在公有制占主体和民营经济共同发展的背景下，推动我国劳动力产权实现，这是马克思理论在当今创新的一个重要方面。

马克思劳动力产权实现思想对资本主义社会批判的最终目标是揭示资本主义必然灭亡的规律。换言之，当劳动力产权无法实现时，必然带来经济发展的一系列问题。反过来看，当一国经济出现一系列问题时，也昭示着该国需要围绕劳动力产权实现进行相应调整和改革。对我国而言，这需要回答的是我们要不要围绕劳动力产权实现进行相应改革。但回答这一问题，需要对照我国国情和现状，客观分析我国当今存在的问题。当我国存在这些问题时，这也就说明我国需要围绕马克思劳动力产权实现思想来推动一系列改革。反之，当我国并不存在这些问题时，马克思劳动力产权实现思想也就不具备相应的市场，我们也不需要进行相应调整。简言之，客观分析我国当今存在的问题，既能给予马克思劳动力产权实现思想发挥理论魅力的空间，也能为我国当今发展提供相应的改革思路。

第一节　马克思劳动力产权实现思想在我国的适用性

一　马克思劳动力产权实现思想对我国具有重要指导意义

尽管马克思理论是100多年前产生的，但在岁月洗涤中仍历久弥新，这与马克思理论的自身特征有密切关系。马克思劳动力产权实现思想作为马克思理论的重要组成部分，也保留了马克思理论的精髓。

首先，马克思劳动力产权实现思想蕴含着科学性。相对于古典经济学家，马克思的一大贡献是科学区分了劳动和劳动力，进而认识到劳动者出卖给资本家的是劳动力而不是劳动本身这一基本事实，由此产生了劳动力使用权和所有权之间的分离。对待这一分离，马克思也持辩证的态度。一方面，剥削的加深推动了资本积累量的增加，有利于带动经济增长；另一方面，随着经济的发展，其也埋下了资本主义崩溃的因子。在马克思看来，劳动力使用权和所有权的分离，必然带来两个方面的消极结果：一是随着剥削的加深，社会分化出不参加劳动但占有工人创造的全部剩余价值的资本家，以及参加劳动但却并不能分享到任何剩余价值的劳动者，这两个阶级形成尖锐的对立，工人阶级成为资本主义的掘墓人；二是在资本积累规律的作用下，资本有机构成不断提高，劳动者日益贫困，这会造成日益缩小的有支付能力的消费需求和社会化大生产之间的矛盾，最终导致资本主义经济危机。总体而言，这为马克思揭示资本主义剥削关系找到一把钥匙，也科学论证了资本主义必然灭亡的规律。马克思既揭示了资本主义社会在劳动力成为商品后，能实现快速发展的动因，也论证了资本主义在高速发展后必然崩溃的内在逻辑。对于我国而言，尽管我国的政治制度并不是资本主义制度，但在改革开放以后，随着高度计划经济体制的解体，特别是建立了市场经济体制以后，劳动力成为商品，在企业内部也存在和资本主义体系较为类似的"雇佣关系"。因此，一方面，我们要进一步领会马克思劳动力产权实现思想，从中寻求到经济快速发展的资本主义经验，做到吸取精华、为我所用。另一方面，马克思也对劳动力产权无法实现而带来的消极影响做了充分论证，我国如何规避这一消极影响，可以在马克思劳动力产权实现思想中寻找到当今持续发展的答案。

其次，逻辑起点的一致性，即我国存在劳动力商品这一客观实际。马克思劳动力产权实现思想的逻辑起点是劳动力成为商品。只要劳动力成为商品，劳动力商品就要遵循等价交换的客观规律，劳动力商品理论是劳动价值论到剩余价值理论的中介。劳动力成为商品，就涉及劳动力使用权和所有权的问题，这也就是劳动力产权实现的问题。换言之，只要存在劳动力商品这一客观条件，就有劳动力产权实现的问题。我国建立社会主义制度以后，实践已经证明，完全排斥市场经济、排斥商品经济违背了社会主义的发展规律，无法实现经济的快速发展。建立社会主义市场经济体制，离不开劳动力商品这一条件的支撑。改革开放以来，我国破除了完全依赖计划机制来配置劳动力的做法，建立了社会主义市场经济体制，市场成为配置劳动力这一生产要素的主要手段，劳动力在市场中实现了自由流动，劳动力成为商品并实现了自由买卖，这自然就存在劳动力产权实现的问题。由此，我国劳动力产权实现需要遵循一些基本规律，这也为马克思科学理论发挥重要指导意义提供了巨大的空间。一方面，我们需要在马克思理论的指导下，研究我国劳动力产权实现在中国国情条件下呈现出的特性规律。另一方面，在我国劳动力产权实现过程中，也必然面临一些问题，运用马克思主义的基本理论和观点去解决这些问题，既能在实践中检验马克思理论的科学性，也能在实践中不断丰富和发展马克思理论。

最后，阶级立场的一致性，即马克思劳动力产权实现思想蕴含着明确的"劳动人民立场"。马克思理论具有鲜明的阶级立场，揭露了无产阶级特别是工人阶级被剥削被压榨的不公平的事实，是无产阶级实现自身解放的"圣经"。马克思劳动力产权实现思想也贯穿了劳动人民立场，更为具体地阐述了劳动者会被剥削的原因以及剥削产生的根源，具有明确的价值旨趣，即消灭生产资料私有制。我国建立了社会主义制度，建立了以生产资料公有制为主体的所有制结构，中国共产党始终坚持"以人民为中心"，始终把实现好、维护好、发展好最广大人民的根本利益作为党和国家一切工作的出发点和落脚点。从政治经济学的角度来看，坚持"以人民为中心"本质上是坚持以劳动者为中心，这是因为"劳动是推动人类社会进步的根本力量"。"开创我们的美好未来，必须紧紧依靠人民、始终为了人民，必须依靠辛勤劳动、诚实劳动、创造性劳动。"① 一方面，我国作为社会主义国家，在新时代坚持和发展中国特色社会主义，在阶级立场上仍需要牢牢树立"以人民为中心"的思想，这与马克思劳动力产权实现思想具有一致性，可以从马克思理论中吸取有益养分。另一方面，我国当今在实现好、维护好、发展好最广大人民的根本利益时，面临着一些较为突出的问题如工资水平低、劳动报酬偏低等，而马克思劳动力产权实现思想对于解决这些问题具有重要指导意义，能为我们提供较为明确的解决思路和方案。

二　马克思劳动力产权实现思想需要在中国实践中进行创新

实践是认识的来源。马克思理论不是僵化和一成不变的，而是在实践中不断与时俱进，并在实践中不断丰富和发展的。马克思理论传到中国

---

① 《习近平谈治国理政》，外文出版社，2014，第44页。

后，不断与中国国情相结合，并在实践中不断创新和发展。实践的不断变化，也为理论的创新提供了现实的土壤。同理，马克思劳动力产权实现思想也需要与时俱进，也需要随着中国实践的变化，而不断丰富、发展和创新。

首先，我国的社会主义实践是马克思劳动力产权实现思想创新的最现实土壤。马克思劳动力产权实现思想是批判资本主义社会的一种理论工具，其理论的落脚点是论证"两个必然"，即"资本主义必然灭亡和社会主义必然胜利"。按照社会形态演变的一般规律，马克思认为社会主义革命将率先在发达资本主义国家发生。但中国作为"特殊"，并没有严格按照马克思的一般规律进行社会形态的演变，而是在半封建半殖民地的落后国家建立社会主义制度，实现了"卡夫丁峡谷"的跨越。这一跨越与马克思所处年代和所预测的未来社会存在根本差异。完全用马克思关于资本主义劳动力产权实现的一般规律来分析我国的情况将有些偏颇。具体而言，我国存在大量诸如民营经济等非公有制经济成分，这部分企业中劳动力产权实现问题与马克思对资本主义社会的批判具有相似的地方，但同时还必须在新的条件下思考劳动力产权实现问题，如在马克思所处年代，私有制经济成为资本主义国家的主导，劳动者利益无法得到有效保障。我国尽管也有非公有制成分，但其并不占主导，也不控制国家经济命脉，劳动者利益在共产党领导下能得到有效保障，这些方面的差异，为劳动力产权实现提供了新的实践条件。同时，我国当今建构的社会主义社会与马克思构建的未来共产主义社会完全不同，如果完全照搬马克思对共产主义劳动力产权实现的分析，也将掉进教条主义的泥潭之中，这要求我们将马克思劳动力产权实现思想中的一般规律与我国社会主义的具体情况相结合，用一般理论来分析和解决我国特殊国情的具体问题，这也是推动马克思劳动力产权实现思想不断创新的过程。

其次，我国劳动力价值在内容上出现了新的变化。劳动力产权实现的第一个层次是劳动力价值实现，而且劳动力产权实现的一个重要依据也是劳动力价值的量。在马克思看来，劳动力价值是维持劳动力生存和发展所必需的生活资料价值的总称，在量上包括劳动者及其家属所需要的生存资料、发展资料。一般而言，生存资料主要指满足劳动者基本生存的衣、食、住、行等生活资料，发展资料则主要包括教育、培训、医疗、社会保障等，由于不同历史时期的人对于生存和发展的定义不同，从而劳动力价值量也不是一成不变的，正如马克思所言，"和其他商品不同，劳动力的价值规定包含着一个历史的和道德的要素"。① 我国建立了社会主义制度，人民成为国家的主人，劳动者的利益能从制度上得到更大的保障，劳动力价值在内容上与马克思所分析的资本主义社会存在巨大差异，这必然使得劳动力产权实现呈现出不同的形式和特点。同时，在马克思所分析的资本主义社会，劳动者只是适应机器生产的普通劳动者，其劳动力价值构成中以基本物质资料为主。进入新时代，我国主要矛盾转变为人民日益增长的美好生活需要和不平衡不充分发展之间的矛盾。一方面，满足人民群众日益增长的美好生活需要，既需要在物质上提供高品质的能满足生存的物质资料商品，还要求在满足物质要求的同时，提供更高品质的精神商品和服务，如更高质量的教育、医疗服务等，从而劳动力价值既体现量的不断积累，又体现为结构的不断升级。另一方面，新时代推动经济高质量发展，更需要将创新作为发展的重要动力，这是提供更为复杂的劳动和更多智力劳动的过程，从而劳动力价值在内容和结构上的一大特点就是人力资本量的不断增加，并对提高生产效率和提高劳动收入起到越来越重要的作用。总体而言，劳动力价值在当今历史条件下的变化，已经完全超越了马克思所分析的资本主义年代的情况，这不仅要求我们在新的条件下关注劳动力价值实现，还要进一步探讨劳动力产权实现出现的新变化和新特点。

再次，我国国有企业劳动力产权实现是一个新的课题。在马克思所分析的资本主义私有制企业中，劳动力价值和剩余价值之间是对立的概念，资本所有者和劳动者之间是对立的雇佣劳动关系。在马克思预测的未来共产主义社会中，已经没有了剥削概念，人与人之间在"自由人联合体"中是基于每个人全面发展的协作关系，劳动者生产的产品完全遵循按需分配的准则。进一步来讲，在我国国有企业中，生产资料的公有制，并不意味着生产资料就不参与利润分享。从性质上来看，国有企业的生产资料是全体国民的共同资料，只是委托给政府进行经营和管理，全体国民凭借生产

---

① 《马克思恩格斯文集》第 5 卷，人民出版社，2009，第 199 页。

资料所有权分享到利润，这与资本主义企业中资本参与利润分享具有相似的地方。但在这里，国有企业中的利润分享，不是维护资本的利益，而是维护生产资料背后的全体国民的利益，这是二者的本质差异。但在实践中，要实现企业的健康发展，企业在内部形成相应的积累并实现扩大再生产的同时，还要维护好全体国民的利益，这需要寻求两者的合适比例，这也正是马克思劳动力产权实现思想的重要创新点。此外，由于没有了资本家这一概念，在国有企业内部就演变为企业员工之间的分工和合作关系，劳动力产权实现演变为劳动者内部的利益协调问题。由于不同劳动者之间的劳动力价值存在差异，从而探讨具有个体差异的劳动力产权实现问题，既要立足马克思理论，还需要不断探索新的劳动力产权实现形式和手段。总之，社会主义国有企业这一崭新的企业组织形式，是马克思劳动力产权实现的新实践载体。研究国有企业劳动力产权实现，既需要从马克思主义基本理论出发，也需要在实践中不断创新和发展。

最后，我国出现了农民工这一新的劳动力群体。在马克思所处的年代，劳动者都是"自由得一无所有"的工人，由于失去了生产资料，出卖劳动力成为他们维持生存的唯一手段。尽管马克思也分析了劳动者和生产资料结合在一起的小生产模式，但这总体上与社会化大生产的趋势不一致，不是马克思研究的重点，但这并不意味着其不具备研究价值。相对于马克思经济学中的工人，农民工是一新概念。在我国，农民工拥有农民的身份，无偿拥有一定土地的经营权，相当于拥有一定的生产资料，在农业生产中能够实现一定程度的自给自足，并不是马克思所描绘的"自由得一无所有"的劳动者。同时，农民工又可以流向城市，成为城市工人群体的一部分，但农民工群体的劳动力价值在量上和城市工人存在明显的差别，这部分群体劳动力价值实现以及劳动力产权实现是一个新的话题。进一步来看，在农村内部，既要让部分农民工返回农村，因为农业的发展离不开劳动力，但又不能停留在传统小农经济模式中（尽管劳动力产权能够得到实现，但效率较低），需要将农村劳动力组织起来，进行联合劳动和社会化大生产，关于集体经济联合劳动过程中劳动力产权的实现也将是一个新的课题，也将丰富和发展马克思劳动力产权实现思想。同时，城市化又是社会发展的趋势，在总体上，需要推动农民工市民化，逐步提高城镇化率。而这也需要一系列调整，比如农民在向市民转化后，原有农村承包地的处置、在城市相应的社会保障、子女平等受教育机会等问题是值得探讨的新课题。由此可以看出，农民工这一群体既有马克思所分析的一般劳动者的特性，运用马克思理论对其展开分析仍具有空间，同时又超脱了马克思在批判资本主义社会时所定义的劳动者概念。总之，这部分群体劳动力产权实现必然会呈现出新的特点，也将丰富和发展马克思理论。

第二节　我国已经具备劳动力产权实现的客观条件

一　我国出现了劳动力短缺的客观事实

在马克思经济学中，劳动力产权实现要求劳动者能分享到利润。在价值规律的作用下，只有当劳动力供给小于需求时，劳动者才能获得超过劳动力价值的工资，这相当于劳动者在获得劳动力价值的同时，还分享了部分利润。换言之，在市场经济条件下，劳动力产权实现的客观条件是劳动力出现短缺。对于我国而言，当劳动力出现短缺时，劳动力工资必然超过劳动力价值，劳动者也能分享到部分利润。由于劳动力产权实现是针对利润分享的一种调整，因此我们需要对我国劳动力是否出现短缺进行相应判断。在这里，我们需要分别测度劳动力价值和工资，并将之进行相应对比。

1. 我国劳动力价值的估算

马克思认为"劳动力的价值，是由生产、发展、维持和延续劳动力所必需的生活必需品的价值决定的"。[①] 具体而言，劳动力价值主要由三部分构成：①维持劳动者自己生存所必需的生活资料的价值；②劳动者养活子女所必需的生活资料的价值；③劳动者受教育或训练而花费的一定量的价值。维持劳动力生存和实现劳动力再生产的生活资料的价值将通过对社会必需品的支出以及教育医疗等方面的支出体现出来，这也就是说，在某一年的截面上，劳动力价值构成中的①、②、③部分都会通过一相应支出值

---

① 《马克思恩格斯文集》第 3 卷，人民出版社，2009，第 56 页。

表现出来。但注意到必需的生活资料需要满足劳动者本人和家属子女生活所需，故需要以家庭支出作为测算的依据，而不能仅仅计算单个劳动者生活消费支出。由此，可以得到一均衡式：$V \cdot P_1 = C \cdot P_2$，其中 V 为劳动力价值，P_1 为家庭中就业的人数，C 为劳动力价值构成中的①、②、③的人均支出值，P_2 为家庭的总人数。进一步就可得到劳动力价值的估算公式：$V = \dfrac{C \cdot P_2}{P_1}$，定义为 $p = \dfrac{P_2}{P_1}$，在这里，p 的含义就是家庭内每一参加劳动的就业者的负担人数，由此可以得到：$V = p \cdot C$。

由公式 $V = p \cdot C$ 来看，劳动力价值（V）与劳动者消费的生活资料支出（C）呈现正向关系，这也就是说，在一定条件下，社会必需品的支出水平（C）越高其劳动力价值就越高。从社会发展的趋势来看，社会必需品的支出水平（C）都呈现不断提高的态势，西方发达国家中消费占 GDP 的比重高达 70% 就是很好的例证。在西方经济学中，消费越高，劳动者获得的保留效用值就越高，特别是在西方一些发达国家，由于实施免费教育、免费医疗等高福利政策，家庭的消费支出中用于儿童和退休老人的费用明显降低，这也意味着劳动者的生活状况得到改善。因此，从一国社会发展的情况来看，在扣除物价因素的情况下，家庭消费支出（C）的增加与劳动力价值（V）提高和劳动者生活状况的改善是一同步过程。

从模型的另一变量 $p = \dfrac{P_2}{P_1}$ 来看，在消费支出不变的情况下，其值越大，劳动力价值也就越大。这也就是说，一个参加工作的人养活的人数越多，其劳动力价值也就越大。当然，除开未达到法定就业年龄以及退休老人的这部分群体，$p = \dfrac{P_2}{P_1}$ 的值越大并不意味着社会需要更多的工人失业来达到提升劳动力价值的目的。$p = \dfrac{P_2}{P_1}$ 值的大小更多与传统有关，如在西方许多国家中，妇女在结婚以后，就基本不参加工作了，$p = \dfrac{P_2}{P_1}$ 的值自然就很高，而我国妇女无论结婚与否其工作状态一般都会持续，因此，我国 $p = \dfrac{P_2}{P_1}$ 的值很低也就不足为奇了。

如果抽象掉城乡劳动力差别，那么可以把整个国家的劳动力都看作同质化的劳动力，并由此来考察一国劳动力价值整体实现情况。由公式 $V = p \cdot C$，我们需要分别估算 p 值和 C 值。

从某一年份的截面来看，在一国中，既存在刚出生的婴儿，也有参加工作的劳动者，也有不参加工作的退休人员以及马克思所定义的不参加劳动而完全靠剥削劳动者而生存的资本家。严格意义上讲，在测算劳动力价值时，需要将资本家在劳动者需要供养的人口中剔除掉，即在 P_2 中减去资本家的人数，而且在测算人均支出值时，也应该先将资本家这一群体的支出值在总量上剔除掉。在我国的统计数据中，家庭内每一参加劳动的就业者所负担的人数是指家庭人口与就业人口之比，也就是说，资本家这一群体并没有被剔除掉。在这里，我们一般认为完全不参加劳动的纯粹意义上的资本家确实存在，但在我国其数量在总人口中所占的比重极小。尽管在统计数据中并没有剔除掉资本家这一群体，但基于资本家这一群体在总人口中的比重极小的事实，本书直接将 p 值等同于家庭人口与就业人口之比。与此同时，尽管资本家这一群体的整体支出值较高，但由于人数极少，在全国庞大人口的支出值总量中所占的比例也相应较小，从而计算出的总体人口人均支出值与剔除掉资本家这一群体后的人均支出值较为接近，由此，我们将全国人口人均支出值等同于剔除掉资本家后的人均支出值。

通过查阅《中国统计年鉴》（1981～2020 年）中的就业人数和总人口数的相关数据，我们就能得到图 6-1 中 p 值的变化轨迹。从图 6-1 中也可以看出，劳动者就业负担人数值在 1978～1992 年呈现不断下降的态势，但在 1992～2012 年 p 值趋于 1.76 的稳定值，在 2012 年以后 p 值又呈现出缓慢上升的态势。

我们这里选取 C 代表一个家庭内的两部分支出。其一，维持劳动力生产和发展的生活费用，这些费用表现为家庭的消费支出。其二，未成年人的抚养费和退休老人的赡养费，其中对未成年人的这部分费用可以通过家庭生活费用支出得以体现。另外，在我国的家庭结构中，大部分老人是和子女生活在一起的，其赡养费也部分体现在家庭生活费用支出中，还有一部分来自社会保险的费用支出，这部分费用是在劳动者工作的时候缴纳的社会保险费用在退休时候的延期享用，这也是相当于维持劳动力生存的一

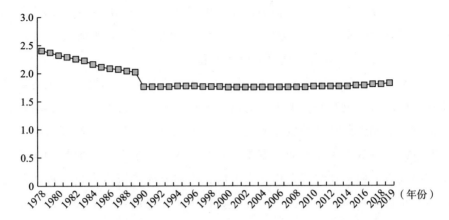

图 6 – 1　我国 1978～2019 年劳动力就业负担人口数的变化情况

资料来源：《中国统计年鉴》（1981～2020 年）。

项重要支出。从国家层面来看，C 是由家庭人均消费支出和家庭人均获得的社会保险金支出两部分构成的。在图 6 – 2 中，我们将能得到维持家庭劳动力生存和发展的人均支出值 C，可以发现，家庭人均支出值 C 呈现稳步上升的态势。

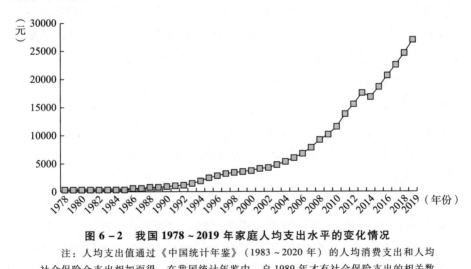

图 6 – 2　我国 1978～2019 年家庭人均支出水平的变化情况

注：人均支出值通过《中国统计年鉴》（1983～2020 年）的人均消费支出和人均社会保险金支出相加而得，在我国统计年鉴中，自 1989 年才有社会保险支出的相关数据，因此，本书将 1989 年以前的社会保险支出记为零。

资料来源：《中国统计年鉴》（1983～2020 年）。

由于我们已经分别获得了 p 值和 C 值，由公式 $V = p \cdot C$，则能从整体上对每年我国劳动力价值做初步估计。由表6-1可以看出我国劳动力价值出现明显上升的态势。

表6-1　我国1978~2019年劳动力价值的估算值

年份	劳动力价值（元）	年份	劳动力价值（元）	年份	劳动力价值（元）
1978	441.1	1992	2025.1	2006	11907.0
1979	494.6	1993	2543.4	2007	13870.5
1980	554.6	1994	3356.6	2008	16129.0
1981	603.2	1995	4319.6	2009	17959.6
1982	645.3	1996	5106.6	2010	20485.1
1983	701.0	1997	5506.3	2011	24524.5
1984	781.6	1998	5811.2	2012	27514.7
1985	945.6	1999	6190.5	2013	30844.7
1986	1041.9	2000	6716.9	2014	29930.1
1987	1170.0	2001	7192.1	2015	32920.7
1988	1459.0	2002	7736.8	2016	36529.4
1989	1627.0	2003	8386.4	2017	40164.5
1990	1494.4	2004	9430.9	2018	44456.8
1991	1674.2	2005	10524.8	2019	48686.9

资料来源：p 值和 c 值分别由图6-1、图6-2得出，最终劳动力价值由公式 $V = p \cdot c$ 得出。

2. 我国劳动力收入的测算

在马克思所处的年代，劳动力这种商品只有能够售卖出去，劳动者才能以工资的形式获得维持其生存的唯一收入。而且在这个年代马克思的语境中，工人和劳动者基本上是一等同概念。换言之，劳动者的劳动力收入与工资是等同概念。但在我国，现在的劳动者与马克思所处年代的劳动者的境遇有所不同，劳动者并不完全是"自由得一无所有"的工人，社会中还存在大量的农民工，农民工这部分劳动者既可以利用土地生产资料通过自我雇佣的方式来获得部分收入，也可以通过成为雇佣劳动力而以工资的形式来获取部分收入。我国劳动者与马克思所定义的单一工人群体存在较大的差异，使得劳动力收入与工资收入并不是一个完全等同的概念，从而非劳动者（资本家）与劳动者（工人阶级）的经济对立并不能直接以工资与资本家利润的差距来反映。在我国，由于实施土地集体所有制，农民只拥有土地的使用权，农民的劳动收入既有自我雇佣形式的家庭经营收入，也有接受雇佣而获得的部分工资性收入。而在我国城市中的大部分劳动者是接受雇佣形式的工人（对于在国有企业工作的工人可以将其理解为被国家所雇佣），故其收入也就以工资的形式得以呈现。

根据上述分析，在城市就业的劳动者，我们用平均工资来替代其劳动收入，而在农村，劳动收入则被分为两部分：一部分是通过家庭经营获得的收入，另一部分是通过出卖劳动力获得的兼业性工资收入。因为劳动力价值的补偿是为了获取维持劳动者生存和发展的基本生活资料，选择在农村就业的农民，并不一定能顺利找到工作，所以在劳动力价值的补偿中，临时获得的工资只是这一补偿的一部分，因此，通过这两部分人均收入的加总可以得到农村平均劳动力收入。根据 1981～2020 年的《中国统计年鉴》，我们能得到农村和城市各自人均劳动力收入情况，从图 6 - 3 来看，城乡劳动力收入都在不断上升，但与此同时，城乡劳动力差距也在不断扩大。

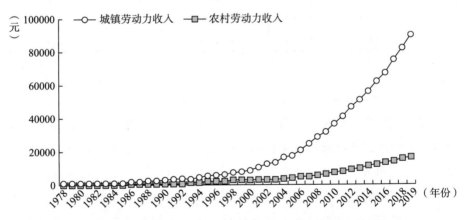

图 6 - 3　我国 1978～2019 年城乡劳动力收入的变化情况

注：城镇劳动力收入直接来源于《中国统计年鉴》（1981～2020 年）中的城镇劳动力平均工资，农村劳动力收入来源于《中国统计年鉴》（1983～2020 年）中的家庭经营收入和工资性收入的加总。

资料来源：《中国统计年鉴》（1981～2020 年）。

同样，如果抽象掉城乡劳动力的差别，那么要估算出一国的劳动力平均收入，需要对城乡劳动力平均收入水平进行加权平均。假设我国农村劳动力就业人数和城市劳动力就业人数分别为 N_1 和 N_2，且农村劳动力平均收入和城市劳动力平均收入分别为 W_1 和 W_2，则可以得到全国劳动力人均收入水平 $W^* = \dfrac{W_1 \cdot N_1 + W_2 \cdot N_2}{N_1 + N_2}$。根据 1981 ~ 2020 年《中国统计年鉴》，我们能找到城乡就业人口的总量，并在此基础上可以计算出我国劳动力人均收入。根据表 6 - 2，可以看出我国劳动力人均收入呈现出不断上升的态势。

表 6 - 2　我国 1978 ~ 2019 年劳动力人均收入指标的测算结果

年份	城镇劳动力收入（元）	城镇就业人数（万）	农村劳动力收入（元）	农村就业人数（万）	劳动力人均收入（元）
1978	614	9514	314.0	30638	384.1
1979	668	9999	344.4	31025	423.3
1980	762	10525	381.9	31836	475.4
1981	772	11053	430.3	32672	515.7
1982	798	11428	520.9	33867	590.8
1983	826	11746	544.7	34690	614.9
1984	971	12229	613.7	35968	704.4
1985	1148	12808	640.7	37065	771.0
1986	1329	13292	679.2	37990	846.6
1987	1459	13783	749.7	39000	934.9
1988	1747	14267	870.1	40067	1100.3
1989	1935	14390	942.3	40939	1200.5
1990	2140	17041	1091.3	47708	1366.3
1991	2340	17465	1128.1	48026	1451.3
1992	2771	17861	1230.9	48291	1645.7
1993	3371	18262	1396.8	48546	1935.4
1994	4538	18653	1796.5	48802	2554.3
1995	5500	19040	2308.0	49025	3200.9
1996	6210	19922	2810.6	49028	3792.8
1997	6470	20781	3100.2	49039	4103.2
1998	7479	21616	3161.4	49021	4482.6

年份	城镇劳动力收入（元）	城镇就业人数（万）	农村劳动力收入（元）	农村就业人数（万）	劳动力人均收入（元）
1999	8346	22412	3201.2	48982	4815.3
2000	9371	23151	3237.0	48934	5207.0
2001	10870	24123	3391.9	48674	5869.9
2002	12373	25159	3490.1	48121	6539.8
2003	13969	26230	3614.8	47506	7298.7
2004	15920	27293	4143.9	46971	8471.8
2005	18200	28389	4346.4	46258	9614.7
2006	20856	29630	4726.3	45348	11101.1
2007	24721	30953	5381.7	44368	13329.1
2008	28898	32103	6046.9	43461	15754.7
2009	32244	33322	6423.3	42506	17770.0
2010	36539	34687	7316.8	41418	20634.7
2011	41799	35914	8659.6	40506	24233.6
2012	46797	37102	9773.3	39602	27868.8
2013	51474	38240	10946.0	38377	31028.0
2014	56360	39310	11744.4	37943	34446.4
2015	62029	40410	12744.5	37041	38459.1
2016	67569	41428	13668.3	36175	42442.9
2017	74318	42462	14735.7	35178	47322.2
2018	82413	43419	15895.3	34167	53120.7
2019	90501	44247	17284	33224	59101.4

资料来源：《中国统计年鉴》（1981～2020年）。

3. 对我国劳动力是否短缺的判断

在马克思的分析中，劳动力价值和价格相等并不是一直都成立的，从长期来看，劳动力价格并不会严重偏离劳动力价值，但从短期来看，劳动力价值与劳动力价格的不一致却是常态性的。

假定在 t 时期，劳动力价格用工资来表示，一国劳动力价值均值、工资均值分别记为 V_t、W_t。定义劳动力价值实现程度为 $\theta_t = \dfrac{W_t}{V_t}$。从静态角度来看，每一时间点上，可能存在 $\theta_t > 1$、$\theta_t = 1$、$\theta_t < 1$ 三种情况。根据对 1978~2019 年我国劳动力价值均值以及劳动力收入的估算，我们可以得到一系列 θ_t 值。在表 6－3 中，θ_t 的最小值为 0.74，θ_t 的最大值为 1.21，均值为 0.91。因此，在每个时间点上，我国劳动力价值决定劳动力收入的比例不低于 74%，从整体上来看，劳动力价值决定劳动力收入的份额为91%，从而验证了马克思的观点：劳动力价值决定劳动力价格，劳动力商品价格并不会严重偏离劳动力价值。同时，从表 6－3 中可以看出，2010年以后，我国劳动力价值实现程度整体上出现了大于 1 的情况，表明我国已经呈现出劳动力短缺的趋势，我国沿海地区自 2010 年以后出现了较为严重的民工荒现象，也进一步验证了这一事实，而这一被验证的事实也能在整体上推动我国进行劳动力产权实现的相关改革。

表 6－3　我国 1978~2019 年劳动力价值实现程度

年份	θ_t	年份	θ_t	年份	θ_t	年份	θ_t	年份	θ_t	年份	θ_t
1978	0.87	1985	0.81	1992	0.81	1999	0.78	2006	0.93	2013	1.01
1979	0.86	1986	0.81	1993	0.76	2000	0.78	2007	0.96	2014	1.15
1980	0.86	1987	0.80	1994	0.76	2001	0.82	2008	0.98	2015	1.17
1981	0.86	1988	0.75	1995	0.74	2002	0.85	2009	0.99	2016	1.16
1982	0.91	1989	0.74	1996	0.74	2003	0.87	2010	1.01	2017	1.17
1983	0.88	1990	0.91	1997	0.75	2004	0.90	2011	0.99	2018	1.19
1984	0.90	1991	0.87	1998	0.77	2005	0.91	2012	1.01	2019	1.21

二　人口红利的变化倒逼我国进行相应调整

1. 人口红利的内涵界定及其经济增长逻辑

人口红利是由西方学者提出的一个概念。安德鲁·梅森（Andrew Mason）首次将劳动年龄人口比例相对较高等推动东亚经济发展的因素描述为"Demographic Bonus"。[①] 美国学者布鲁姆（Bloom）和威廉姆森（Williamson）用"Demographic Gift"一词表示人口转变期的高比例劳动年龄人口

————————

① Andrew Mason, "Population and Asian Economic Miracle", *Asia-Pacific Population & Policy*, Vol. 43, No. 11 (1997): 1－4.

带来的经济利益。① 联合国人口基金会（UNEPA）指出："如果数百万拥有知识的青年自由地进入劳动力市场，为经济发展贡献全部力量，这些国家将收获'人口红利'（Demographic Bonus）。"② 尽管在当今的英文文献中表示"人口红利"的单词不尽相同，但其含义都是一致的，即在一国的人口结构中劳动力人口所占的比重较大，充足的劳动力供给是人口红利时期最突出的特征。在现有的研究中，充足的劳动力供给被认为是一国经济快速增长的重要解释变量之一。人口红利带来的高储蓄率也为这些国家的经济增长提供了重要佐证。③ 但是，充足的劳动力供给与高储蓄率之间到底有何内在逻辑？相关研究虽然不少，但大多沿用西方经济学范式且未有定论，鲜有马克思经济学范式的研究文献，而且现有研究大多只是把劳动力作为一个整体性概念来理解，并没有关注劳动力异质性以及劳动力异质性对经济增长作用的差异。

在马克思经济学中，商品价值由不变资本（C）、可变资本（V）和剩余价值（M）三部分组成。其中，剩余价值（M）是对不变资本（C）、可变资本（V）进行等值补偿后的剩余部分。一部分剩余价值（M）以消费的形式被耗费，另一部分作为资本积累被追加到下一轮的再生产中。资本扩大再生产是将当期剩余价值的一部分或者全部追加到下一轮生产过程之中，实现社会总产品的增长，这也就是经济增长的体现。在其他条件不变的情况下，剩余价值量越大，社会总产品的增长也就越快，从而影响到剩余价值量的因素都与经济增长有关。剩余价值是资本所有权的收益，遵循等量资本获取等量利润的基本规则，但这一规则只存在于正常的生产条件中，包含着劳动力供求关系平衡的一般性状况。对于资本而言，这只是获得了正常的平均利润即剩余价值（M）。当资本获得了超额利润时，也就能进一步扩大再生产，表现为超过正常速度的经济增长。换言之，劳动力状况的变化带来剩余价值量不断增加的同时，经济增长也会呈现出超越正

---

① D. E. Bloom, J. U. Williamson, "Demographic Transitions and Economic Miracles in Emerging A-sia", *The World Bank Economic Review*, Vol. 12, No. 3 (1998): 419 – 455.

② UNEPA, *State of World Population Report* 1998, ch2. , 1998.

③ M. Higgins, J. G. Williamson, "Age Structure Dynamics in Asia and Dependence on Foreign Capital", *Population and Development Review*, Vol. 23, No. 2 (1997): 261 – 293.

常速度的高速发展。正因为经济快速增长是由劳动力直接推动的，我们可以将此概括为人口红利。由于人口红利与剩余价值相关，我们就需要考察劳动力状况的变化对剩余价值量的影响。具体而言，我们需要考察劳动力变化的两种情况对剩余价值量的影响。

第一种情况是劳动力数量过剩所创造的"人口红利 I"。在商品经济条件下，劳动力属于特殊商品，故而也遵循价值规律。劳动力价值"就是维持劳动力占有者所必要的生活资料的价值"。[①] 劳动力商品在交易前已经耗费了一定量的生活资料，交易劳动力商品就是获取劳动者生存所必需生活资料的手段。

对一国来说，劳动力是否过剩也可以通过劳动力价值和劳动力价格的关系反映出来。也就是说，劳动力价格与劳动力价值的偏离程度是与劳动力供求状况一一对应的。在 t 时期，定义劳动力价值实现程度（θ_t）为劳动力价格（W_t）与劳动力价值（V_t）的比值。当 $\theta_t > 1$ 时，工资（W_t）大于劳动力价值（V_t），表明在 t 时期劳动力是短缺的；当 $\theta_t = 1$ 时，则表明劳动力供求达到平衡；当 $\theta_t < 1$ 时，劳动者的工资（W_t）低于劳动力价值（V_t），劳动力价值与工资的差额（$M_{pt} = V_t - W_t$）则是劳动力供给过剩的必然结果，我们将其称为人口过剩所导致的"人口红利 I"。当劳动力越充裕时，劳动力价值与工资偏差的额度也越大，"人口红利 I"的量也就越大。

在"人口红利 I"时期，剩余价值在总量上存在一个增额，即人口红利量（$V - W$）。当生产技术和生产要素的质量不变时，剩余价值总量直接决定了扩大再生产的规模和速度，从而"人口红利 I"时期是资本积累迅速膨胀和生产规模不断扩大的时期。随着资本积累水平的提高，资本扩大再生产水平也不断提升，表现为一国经济的不断增长。经济的不断增长，会持续产生新的劳动力需求，劳动力供求关系也会持续由不平衡向平衡转化。发展中国家处在经济起步阶段时，充裕的劳动力是这些国家较为普遍的国情，资本要素相对短缺，其结果是劳动力价格低于劳动力价值，劳动力商品价格相对较低。这些国家由此形成了优先发展劳动力密集型产业的

[①]　《马克思恩格斯文集》第 5 卷，人民出版社，2009，第 199 页。

比较优势，从而在经济发展过程中不断产生新的劳动力需求，过剩的劳动力在经济发展水平达到一定程度时被吸纳完，并最终实现劳动力需求和供给平衡的状态，这也就是"人口红利Ⅰ"促进经济迅速增长的时期。

对于劳动力相对充裕的国家而言，劳动力供给过剩的状态向供求相一致的均衡状态的调整过程（由初始状态为 $\theta_t < 1$ 向 $\theta_t = 1$ 的调整）既是存在"人口红利Ⅰ"的时期，也是不断吸纳大量剩余劳动力的过程。对于我国而言，如果以 1978 年的改革开放为起点，从表 6－3 中，我们可以看到 $\theta < 1$，这也就符合很多发展中国家在发展初期劳动力严重过剩的假设。而且直到 2008～2013 年才出现 $\theta \approx 1$ 的变化，这也就是说，劳动力价值实现状况由 $\theta < 1$ 向 $\theta \approx 1$ 的转变，经历了 30 多年的调整。而由 1978～2007 年劳动力价值实现程度 $\theta < 1$（整体）的事实也可以推断出在这一时期内我国劳动力处于过剩、存在"人口红利Ⅰ"的状态；2008～2013 年劳动力价值实现程度 $\theta \approx 1$ 的态势，也说明我国正在出现劳动力供求平衡的态势；2014～2019 年劳动力价值实现程度 $\theta > 1$（整体）的态势，也说明我国正在出现劳动力短缺以及"人口红利Ⅰ"消失的态势。由此，我们也可以认为我国在 1978～2012 年存在"人口红利Ⅰ"，而与之相对应，每一年度的"人口红利Ⅰ"量则是每一年度的工资与劳动力价值的差额部分（M_{pt}）。这部分"人口红利Ⅰ"在不断转化为资本积累的同时，也在不断推动我国经济快速增长和解决剩余劳动力就业问题。

第二种情况是劳动力质量所创造出的"人口红利Ⅱ"。商品的价值由生产该商品的社会必要劳动时间决定，某一企业劳动者通过提高劳动生产率而使商品的个别价值低于社会价值的差额，就是超额剩余价值（M_s），这相当于在平均利润（M）的基础上有一个增加量，也是推动经济快速增长的重要因素，由此我们将之称为"人口红利Ⅱ"。资本家在组织生产时，预付资本将被分成不变资本（C）和可变资本（V）两部分，这两部分的比例关系也反映了一定技术水平，而技术水平的高低是通过资本有机构成的概念体现出来的。在预付资本一定的情况下，当劳动力价格相对便宜时，大量利用劳动力资源是最优选择，从而表现为较低的资本有机构成。反之，当劳动力价格较贵时，资本家也会更多地用不变资本对劳动力进行替代，形成"机器排挤工人"的局面。进一步来讲，相对于"人口红利

Ⅰ"，"人口红利Ⅱ"来源于技术进步而带来的劳动生产率的提高，在产业结构上表现为拥有一定技术含量的生产价值链上游产业，而"人口红利Ⅰ"较多与劳动力密集型的价值链低端产业相关联，表现为依赖于要素投入的粗放式的增长模式。在一国发展初期，由于技术的可获得性不足以及技术研发产生的高额成本，同时，由于劳动力供给充裕，也能获得相当于超额剩余价值的"人口红利Ⅱ"，从而这些国家在发展初期被锁定在利用"人口红利Ⅰ"以及发展劳动力密集型产业的经济增长模式。由于可以不通过技术进步就能获得一定利润，资本家推动科技进步的动力就显得不足，其依赖于资本积累带来的投资，使得经济停留在产业链的低端，产业升级困难。同时，由于存在资本投资边际收益递减的基本规律，当"人口红利Ⅰ"逐渐较少和消失时，经济无法实现长期稳定的增长。因此，由"人口红利Ⅰ"向"人口红利Ⅱ"的转变在于实现生产方式的转变，即由靠拼生产要素投入的粗放式增长模式向追求经济效益的内涵式发展模式转变。"人口红利Ⅱ"从根本上源于技术创新和技术进步，关键在于高素质的人才，从这种意义来看，"人口红利Ⅱ"也可以称为人才红利。

在上述两种情况中，不管是"人口红利Ⅰ"，还是人才红利（人口红利Ⅱ），都意味着在利润增加的同时能进一步扩大再生产，从而带来经济的快速增长。正因如此，"人口红利既要看总量，更要看质量，既要看人口，更要看人才"。① 从我国的实际情况来看，2013 年以后我国出现了大面积劳动力短缺的现象，这也说明我国"人口红利Ⅰ"正在消失，但却不能从总体上就界定为我国人口红利已经消失，而我们更应该来考察我国由人口质量所带来的人才红利，这也正是我国在新时代实现经济高质量发展的重要动力之一。

2. "人口红利Ⅰ"消失迫切要求推动劳动力产权实现的相关改革

广大发展中国家在起步阶段的最大比较优势是具有劳动力价格相对比较便宜的"人口红利Ⅰ"，从而使得其生产的商品具有国际竞争力，这也成为发展中国家发展的主要动力。但"人口红利Ⅰ"本身也是一把"双刃剑"：一方面"人口红利Ⅰ"成为支撑发展中国家发展的引擎，另一方面

---

① 《李强总理出席记者会并回答中外记者提问》，《人民日报》2023 年 3 月 14 日。

它又带来一些问题。

"人口红利Ⅰ"所带来的第一个问题是劳动报酬占比偏低。在马克思经济学中,商品的价值补偿由不变资本(C)、可变资本(V)和剩余价值(M)三部分组成,在分配上,资本的收益分为两部分即不变资本(C)的补偿和剩余价值(M),劳动者的收益表现为对劳动力价值的补偿,即工资。劳动者创造的新价值分为劳动力价值(V)和剩余价值(M)两部分。在劳动力供求一致时,劳动者获得和劳动力价值相等的工资,资本所有者直接占有剩余价值(M)。当劳动力过剩时,劳动力只能获得低于劳动力价值(V)的工资(W),资本所有者不仅获得了剩余价值(M),还获得了由劳动力过剩带来的人口红利($V-M$部分),这也意味着资本投资者将获得更多利润。换言之,劳动力价值实现程度越高,劳动报酬在 GDP 中的占比也就越高。对我国而言,巨大的人口红利是我国不断实现经济增长的动力,但劳动报酬过低的问题也是当今必须面对和解决的一大现实问题。在图6-4中,我国劳动报酬占 GDP 的比重在 1978~2019 年稳定在 34.7%~50%,均值为 41%。在 2012 年"人口红利Ⅰ"消失后,这一比重呈现不断上升的态势,从 2011 年的 39% 上升到 2019 年的 45.5%。

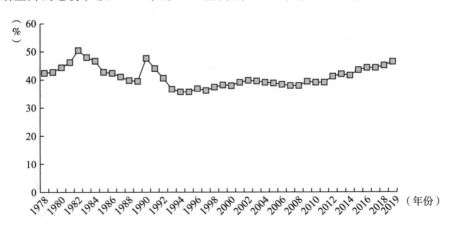

图6-4 1978~2019 年我国劳动收入占比情况

注:劳动力人均收入数据来源于表6-2。在计算劳动报酬占比时,本书通过劳动就业人数乘以劳动力人均收入得出总的劳动报酬,然后通过总的劳动报酬除以每一年度的 GDP 算出相应的劳动报酬占比。

资料来源:中国统计年鉴(1982~2020 年)。

　　因为我国是经历了"人口红利Ⅰ"的典型发展中国家，和其他西方发达国家相比，这些国家在发展初期同样存在剩余劳动力所带来的"人口红利Ⅰ"，但这些国家在发展初期劳动力供给过剩的程度却远没有我国这么严重，因此，在工业化初期，这些国家劳动报酬份额也相应较高。如"英国在 1856～1913 年劳动报酬份额一直稳定在 53.8%～58.7%；美国在 1850～1920 年劳动报酬占 GDP 份额平均为 76%；1950 年代韩国开始工业化时，劳动报酬占 GDP 份额还低于中国，到 1970 年韩国劳动报酬占 GDP 份额为 41.4%，与中国 1980 年代大致相当，以后随着韩国劳动报酬占 GDP 份额迅速提升，到 1990 年韩国劳动报酬占 GDP 份额要比中国高出 15 个百分点；1910 年日本劳动报酬占 GDP 份额为 55%，1960 年日本劳动报酬占 GDP 份额达到 67%"。① 我国自改革开放以来，在完成工业化的时期，36%～45% 的劳动报酬占比过低，即使在"人口红利Ⅰ"消失后的 2012～2019 年，劳动报酬占比虽呈现不断上升的态势，但 2019 年的这一比重也只有 46%，和以上国家在历史转型期的情况相比较而言，仍显得相对较低。改革开放以来，我国正经历着"人口红利Ⅰ"逐渐消失的过程，但这些年来的"人口红利Ⅰ"存在一个巨大的累积量，从而在劳动报酬份额上，我国和"人口红利Ⅰ"消失的发达国家相比，存在的差距就更大了。如发达国家劳动报酬所占 GDP 的份额一般都稳定在 50%～60%：美国 2007 年为 57%，英国 2005 年为 60%，德国 2008 年为 54%。从 2019 年的情况来看，我国提高劳动报酬占比既具有很大空间，也还有很长的路要走。

　　"人口红利Ⅰ"所带来的第二个问题是养老金缺口。劳动力价值构成公式 $V = V_0 + V_1 + V_2$ 是贯穿过去、现在和未来的维持劳动力生产和再生产过程的价值补偿形式。V_1 是对劳动者参加工作产生的劳动消耗的补偿（16～64 岁），当这种补偿不足时，就会威胁劳动者的生存，这就相当于雇佣者对劳动者所必须支付的最低工资限额，也可以称其为生存工资水平。对于参加工作的劳动者来说，V_0 部分是对父母的赡养费用的补偿，这部分赡养费

---

① 张车伟、张士斌：《中国劳动报酬份额变动的"非典型"特征及其解释》，《人口与发展》2012 年第 4 期。

相当于在过去（0～16 岁）对父母的借款，在参加工作后对父母进行偿还。但在现实中，一般情况是父母并不要求子女偿还这笔费用，父母对子女的抚养更多是出于一种家庭责任和义务。但这笔费用并不是不需要补偿，相反，该部分费用存在迭代转移的问题，即父母对劳动者的抚养不需要补偿。同样，劳动者抚养自己的子女也不需要补偿，这也就是说，劳动者仍存在对子女抚养费用的支出，由此，劳动价值补偿中的 V_0 部分可以转化为劳动者对子女的抚养费用。V_2 部分则是自己的养老费用，这部分费用是劳动者在当期储蓄一部分资金，在退休后进行补偿，这是对未来的补偿。

当劳动力充裕时，劳动者的工资经常被压低到劳动力价值以下，这也就意味着劳动力价值总有部分价值无法得到顺利补偿。由于工资水平不可能低于生存工资水平 V_1，这也就意味着劳动力价值中 V_0 和 V_2 的全部或者部分得不到补偿。当劳动力价值中 V_0 和 V_2 无法得到补偿时，这将影响到对子女的抚养费用和劳动者退休后的养老费用。简言之，"人口红利 I"在总量上对应于未对劳动者子女的抚养费用（V_0）和养老费用（V_1）进行补偿的量的加总。在这两种费用中，对子女的抚养费用（V_0）是劳动者在工作时候的支出，相对于劳动者退休后的养老费用的支出，这是一种当期补偿。当劳动者的工资水平（W）等于 V_1 时，即工资只够养活自己时，子女的抚养费和劳动者自身的养老费用都不会受到影响。但当劳动者的工资水平高于 V_1 且低于 V 时，即当 $V_1 < W < V$ 时，对子女的抚养费用和劳动者自身退休后的养老费用将不会完全得到补偿，但两者受影响的程度存在一定差异。简单来讲，当获得的工资（W）在补偿当期劳动消耗后，存在的剩余（$W - V_1$）无法完全补偿对子女的抚养费（V_0）和自己未来的养老费（V_2）时，即当存在（$W - V_1$）＜（$V_2 + V_0$）时，劳动者会把这部分剩余（$W - V_1$）按一定比例 μ（$0 \leqslant \mu \leqslant 1$）用于抚养子女，一定比例（$1 - \mu$）用于未来的养老。特别是对子女的抚养关系到劳动力的再生产问题，劳动者一般不会过多牺牲子女的利益。更为一般的情况是，对工资在扣除劳动消耗后的剩余部分（$W - V_1$），劳动者首先考虑到的是对子女的抚养费用，甚至在余额不足时，还会通过借款的方式来进行补偿，如当父母收入很低时，父母对子女诸如上学等方面的费用仍优先考虑，甚至没钱的时候还会通过借款的方式来满足。这也就是说，"人口红利 I"主要是甚至全部是

由劳动者未来的养老费用（V_2）即养老金缺口构成。但养老金的缺口并不会马上显现出来，因为养老费用是前期的储备用于未来的补偿，养老费用的缺口将在劳动者退休时爆发出来。对一国而言，当劳动力价值无法完全实现时，养老金的缺口问题也将随着退休人口增多的高峰期的到来而显得越发严重。

国际上通常把 60 岁以上的人口占总人口比例达到 10%，或 65 岁以上人口占总人口的比重达到 7% 作为国家或地区进入老龄化社会的标准。根据《中国统计年鉴》近 30 余年的相关数据，在图 6 - 5 中，可以看出我国 65 岁以上人口占总人口的比重呈现不断上升的态势，并且在 2002 年达到 7.3%，由此从 2002 年开始我国已经进入老龄化的阶段，在 2019 年达到 12.5% 的峰值，而且我国老龄化的趋势还呈现不断加重的态势，如全国老龄工作委员会办公室发布的《中国人口老龄化发展趋势预测研究报告》就指出："到 2050 年，老年人口总量将超过 4 亿，老龄化水平推进到 30% 以上"[1]；联合国人口基金会也认为我国老龄化的趋势日益严重，预测到 2050 年，我国老年人口将会达到 3.32 亿人，超过总人口的 23%。总之，尽管各种预测有所差异，但都得出了我国呈现出日益严重的老龄化趋势的一致结论。

老龄化趋势的加剧使得养老金缺口的问题将集中爆发出来，早在 2012 年就有学者指出我国养老金缺口达到 18.3 万亿元[2]，尽管学者们在估计养老金缺口总量上存在不一致，但我国存在养老金缺口的问题已经成为当今一个不可争辩的事实，官方也在一定程度上确认了这一事实，如中国保监会原副主席陈文辉、保监会原副主席周延礼都承认我国存在巨大的养老金缺口问题。随着人口老龄化趋势的加剧，新时代如何破解养老金缺口困局，直接关系到新时代经济转型以及社会的稳定。简言之，我国在长期享受"人口红利Ⅰ"的同时，养老金存在缺口将是老龄化趋势日益严重的必然反映。

---

① 《中国人口老龄化发展趋势预测研究报告》，国务院新闻办公室网站，2006 年 12 月 12 日，http://www. scio. gov. cn/xwfbh/xwbfbh/wqfbh/2006/1212/Document/325195/325195. htm。

② 曹远征：《重塑国家资产负债能力》，《IT 时代周刊》2011 年第 16 期。

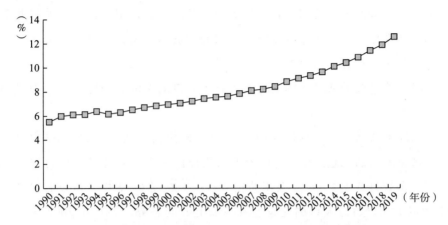

图 6 - 5　我国 1990～2019 年 65 岁以上人口比重的变化情况

资料来源：《中国人口统计年鉴》（1991～2006 年）和《中国人口与就业统计年鉴》（2007～2020 年）。

不管是劳动报酬占比偏低，还是当今存在巨大的"养老金"缺口，都要求在提高劳动报酬的同时实现经济稳定增长，这与马克思劳动力产权实现思想在思路上具有一致性，这也要求以马克思劳动力产权实现思想为指导推动一系列改革。

3. 促进人才红利的形成客观上需要推动劳动力产权实现

在劳动者获得足额劳动力价值补偿的条件下，经济增长由"人口红利Ⅰ"驱动转向人才红利驱动。当一国"人口红利Ⅰ"消失时，人口数量优势也逐渐消失殆尽，依赖于生产要素投资驱动经济增长的模式也日渐式微，一国也由此由以往高速增长的粗放式经济发展模式进入了依赖于追求超额剩余价值即人才红利来驱动经济增长的新常态。习近平总书记在 2013 年作出了我国进入了经济发展新常态的判断，这一判断的提出就明确要求与我国过去 30 多年 10% 左右的高速度增长，以及不可持续的粗放增长模式基本告别。我国近些年的发展实际也证明这一判断的准确性：近年来，随着劳动力短缺及其引致的劳动力成本的上升，我国传统劳动密集型产业在国际市场中的竞争力日益下降，依赖于劳动力成本优势推动的经济高速增长也难以为继。当前，人口老龄化加速、适龄劳动力人口在总量上不断下降，经济发展进入中高速增长的新常态是我国的客观现实。

首先，人才红利的形成适应了新时代实现高质量发展的客观要求，与劳动力产权实现具有统一性。中国特色社会主义进入新时代，"我国经济已由高速增长阶段转向高质量发展阶段"。①"必须坚持质量第一、效益优先，以供给侧结构性改革为主线，推动经济发展质量变革、效率变革、动力变革，提高全要素生产率。"② 如何提高劳动生产率并实现经济高质量发展是新时代我国经济发展的重要议题。人才红利的形成需要利用技术优势获取超额剩余价值，其本质要求是提高劳动生产效率，使生产商品的个别劳动时间低于社会必要劳动时间。近年来，以习近平同志为核心的党中央适时提出"推进供给侧结构性改革"，其主要议题就是终结我国长期以来依赖劳动力和资本等要素投入、低附加值的中低端产业的发展模式。供给侧结构性改革不仅要求提高资本要素的使用效率，强调激发和保护企业家精神，鼓励更多社会主体投身创新创业，还要求提高劳动力生产效率，强调建设知识型、技能型、创新型劳动者大军，弘扬劳模精神和工匠精神。因此，不断提高劳动者的劳动力供给质量，不断形成高质量的人力资本，既是新时代加强供给侧结构性改革的重要内容之一，也是劳动力产权实现的必要条件之一，而这也必将不断促进人才红利的形成。

其次，激发人才积极性，产生最大化的人才红利，客观上需要践行马克思劳动力产权实现思想。人才红利来源于技术进步和技术创新带来的劳动生产率的提高，劳动者本身就是推动技术进步和技术创新的主体，人才红利不仅是资本的"红利"，也应成为刺激劳动者进行创新的"红利"。但如果人才红利只作为剩余价值的一部分而全部归资本家所有，那么劳动者进行技术创新的积极性就会消失。因此，维护劳动者利益需要重构资本主导生产、劳动者只是被动接受的资本强势逻辑。当人才红利带来经济高速增长时，劳动者只有能够分享到"红利"，才能在原有的劳动力商品生产的基础上追加投入，才能使劳动力素质的提高跟上经济增长的步伐，从而维持高质量的、稳定的经济增长。因此，劳动者能分享剩余的增长模式不仅是对资本主义社会资本强势逻辑的纠正，也是对"劳动者获得工资、资

---

① 《十九大以来重要文献选编》（上），中央文献出版社，2019，第404页。

② 习近平：《决胜全面建成小康社会 夺取新时代中国特色社会主义伟大胜利——在中国共产党第十九次全国代表大会上的报告》，人民出版社，2017，第30页。

本获得利润"的资本主义社会分配逻辑的颠覆，而这在资本主义社会是不可能真正实现的。中国特色的社会主义制度的确立，赋予了劳动者在国家中的主体性地位，使我们在理论上具备了实现劳动者分享"红利"的条件。总之，人才红利要成为激发资本所有者和劳动者双方进行技术创新的良药，从而在整个社会中形成双方共同参与创新、共同分享经济成果的良性局面。在企业组织层面，要激发所有人的创新意识和行为，就不仅仅是对资本所有者进行激励，也要利用利润分享的形式来激励劳动者，而这正是马克思劳动力产权实现思想的具体要求。

当今，我国已经有了大规模的高素质人才资源。一方面，我国已经建立了较为完备的人才储备体系。截至 2022 年，我国教育经费支出占 GDP 比例连续多年保持在 4% 以上，达到世界平均水平；我国接受高等教育的人口已超过 2.4 亿，高等教育毛入学率达到 59.6%，新增劳动力平均受教育年限达到 14 年。[①] 我国在校研究生规模已达到 365.4 万人，其中在学博士研究生 55.61 万人，在学硕士研究生 309.75 万人。[②] 我国已经建立起世界上人数最多、规模最大的高等教育和研究生教育体系，具有世界上最大规模的人才储备，在"量"上具有显著优势。另一方面，我国人才质量也在不断提升。据初步测算，2022 年我国全社会研发（R&D）经费投入达到 3.09 万亿元，稳居世界第二。我国 R&D 经费投入强度达到 2.55%，超过欧盟国家平均水平。同时，我国基础研究经费稳步增长，2022 年基础研究经费达到 1951 亿元，基础研究经费占 R&D 经费的比重为 6.32%，连续稳定在 6% 以上。2021 年我国 R&D 人员总量为 572 万人，稳居世界第一位。中国内地入选世界高被引科学家数量从 2014 年的 111 人，增长到 2022 年的 1169 人，世界顶尖科技人才加速涌现。从科技创新产出来看，2021 年我国高被引论文数为 42920 篇，排名世界第二位，占世界比重为 24.8%。

①　《教育部：中国高等教育在学总人数超过 4430 万人 接受高等教育的人口达到 2.4 亿》，教育部网站，2022 年 5 月 17 日，http://www.moe.gov.cn/fbh/live/2022/54453/mtbd/202205/t20220517_628250.html。

②　《教育部：我国博士在校生规模较 10 年前翻倍，其中理工农医类招生规模超 80%》，教育部网站，2023 年 3 月 23 日，http://www.moe.gov.cn/fbh/live/2023/55167/mtbd/202303/t20230323_1052372.html。

PCT 专利申请量为 6.96 万件，连续三年居世界首位。2021 年规模以上工业实现技术创新企业数达到 20.9 万家，占全部工业企业比重为 47.4%，整体创新活跃度已接近欧盟平均水平。我国有 683 家企业进入全球研发投入 2500 强榜单，在无人机、电子商务、云计算、人工智能、移动通信等领域出现一批具有国际影响力的创新型企业。[①] 我国全球创新指数排名从 2012 年的第 34 位上升至 2022 年的第 11 位，成功进入创新型国家行列[②]，我国人才资源在"质"上呈现不断提升的态势。总之，我国具备了相对于其他国家而言的人才资源存量优势，这是我国形成人才红利的前提条件，但如何进一步提高人才质量，激发人才的积极性，释放出更大人才红利，则需要给予人才充分激励，而让人才能分享到发展的"红利"是重要的手段之一。从企业的微观层面来看，利润分享是激发人才积极性的重要手段之一，而这既是社会主义国家劳动者主体性地位的体现，也是马克思劳动力产权实现思想的内在要求。

正因为衡量人口红利存在"量"和"质"两个维度，在劳动力数量日益短缺的今天，我国就更应该看重人口红利的"质"，也就是由人口质量所带来的人才红利。客观来讲，我国存在巨大的人才规模优势，而且呈现出人才质量不断提高的态势，这昭示着我国人才红利正在逐步形成，而单纯从我国劳动力短缺的现实，就推导出我国人口红利已经消失的论断显然是不正确的。

第三节　我国现有利润分享制度存在一些突出问题

一　改革开放以来我国利润分享制度的发展历程

相对于传统的工资制度，利润分享制度在形式上最大的不同点在于劳动者获得了利润分享的权利，这种权利直接来源于劳动者获得了企业的相

---

① 《国家创新调查显示：我国稳居世界第二大研发投入国》，《光明日报》2023 年 2 月 22 日。

② 《我国研发经费支出首超三万亿元 研发人员总量多年保持世界首位》，《经济日报》2023 年 2 月 25 日。

应股份，表现为职工持股的形式。这一形式的起点源于我国确立了股份制的合法地位。具体而言，改革开放以来，我国这一利润分享制度的发展经历了以下几个阶段：

第一阶段：起步探索阶段（1980～1991 年）。1978 年党的十一届三中全会作出了改革开放的伟大决策，也确立了以经济为中心的总体建设方针。如何加快经济发展是这一时期的主题，股份制具有迅速将分散的资金集结起来的功能，从而在 20 世纪 80 年代初期逐渐成为我国企业发展的重要形式。

为了改变传统计划经济体制下农村集体产权不清晰、经济激励不足等一系列问题，我国农民创造出股份合作制这种新的实践形式。股份合作制最初一大功能在于筹集资金，力图将大批分散的农民的资金集聚起来，解决当时企业发展的资金短缺问题，并自然将村民纳入到企业的股东之中。这种模式始于 1982 年，从安徽省阜阳地区、浙江省温州地区、山东省淄博市周村区、河北省沧州地区等地兴起，此后不断在中国其他地方涌现，在当时取得了较好的效果。1984 年中央"一号文件"在总结我国农村发展经验的基础上对这种形式进行了充分肯定，"鼓励农民向各种企业投资入股；鼓励集体和农民本着自愿互利的原则，将资金集中起来，联合兴办各种企业"。[①] 1985 年 1 月 11 日《人民日报》发表了《提倡股份式合作》的评论员文章，进一步指出："农户以资金、劳动、技术、管理才能等入股，入股者即生产经营者，实行按股分红和按劳分配相结合的取酬办法。这种股份式合作，以自愿互利为原则，不改变入股者的财产所有权，避免了一讲合作就合并财产，平调劳力的弊病；与过去的'一大二公'不同，农户入股合作，自主经营，是企业的主人，关心经济效益，生产经营的积极性自然很高。"此后，股份合作制在我国农村展开了相应试点，中央从 1987 年开始先后扶持了不同类型的农村股份合作制试验区，其中较为典型的有以乡镇企业试验股份合作制的山东周村模式，以户办、联户办企内部建立股份合作制的安徽阜阳模式，以个体民营企业试点股份合作制的浙江温州模式。

---

① 《十二大以来重要文献选编》（上），人民出版社，1986，第 426 页。

我国农村股份合作制的先行先试取得一定效果，也激发了城市进行相应改革和试点的热情。与农村股份制改革不同，城市股份制经济体制改革的起点是1984年北京天桥百货股份有限公司的正式成立，这是改革开放后第一家股份制企业。在改革开放初期，资金短缺是所有企业面临的难题，这家股份制企业的目的就非常明确，即在股本中设立个人股，面向本企业职工筹资，这也成为我国职工持股制度在城市探索的起点和雏形。1987年党的十三大报告进一步肯定了这种企业内部员工持股的股份制形式，并明确指出："改革中出现的股份制形式，包括国家控股和部门、地区、企业间参股以及个人入股，是社会主义财产的一种组织形式，可以继续试行。"① 此后，通过企业内部员工持股来筹资的股份制得到迅速发展，"到1991年底，据不完全统计，全国各类股份制试点企业达到3220家（不包括乡镇企业中的股份合作制，中外合资，国内联营企业）。其中有2751家实行了职工持股制度，占试点企业总数的85.4%。在股权结构上，企业职工个人持股约3亿元，占试点企业总股金的20%左右"。②

第二阶段：发展扩张阶段（1992～1998年）。随着我国社会主义市场经济体制改革方向的进一步明确，在进行市场经济体制建设过程中，股份制和职工持股制度也成为国家体制改革的重要方面。

1992年以后我国加大了企业内部职工持股的推进力度。1992年2月国家体改委负责人在答记者问时指出："有计划、有步骤地扩大企业内部职工持股的股份制试点的范围。各地可选择一些基本建设或技术改造项目已列入国家计划而资金有缺口的企业，向本企业内部职工发行股票筹措资金。"③ 这一表态仍表明中央领导对职工持股制度在总体上持支持态度，而且特别强调了利用这一制度来解决当时企业建设资金短缺的问题。同时，为了规范企业内部职工持股的行为，国家体改委等多部门在1992～1994年颁布了《股份制企业试点办法》《股份有限公司规范意见》《定向募集股份有限公司内部职工持股管理规定》《关于社会募集股份有限公司向职工

---

① 《十三大以来重要文献选编》（上），人民出版社，1991，第28页。
② 王斌：《企业职工持股制度国际比较》，经济管理出版社，2000，第61页。
③ 《十三大以来重要文献选编》（下），人民出版社，1993，第1918页。

配售股份的补充规定》等重要政策文件，这些文件进一步规范和明确了向本企业职工配售股票的份额以及上市流转的锁定期等。

随着这几个政策文件的出台，全国涌现出大量定向募集的股份公司，大多通过职工自愿购买的方式，建立起企业内部职工持股制度。但也出现了一些负面效应，比如在锁定期结束后，部分持股职工在股市上高价抛售股票套取高额收益，严重影响了股票市场的稳定，同时国有企业也出现了诸如"权力股""关系股"等较为突出的问题，这就违背了利用职工持股制度来筹集企业发展资金的初衷。为此，1994 年 6 月国家体改委颁发了《关于立即停止审批定向募集股份有限公司并重申停止审批和发行内部职工股的通知》，至此，以定向募集资金为主要目标的企业内部职工持股制度的实践暂告一段落。

在否定以定向筹集资金为目的的职工持股制度的同时，我国在 1994 年以后又开始了新的实践探索。在中央的鼓励下，各地各部门不断总结以往正反两方面的经验教训，同时，这一时期也涌现出大量介绍西方职工持股制度的文章，为我国的实践探索提供了有益的经验。由此，在结合中国国情的基础上，我国形成了具有中国特色的新的组织形式——职工持股会，并通过这一组织来管理和运作较为分散的职工持有的股份。1997 年民政部等多部门联合颁布了《关于外经贸试点企业内部职工持股会登记管理问题的暂行规定》，这一份文件对职工持股会的职能进行了界定："职工持股会是专门从事企业内部职工持股资金管理，认购公司股份，行使股东权力，履行股东义务，维护出资职工合法权益的组织。职工持股会会员以出资额为限，对持股会承担责任，职工持股会以其全部出资额为限，对企业承担责任。职工持股会的资金不能进行本企业以外的其他投资活动。"此后，深圳等地结合自身情况，也从资金来源、员工持股占比的大小等方面颁布了进一步规范职工持股会的相关政策文件和法律法规。

职工持股会这一制度创新在规范企业管理、激发员工积极性等方面起到了重要作用，但也暴露出一些问题。比如，我国资本市场中一级市场和二级市场存在巨大的价差，企业持股职工为了获取巨大的收益就会在适当时候抛售股票，这既容易扰乱股票二级市场，也与职工持股制度所强调的"联结企业和职工、长期激励、鼓励职工持股、参与企业管理"的重要作用和目的相背离。基于此，证监会在 1998 年 11 月发布了《关于停止发行公司职工股的通知》，上市公司内部职工持股的形式在法律上被禁止，从而我国的职工持股制度便只能在非上市企业实施。

第三阶段：深化调整阶段（1999～2012 年）。我国职工持股制度的一个重要目的是激励各方力量积极参与到生产过程中，但前期的实践显然与这一目的背道而驰，需要重新调整。

1999 年 9 月党的十五届四中全会通过了《中共中央关于国有企业改革和发展若干重大问题的决定》，针对国有企业经营者的激励问题，提出了一些重要论断，如"少数企业试行经理（厂长）年薪制、持有股权等分配方式"。[①] 由此，对国有企业内部职工持股制度又开始了新的探索。2000年，劳动和社会保障部、国家经济贸易委员会等多部门先后发布了《进一步深化企业内部分配制度改革的指导意见》《关于深化国有企业内部人事、劳动、分配制度改革的意见》等文件，再次强调了建立职工持股制度的目的，要通过股权分配激励国有企业经营者等核心员工；允许员工通过投资入股的方式参与利润分配；鼓励和支持部分实行股份制改造的竞争性企业进行员工持股试点；鼓励关键技术实行折价入股和股份奖励等分配办法与激励形式等。此后，国有企业开始了新一轮职工持股的试点和改革。

在这一时期，一大批国有企业雇用了职业经理人，为了进一步刺激企业管理层和这批职业经理人的积极性，股权激励的另一种形式即管理层收购成为一种新的试点形式。不少国有企业的管理层纷纷通过各种渠道持有企业股权，在中国大地上刮起了一阵管理层收购的旋风。在这一急躁冒进的改革中，由于监督和制约机制的不完善，在国有经济改制的大背景下，管理层收购带来一系列较为严重的问题，如自卖自买、暗箱操作等，不仅没有起到激励管理层的作用，还直接造成了大量国有资产流失。尽管管理层收购出现了一些偏差，但如何激励企业人员特别是管理人员的积极性一直是这一时期企业经济体制改革的核心内容。2005 年 8 月证监会等部门发布了《关于上市公司股权分置改革的指导意见》，该文件明确指出，支持和鼓励在完成股权分置改革的上市公司中，开展管理层股权激励的试点。

---

① 《改革开放三十年重要文献选编》（下），人民出版社，2008，第 1048 页。

此后，一系列文件如《上市公司股权激励管理办法（试行）》《国有控股上市公司（境内）实施股权激励试行办法》《关于规范国有控股上市公司实施股权激励制度有关问题的通知》等进一步明确了利用股权来激励管理层的方法，从股权激励条件、激励对象、持股比例、持股锁定期、股票的授予方式等多方面进行规范，在总体思路上，进一步强调了对核心人员特别是对管理层的股权激励。

第四阶段：有序推进阶段（2013 年至今）。党的十八大以来，实现高质量发展是新时代的主题。如何引导企业的健康发展，如何调动企业人员的积极性，如何构建和谐劳动关系，仍是新时代企业经济体制改革的重要内容。

2013 年 11 月，党的十八届三中全会通过了《中共中央关于全面深化改革若干重大问题的决定》，这是在中国特色社会主义进入新时代、实现高质量发展的大背景下，引领经济体制改革的重要文件，其中企业职工持股制度也得到进一步确认，"允许混合所有制经济实行企业员工持股，形成资本所有者和劳动者利益共同体"。[①] 此后，国家为了促进和推动职工持股制度的健康发展，先后出台了一系列文件。2014 年 6 月证监会发布了《关于上市公司实施员工持股计划试点的指导意见》，进一步强调了上市公司可以根据自身情况以及员工意愿在企业内部推行员工持股计划，持股的资金可以通过多种方式（如员工薪酬）筹集，此外该意见还对股票回购、二级市场交易、信息披露及内幕交易防控等方面作出了相关规定，成为新时代规范职工持股制度的纲领性文件。

此后，国家先后发布了《2015 年度指导监督地方国资工作计划》《中共中央国务院关于深化国有企业改革的指导意见》，这两份文件突出强调了在混合所有制改革的同时，鼓励一些地方先行先试，在混合所有制企业中开展员工持股计划的试点。2016 年 8 月，国务院国资委等部门发布了《关于国有控股混合所有制企业开展员工持股试点的意见》，该文件对员工持股问题做了更为详细的规定，如不允许进行杠杆融资，单个员工持股总额不能超过总股本的 1%、国有控股企业的员工持股比例不得低于 34% 等。

---

① 《十八大以来重要文献选编》（上），中央文献出版社，2014，第 515 页。

总体而言，这些都是针对我国国有企业和混合所有制企业的改革试点工作而出台的相关文件，还需要进一步拓展。

由于高新科技企业是人力资本密集型的企业，因此更需要激发员工的创新活力，同时，为了响应国家创新驱动发展战略，国家也开始在高新科技企业进行员工持股的引导，在政策上鼓励和支持高新科技企业开展职工持股制度的相关试点。2018 年 6 月证监会发布了《关于试点创新企业实施员工持股计划和期权激励的指引》，这份文件对上市前实施的员工持股计划和上市前制定、上市后实施的期权激励计划提出了相关指导性建议。2019 年新修订的《证券法》进一步明确了实施员工持股计划的条件、参与持股计划员工的利益保障机制、员工持股的进入和退出条件、计算股东人数等多方面的要求。至此，企业职工持股计划的试点已经由国有企业和混合所有制企业拓展到民营企业和高新科技企业，进入了多方面多层次展开并有序推进的新阶段。

二 我国利润分享制度存在的问题

改革开放以来，我国逐渐意识到建立职工持股制度的意义和重要性，这是对社会主义市场经济在实践中认识不断加深的结果，该制度取得一些突出成就，但也在制度设计和建构等方面上暴露出一些问题。

第一，劳动者参与分享的比例仍然较低。根据东方财富 Choice 数据库提供的数据，从 2014 年 1 月 1 日到 2019 年 12 月 31 日，沪深两市共有 89 家国有上市公司发布了员工持股计划方案。已实施职工持股制度的国有企业中，职工持股比例的平均值为 1.59%，职工参与比例的平均值为 20.12%。员工持股比例最高的国有企业，员工持股比例高达 9.21%，但员工参与比例仅为 7.81%。员工参与比例最高的国有企业，员工参与比例高达 84.29%，但员工持股比例仅为 1.81%。每个参加劳动的劳动者都拥有自己的劳动力产权，劳动力产权实现意味着所有劳动者都能凭借劳动力所有权获得利润分享的权利，但我国职工持股制度并没有给予所有劳动者利润分享的权利。与此同时，有关调查显示，在现有的制度设计中，较多强调对核心管理人员、专业人员的股权激励，普通员工持股仅仅占总数的

2.9%。① 由于所有劳动者都是价值创造的主体，这就意味着我们需要普惠式的员工持股计划，从而分配的重点在于让普通企业员工成为企业产权结构的主体。② 进入新时代，我国大力引导混合所有制企业内部员工持股的试点工作，其目标就是"形成资本所有者和劳动者利益共同体"，为此也应该把企业内部最普通的劳动者吸纳进"利益共同体"中来。③

第二，并没有将劳动力价值实现情况联系起来。劳动力产权实现建构的职工持股制的前提是劳动力价值实现，再在劳动力价值实现的基础上获得额外利润分享的权利。我国职工持股制度尽管给予了劳动者一定利润分享的权利，但并没考虑劳动力价值实现的问题。在我国现有制度设计中，大多是从一个方面出发，并没有把两者联系起来，如 2018 年中央全面深化改革委员会第一次会议审议通过了《关于改革国有企业工资决定机制的意见》，该意见只是强调要建立适应市场经济体制的工资制度，并没有涉及职工持股的利润分享问题；要么就是有较多关于职工持股并参与企业利润分享的制度设计和规定，却没有与工资制度联系在一起。因为利润和工资是一对相对而生的概念，只有当劳动者工资和劳动力价值相等并在此基础上获得利润分享，才是真正的劳动力产权实现，否则当工资低于劳动力价值时，尽管劳动者获得了利润分享的权利，但仍有可能使得劳动者的总收入低于或者等于劳动力价值，从而只是在形式上产生了劳动力产权实现的假象，甚至有可能只是停留在劳动力价值实现的层面。

第三，缺乏将个人激励和企业长期发展融合在一起的机制设计。劳动力产权实现有当期实现和跨期实现两种方式，其实质就是将当前利益和未来利益兼顾起来。而且在企业组织里，劳动力产权实现首先是要实现经济发展，这也要求利用利润分享来激发劳动者的积极性，既要有短期的利益刺激，也要防范员工的短期行为损害企业的长期利益。从根本上来讲，建立在劳动力产权实现基础上的利润分享制度，是为了提高劳动者的收入，但不能让其演变成一种投资行为，因此需要建立激励约束长效机制。在我

---

① 李晓清：《国企混合所有制改革背景下员工持股计划研究——以绿地控股为例》，云南财经大学硕士学位论文，2020。
② 肖贵清、乔惠波：《混合所有制经济与国有企业改革》，《社会主义研究》2015 年第 3 期。
③ 沈文玮：《经济民主视角下的混合所有制员工持股分析》，《现代经济探讨》2015 年第 5 期。

国职工持股制度中，劳动者在获得企业的股权后，每期都能分享到一定利润额，能将劳动者和企业发展兼顾起来。但是，当劳动者将这种股权在市场上进行交易后，劳动者在将未来利益进行贴现的同时，也失去了企业未来的利润分享，从而不太关注企业未来利益。也就是说，如果在短期内能进行股权交易，劳动者就存在牺牲企业未来利益来套现短期利益的可能性，这也就要求将劳动者的股权交易进行暂时锁定，引导劳动者将短期利益和长期利益兼顾起来。在我国当今的职工持股制度中，职工持股的股权交易一般锁定为 1~3 年，这对企业的长期发展显然是不利的，需要适当延长相应期限。而且为了保证职工持股在整个企业内部的稳定性，在大多制度设计中并没有保证职工持有的股权在企业内部劳动者之间进行交易的机制，而一旦这部分股权能在二级市场进行交易，会造成不在企业内部的其他群体的持股现象，进一步稀释职工持股在总股本中的占比。

第四，劳动者获取股权的方式还显得相对单一。我国职工所持的股权大多数以个人现金购买为主，这使得获得持股权在某种程度上变成一种纯粹的投资行为。但是，当企业发展状况不好时，劳动者增持企业内部股票的积极性就较低；当企业发展前景较好时，在内部发行的股票价格相对较高，并不能保证劳动者都能公平地获得相应股权。而且企业股票也是个人投资的方式之一，对于流动性较强、收入水平并不高的个人和家庭来说，职工购买本公司股票的投资方式未必是最优决策。

第五，缺乏较为规范和科学的进入与退出机制。当今的职工持股制度较多关注职工持股的条件、员工持股的比例等，较少关注职工进入和退出企业后，这些股权如何处置的问题。在企业内部，职工人数并不是一成不变的，既不断有职工进入，也存在从企业离职的人员。当企业只有部分人员持股时，持股的职工和不持股职工之间就演变成企业的内部人和局外人之间的关系，两部分群体的积极性必然存在差异。即使某些企业实行了全员职工持股制度，特别是当企业不断发展壮大时，企业会有大量新职工加入，这就会涉及新进人员获得股权的条件、份额等方面的制度设计。同时，当职工离开企业时，其持有的股权如何处置也需要相应制度设计。具体而言，需要对这部分股权如何流通、流通的期限等方面进行较为具体的制度设计，而从目前国内的情况来看，这方面的设计相对欠缺。

第六，缺乏维护劳动者利益的机制设计。当今一些企业尽管推行了职工持股制度，但仍存在职工持股人数较少、职工股权占比较小且相对分散的问题。当企业控制权以股权大小为衡量尺度时，劳动者在企业的投票权的权重过低，无法有效维护其自身利益。尽管历史上我国在立法上承认和支持在企业内部建立职工持股会，对维护劳动者作为小股东的利益起到了一定作用，但由于存在法律依据不足、职工持股会的领导机构不明确、决策效率不高等方面的问题，职工持股会在 2008 年以后就被逐步撤销。尽管职工持股会在我国退出了历史舞台，但为了化解资本所有者和劳动者在利益上的纠纷，全面了解和监管企业的经营与管理过程，仍需要探索新的形式。如部分企业设立了企业委员会，其职能是对管理委员会委员和干部的人员构成进行调整，积极推动内部监督监管的优化完善，保障职工实现合理合法持股，在管理委员会中调入多方利益相关者或企业董事会成员等，使各个委员间可以相互制衡，很好地维护了劳动者的利益。此外，还有较多的类似探索，但还未形成较为明确的、有效的且能推广的经验。

第四节　本章小结

我们研究马克思劳动力产权实现思想的目的是为我所用，这也就涉及这一思想是否适合于中国的问题。同时，思想的价值在于要将其运用于实践并在实践中指导解决具体问题。同理，马克思劳动力产权实现思想在传入中国以后，也面临如何结合中国实践状况进行应用的问题。

马克思劳动力产权实现思想以资本主义为考察和分析对象，与我国社会主义大环境存在巨大的差异，在当今的适用性需要科学分析。一方面，马克思劳动力产权实现思想对我国现实仍具有重要指导意义。马克思劳动力产权实现思想尽管是对资本主义社会的批判性思想，但在批判中其揭示了人类社会发展的一般规律，这种规律对我国社会主义建设仍具有普适性。马克思劳动力产权实现思想的逻辑起点是劳动力商品，只要存在劳动力商品，马克思劳动力产权实现思想所揭示的一般规律都将发挥作用。我国尽管是社会主义国家，但存在劳动力商品，这也说明马克思劳动力产权实现思想仍具有现实指导意义。此外，马克思劳动力产权实现思想具有明显的阶级立场，是为了揭示劳动者贫困根源的思想，这与我国坚持以人民为中心的立场，具有高度一致性。另一方面，马克思理论是一个与时俱进的理论，马克思劳动力产权实现思想也需要在中国特殊的实践中不断丰富、发展和创新。我国社会主义的实践不同于马克思所处年代的社会实践，劳动力价值中人力资本含量的增加、国有企业劳动力产权、农民工这些不同于马克思所处年代的特殊情况，为马克思劳动力产权实现思想创新和发展提供了现实土壤。

马克思劳动力产权实现思想要求改变传统劳动者只获得工资的状况，着力提高劳动者收入，这也是我国推动劳动者收入改革的一个重要目标，因而这一思想具有现实的指导意义。在市场经济条件下，劳动力产权实现的一个重要条件就是劳动力供给短缺、劳动力工资超过劳动力价值。我国自 2010 年以后，出现了愈演愈烈的劳动力短缺、民工荒现象，围绕劳动力产权实现进行相应调整和改革具有可能性。在改革开放初期劳动力较为充裕的条件下，依赖于劳动力工资低于劳动力价值的"人口红利Ⅰ"，我国在不断扩大再生产过程中实现了经济高速发展，但由此也带来了劳动报酬偏低、养老金缺口巨大等突出问题，这要求我们抛弃传统依赖于低工资、低要素价格的发展模式，而马克思劳动力产权实现思想则具有了在中国发挥作用的理论空间。进入新时代以来，在"人口红利Ⅰ"消失后，我国人才红利正逐渐形成。由"人口红利Ⅰ"向人才红利的转变，符合马克思劳动力产权实现思想的内在逻辑，也要求我们以马克思劳动力产权实现思想为指导推动相关改革，进一步激发劳动者的积极性，实现人才红利的最大化。

劳动力产权实现在形式上要求劳动者能分享到利润，需要建构利润分享制度。改革开放以来，我国尽管在实践中不断形成了各具特色的利润分享制度，但也存在一些突出问题，如在各类企业中，建立利润分享制度的企业比例相对较低；并没有与劳动力价值实现情况联系起来；缺乏将个人激励和企业长期发展融合在一起的机制设计；劳动者获取持股权的方式还显得相对单一；缺乏较为规范和科学的进入与退出机制；缺乏维护劳动者利益的机制设计等。由此可见，要想引导我国利润分享制度健康发展，需要我们深刻领悟马克思劳动力产权实现思想的精髓，并以此来推动相应改革和调整。

　　总之，马克思劳动力产权实现思想在当今中国面临两重境遇。其一，马克思劳动力产权实现思想仍适用于当今中国，这是马克思理论生命力的体现。其二，马克思劳动力产权实现思想对我国当今存在的一些问题，具有重要的现实指导意义，这是运用马克思理论解决中国具体问题的展现。

第七章

我国劳动力产权实现的价值意蕴：
共享发展理念的微观展现

引言　如何看待马克思劳动力产权实现思想蕴含的
革命性和斗争性

劳动力商品发生交易后，劳动力使用权和所有权就出现了分离，就会存在劳动力产权实现的问题。劳动者在将劳动力商品出卖给资本家后，工资只是对劳动力价值的补偿，这和物质资本在生产中提取折旧费、损耗费并无差异，相当于对成本的等值补偿。不参加劳动的资本家，却凭借物质资料的所有权获得独占利润的权利，而参加劳动的劳动者，创造了剩余价值，却并不能凭借劳动力所有权获得利润分享的权利，这既造成了劳动者和资本家之间的对立，也使得劳动者陷入贫困的境地。在马克思看来，劳动力产权实现的根源是生产资料私有制。只要存在生产资料私有制，就必然形成两极状态，即一极是掌握生产资料却并不参加劳动的资本家，另一极是参加劳动却没有生产资料的劳动者。人类只要消灭了私有制，也就消灭了剥削的根源，才能为劳动力产权实现创造必备的条件。但消灭私有制需要消灭背后的阶级力量，需要无产阶级联合起来，通过革命斗争来推翻资产阶级，因而马克思劳动力产权实现思想中蕴含着革命性和斗争性。但马克思强调革命性和斗争性的目的在于改变劳动者贫困的命运，违背了这一目的，最终也将背离马克思理论的本意。

我国社会主义制度建立以后，逐渐形成生产资料公有制占主体、多种所有制共同发展的所有制结构，阶级矛盾已经不是我国的主要矛盾，加快发展生产建立先进的工业国，迅速发展经济文化，已经成为主要矛盾的一个重要方面。我国社会主义制度的建立以及主要矛盾的变化，与马克思所批判的资本主义完全不同，马克思劳动力产权实现思想在我国的价值意蕴并不是重拾阶级斗争的大棒，而恰恰需要坚持鲜明的无产阶级立场，将经济建设的重点转变到如何维护好实现好发展好劳动者的利益上。具体而言，劳动力产权实现意味着劳动者和资本所有者在企业内部进行联合生产，并共同分享利润，在结果上呈现共同参与生产、共同占有劳动果实的局面，这既破除了资本主义社会中劳动者和资本家之间的对立关系，也进一步激发了劳动者的主动性和积极性，从而也进一步促进了生产力的发展。总体而言，这是劳动主体的共建和共享的过程，与我国提出的共享发展理念具有一致性。

1978 年党的十一届三中全会以后，随着改革开放的不断深入，我国实现了经济社会的全面发展，取得了举世瞩目的伟大成就，但发展过程中面临的问题依然不少，如收入差距较大等已成为社会普遍关注的焦点，也是实现高质量发展需要解决的重大问题。党的十八届五中全会提出了五大发展理念，即创新、协调、绿色、开放、共享，这五大发展理念成为我国新时代实现高质量发展的指引。党的十九大报告也指出："发展必须是科学发展，必须坚定不移贯彻创新、协调、绿色、开放、共享的发展理念。"①共享发展理念的提出具有深厚的历史背景和现实针对性，这必将是指引我国当前解决收入差距过大、实现公平发展的重要理念。与此同时，马克思劳动力产权实现思想也为提高劳动者收入、实现更为公平的发展提供了合理依据。作为统领我国经济社会发展的重要理念，共享发展理念与马克思劳动力产权实现思想具有一致性。

第一节　理解共享发展理念的几个维度

共享发展理念作为新时代我国实现高质量发展的重要理念之一，拥有

---

①　习近平：《决胜全面建成小康社会 夺取新时代中国特色社会主义伟大胜利——在中国共产党第十九次全国代表大会上的报告》，人民出版社，2017，第 21 页。

丰富的内涵，可以从以下几个方面进行理解。

一　共享发展主体的全民性

在马克思看来，西方资本主义财富不断地集中到资本所有者手中，而作为人数占多数的无产阶级却日益陷入贫困的境地，彰显的是少部分人占有大部分社会成果的不公平不合理的逻辑。习近平总书记强调："共享发展是人人享有、各得其所，不是少数人共享、一部分人共享。"① 共享发展理念强调人民是改革发展成果的共享主体，这既是对西方资本主义理论的超越，也是对马克思理论的继承和发展。

首先，共享发展理念突出了人民的主体性地位。马克思主义唯物史观认为，人民群众是推动历史发展的主体，是历史的创造者。能否将广大人民群众的积极性调动起来，关系到一国能否实现持续快速发展。共享发展理念也强调"人民是历史的创造者，是决定党和国家前途命运的根本力量"②，也是"推动改革的力量源泉"。③ 从而共享发展理念与马克思理论既一脉相承又对其进行了丰富和发展。同时，党的根本宗旨也决定了我国必须坚持人民主体性地位。中国共产党始终坚持全心全意为人民服务的根本宗旨，这也决定了人民群众是共享发展成果的主体归属，必须始终把人民群众利益置于中心位置，以实现好和维护好广大人民的利益为价值旨归，充分调动最广大人民群众的积极性，将社会发展的动力充分激发出来。

其次，共享发展理念以维护和实现人民群众利益为重要准则。在马克思理论中，一切发展的最终落脚点是人而不是物，促进人的全面发展是人类社会发展的最终目的。全民共享作为共享发展理念的重要组成部分，突破了资本主义发展过程中牺牲广大人民群众利益的片面性，彰显了发展为了人民、人民利益至上的核心价值理念。进入新时代，中国共产党"始终把人民放在心中最高的位置"④，以维护好和发展好最广大人民群众的根本

① 《习近平谈治国理政》第 2 卷，外文出版社，2017，第 215 页。
② 习近平：《决胜全面建成小康社会 夺取新时代中国特色社会主义伟大胜利——在中国共产党第十九次全国代表大会上的报告》，人民出版社，2017，第 21 页。
③ 《习近平总书记系列重要讲话读本》，学习出版社，2016，第 48 页。
④ 《习近平谈治国理政》，外文出版社，2014，第 43 页。

利益为出发点，把人民群众是否拥护、赞成、高兴、答应作为党开展所有工作的指针，既强调不断满足人民日益增长的美好生活需要，以维护好和发展好共享发展成果的主体（人民群众）利益为出发点，也要求在实践中不断满足好、维护好、实现好广大人民群众的利益诉求，激发人民群众在发展过程中的主动性、积极性。

二　共享发展内容的全面性

马克思曾经指出："人们为了能够'创造历史'，必须能够生活。"① 人类的生活就是获取物质不断满足生存和发展的过程，这也是人的发展过程。但是，在资本主义社会，人的发展在阶级层面上呈现出分化的状况，即拥有大量资本的资本家，其在发展内容上获得了较为充分的满足，而日益贫困化的无产阶级却在发展上陷入停滞和困境。共享发展理念强调发展内容上的共享，以促进人的全面发展为发展的终极目标，既突出了广大人民群众作为共享发展的主体身份，也强调了在发展内容上的全面共享。

首先，从人类获取物质的过程来看，共享发展的内容具有丰富的内涵，即包括发展权利、发展条件的普惠共享，也包括发展成果的公平享有。在发展权利上，共享发展强调发展主体在机会获取上的公平，不仅包括在发展过程中获取财富、相关职位晋升等层面拥有的机会平等，也涵盖接受教育的机会等更深层的机会平等，从而共享发展要求规则公平，既要符合人类社会发展过程关于公平的利益诉求，也要人民群众实现法律规定的相应权利和义务的平等性，真正保障人民的切身利益。在发展条件上，推进公共服务均等化是全面共享的内在条件。由于每个主体在资源禀赋和先天条件等方面存在差异，适合个体发展的条件也不尽相同，由此，要求政府坚持以公平正义为原则，按照人人受益、人人发展的目标，加大基本公共产品和公共服务的供给力度，以满足人民群众对美好生活的需要。在发展成果上，社会财富是各种要素共同协作产生的，社会成果理应让广大人民共同享有，共享发展强调在做好"蛋糕"的同时分好"蛋糕"，逐步扭转分配格局不合理的现象，积极推动实现共同富裕，体现社会主义制度

---

① 《马克思恩格斯文集》第 1 卷，人民出版社，2009，第 531 页。

优势。习近平总书记多次强调："消除贫困、改善民生、逐步实现共同富裕，是社会主义的本质要求，是我们党的重要使命。"① 共同富裕的价值目标与共享发展理念具有内在一致性，这要求党和政府从人民群众利益出发，以民生问题为重要抓手，着力解决人民群众现实困难，从就业、教育、社会保障等方面共同发力，切实提高广大人民的收入水平，加大力度解决低收入者家庭相对贫困的问题，不断提升广大人民群众的幸福感，体现结果的公平。

其次，从社会发展内容的规定性来看，"五位一体"总布局体现了共享发展内容的多维度。从政治领域来看，不断推进政治体制改革，完善人民参与政治生活的体制机制，维护和保障人民基本的政治权利是共享发展理念的重要体现。正如习近平总书记所言，要"通过制度安排，依法保障人民权益，让全体人民依法平等享有权利和履行义务"。② 从经济领域来看，让人民公平享有经济发展成果是当今经济发展正义的体现，这要求在促进经济发展的同时，不断调整收入分配格局，让更多人特别是劳动者能分享改革发展的成果，不断遏制和扭转收入分配不公平的态势，构建更加合理的收入分配格局，推进共同富裕。从文化领域来看，习近平总书记多次强调党和政府要从人民群众的物质文化需要着手，真正将广大人民的文化权益落到实处，这也要求党和政府不断加大公共文化投入力度，构建让人民群众广泛参与文化性活动的体制机制，让人民群众真正共享文化发展的辉煌成果。从社会领域来看，"中国的问题，压倒一切的是需要稳定。没有稳定的环境，什么都搞不成，已经取得的成果也会失掉"。③ 构建良好的社会环境、维护社会稳定是广大人民实现全面发展的基础和前提。以习近平同志为核心的党中央，从人民关注的民生问题出发，不断健全和完善社会保障体系，积极推动高质量、高水平就业，不断在优化教育和医疗资源等方面精准发力，为人民共享发展提供了一个良好的社会环境。从生态环境来看，共享发展强调生态环境的公共产品属性，应该让人民普遍享有

---

① 《习近平谈治国理政》第 2 卷，外文出版社，2017，第 83 页。
② 《习近平关于全面深化改革论述摘编》，中央文献出版社，2014，第 94 页。
③ 《邓小平文选》第 3 卷，人民出版社，1993，第 284 页。

更好的生态环境。习近平总书记指出："良好生态环境是最公平的公共产品，是最普惠的民生福祉。"① 这要求我们在实践中做到尊重自然、敬畏自然，着力解决当今发展过程中面临的较为突出的生态环境问题，不断提高生态环境质量，让人民共享生态建设的发展成果。

三　共享发展动力的合力性

恩格斯从唯物史观出发，揭示了人类历史在发展进程中的动力问题，这集中体现在其历史合力论思想中。其在 1886 年发表的《路德维希·费尔巴哈和德国古典哲学的终结》中明确指出："历史是这样创造的：最终的结果总是从许多单个的意志的相互冲突中产生出来的，而其中每一个意志，又是由于许多特殊的生活条件，才成为它所成为的那样。这样就有无数互相交错的力量，有无数个力的平行四边形，由此就产生出一个合力，即历史结果，而这个结果又可以看做一个作为整体的、不自觉地和不自主地起着作用的力量的产物。"② 在这里，恩格斯明确指出，历史发展是多种社会力量相互作用而形成的结果，而不是单个人意志作用的结果，在结果上要实现共享成果的最大化，就需要让各方力量在实践中形成合力。换言之，共享发展在动力上就是要调动各方力量，使其共同参与到社会主义建设中来，这就是各方力量共建的过程。由此，共享发展需要处理好共建与共享之间的关系。

首先，共建体现了参与主体在共享成果上的平等关系。共享成果的最大化需要各方力量通力合作，形成巨大合力，才能保证把"蛋糕"做大，使每个主体共享成果的最大化。在这里，"我共建，我共享，体现了我作为创造者对自我需求的满足，对自我生存、发展、享受的追求"。③ 反之，当部分主体未参与共建过程，却共享发展成果时，则意味着存在剥削或无偿占有，这违背了社会主义公平原则，也会影响共享发展的前景。

其次，共建与共享之间是辩证统一的关系。习近平总书记指出："共

---

① 《习近平关于全面深化改革论述摘编》，中央文献出版社，2014，第 107 页。
② 《马克思恩格斯文集》第 10 卷，人民出版社，2009，第 592 页。
③ 陶倩、易小兵：《共享发展理念的三重意义》，《思想理论教育导刊》2016 年第 8 期。

建才能共享，共建的过程也是共享的过程。"① 一方面，共建是共享的前提
和基础。各方力量的共同参与是创造美好社会的基础，是共享成果最大化
的前提。同时，共享发展成果的依据必然是各方力量在共同参与中的贡
献。反之，如果片面追求共享，忽视作为共享的前提条件，那么就无法调
动各方力量参与到共同建设中，共享也就失去了物质基础。另一方面，共
享是激发共建的动力源泉。没有了共享，共建也就失去了奋斗的目标和前
进的方向。共建的过程不是一个群体的单独行为，而是要将各方力量集聚
起来，并最大限度地激发人民群众的积极性和创造性，但想要实现这一过
程，则要求将发展成果作为力量牵引来加以引导。在创造社会成果的过程
中，"蛋糕"分配的规则合理，才能充分调动各方力量参与共建的积极性，
在结果上也能有效地将"蛋糕"做大，从而形成良性循环。反之，如果一
开始就存在"蛋糕"分配不公平的规则，各方力量参与共建的积极性也就
无法被有效激发，在共建过程中也无法有效形成合力，"蛋糕"自然也就
无法做大，从而陷入恶性循环之中。

四　共享发展过程的渐进性

共享发展与一定历史发展阶段相联系。共享发展离不开物质基础，唯
有不断发展生产力，才能创造出更为丰富的物质成果，共享发展水平也才
能得到相应提高。习近平总书记指出："共享发展必将有一个从低级到高
级、从不均衡到均衡的过程。"② 在这里，习近平同志明确了共享发展的阶
段性，其必然有一个随着社会进步而不断提高的过程，具有渐进性的特
征。党的十八届五中全会提出了共享发展理念，这是指导我国在新时代实
现高质量发展的重要理念。但我国实现高质量发展本身并不能一蹴而就，
这也决定了我国的共享发展必然呈现出一个不断上升的渐进发展过程。进
入新时代，站在新的历史起点上，我国的历史任务发生改变，开启了"新
三步走"战略的伟大征程，但我国也存在不变的地方，即中国仍处于社会
主义初级阶段的基本国情没有变，生产力不够发达仍是制约我国发展的最

---

① 《习近平谈治国理政》第 2 卷，外文出版社，2017，第 215 页。
② 《习近平谈治国理政》第 2 卷，外文出版社，2017，第 216 页。

突出问题，我国的物质条件和经济发展水平与满足人民美好生活需要的共享发展水平仍相去甚远，实现生产力大发展，赶超西方发达国家，还需要一个较长的历史阶段。另外，在我国内部，共享发展水平和程度也呈现出较大差异，存在共享发展水平较为不平衡、不充分的状况。我国当今仍存在东西部发展差距较大、城乡发展差距较大等多方面的客观事实，共享发展不全面、共享发展不充分等问题在一些地区仍较为突出。实现国家层面的均衡平稳发展，需要党和政府以中国现阶段的基本国情为立足点，以解放和发展生产力为主线，着力解决当今我国经济社会发展过程中存在的较为突出的不平衡不充分问题，实现社会发展和共享发展协同推进、协同发力的良性互动。

此外，共享发展作为一种新的理念，与传统发展理念存在较大差异，从我国提出共享发展理念到广大人民群众逐渐从认知到接受，再到转化为自觉行为，必然有一个不断深入的过程。同时，共享发展与传统发展模式不同，也必然触动甚至损害部分阶层和群体的利益，这部分群体和阶层也就成为推进共享发展的阻力。克服这些阻力，需要进一步深化改革，从而在改革进程中，逐步提高共享发展水平。

第二节　共享发展理念与马克思劳动力产权实现思想的契合

共享发展理念是指导实现高质量发展、解决我国当今较为突出的公平问题而提出的新理念，是统领我国新时代的重要发展理念。劳动力产权实现在企业这一微观组织中的发生，对微观领域实现效率最大化与公平发展起到重要作用，从而共享发展理念也是劳动力产权实现的重要思想引领，劳动力产权实现是共享发展理念在微观领域的展现，两者之间存在一致性。

一　共建共享原则的一致性

人民群众是推动社会发展的决定性力量，也是创造价值的主体。最大限度激发广大人民群众的创造活力，才能为人民共享创造更为坚实的物质基础，这是社会主义的应有之义。同理，企业的目的是创造出尽量多的利润，这也需要将创造利润的一切群体的积极性调动起来，从而推动企业的壮大和发展。

首先，以人民为中心回答了"发展依靠谁"的问题，要求充分调动最广大劳动者的积极性。"以人民为中心"核心理念首先表明了鲜明的阶级立场。无产阶级立场是马克思理论区别于其他西方理论的重要特征之一。是否代表最广大人民的利益，也是共产党区别于西方资产阶级政党的重要标志之一。人民性是共享发展理念的根本属性，也是"以人民为中心"发展理念的集中体现。一切发展最终目的要体现在人的全面发展上。只有充分调动人的主观能动性，才能创造出更多的价值；共享发展本质上是人的共享发展，离开了人民群众的积极参与，共享发展也就毫无意义，从而人民群众的智慧和力量是推动社会发展的根本动力，要发挥这一动力就要求在发展目的上实现人民群众的共享发展。从根本上讲，共享发展理念是基于国家层面维护广大人民利益的宏观理论。从宏观层面到微观层面，在企业组织中，也存在维护广大人民利益的问题。劳动力产权实现的关注点是如何提高劳动者收入、维护劳动者利益的问题，体现了马克思主义的阶级立场，也是以人民为中心核心理念的彰显。

在人类进入资本主义社会以后，追逐利润最大化是推动企业发展乃至资本主义社会前进的动力。但是，资本成为主宰生产的一切力量，资本主义雇佣关系呈现的是剥削关系。劳动者成为适应于资本需要的附庸和附属品，从某种程度上来讲，在独享和独占利润的刺激下，资本家被充分调动起来了，但劳动者的积极性和主动性也被无形泯灭了。从社会发展的应然要求来看，社会的驱动力应该是充分调动劳动者和资本家的双重积极性。1956年我国完成了"三大改造"，由此建立了社会主义制度，确立了公有制经济的主体地位，但资本所有者阶层仍然存在。在企业微观组织中，也存在如何调动劳动者积极性的问题。基于此，劳动力产权实现要求改变传统的"资本雇佣逻辑"，强调资本所有者和劳动者之间的联合，激发劳动者的积极性，这是对传统企业发展模式的修正。但同时劳动力产权实现不是泯灭资本所有者的积极性。在现代化大生产中，价值创造是生产要素进行组合生产出相应产品的过程，背后是资本所有者和劳动者进行有效分工合作的过程，这需要充分调动一切生产要素所有者的积极性。

其次，以人民为中心回答了"发展为了谁"的问题，这有明确的阶级指向性，从根本上是要求让人民成为共享改革发展成果的主体。如果发展只是少数人的发展，最终会带来一系列问题，无法实现持续发展。如果共享只是少数人的共享，也无法调动一切力量。正是从这种意义来看，共享发展理念将共享发展的主体扩大到广大人民群众身上，与传统资本主义发展理念截然不同，其是对资本主义发展理念的超越。在资本主义发展过程中，雇佣劳动是起点。在劳动者出卖劳动力商品获得相应的工资后，资本主义生产也由此开始，但工资是劳动者维持自身生存消耗的一种等值补偿，而没有获得任何利润，资本家尽管不参加劳动也不创造价值和剩余价值，但能凭借生产资料所有权独占剩余价值，这也就是资本主义剥削展现的不公平，也是无产阶级日益贫困的根源所在。而无产阶级日益贫困，也造成了由收入决定的人民支付能力日益下降的趋势与生产社会化大趋势之间的对立和冲突，这既是资本主义经济危机爆发的根本原因，也造成了资产阶级和无产阶级之间的对立，从根本上决定了资本主义必然灭亡的历史命运。换言之，当社会发展的成果只让少部分人占有的时候，也就注定不可能实现持续稳定的发展。正因如此，共享发展理念强调人民大众共享发展成果，是对传统资本主义发展理念的重要突破。而劳动力产权实现则在企业组织内部否定了资本所有者独占利润的逻辑，强调让更多劳动人民分享到自身创造的利润。

总之，"发展依靠谁"指明了实现共享发展的动力和主体之所在，这要求充分调动各方力量的积极性。"发展为了谁"指出了共享发展的目标，这要求突破发展成果被少数人占有的弊端，只有发展成果具有共享性，才能调动各方的积极性，从而"发展依靠谁"与"发展为了谁"体现了共建与共享之间的有机统一。同理，劳动力产权实现强调了企业发展的主体是广大劳动人民，劳动者才是企业发展的根本力量，从而充分调动劳动人民的主动性和积极性是企业发展的关键，但能否调动广大劳动人民积极性、能否释放劳动人民的活力，在于劳动者能否获得相应的利润刺激，由此，劳动力产权实现要求劳动人民凭借劳动力所有权获得利润分享，这既是解决我国资本报酬占比过大、劳动报酬过低、收入差距过大问题的重要举措，也是将劳动者积极性充分调动起来的关键因素。

二　彰显了与公平正义原则的契合

人民群众是历史的创造者，也是推动社会前进的主体力量。最大限度激发广大人民群众的创造活力，才能为人民共享创造更为坚实的物质基础，这是社会主义的应有之义。同理，在企业微观组织里，劳动力产权实现也要求关注公平公正的问题。

从生产过程来看，企业是生产商品并追求利润最大化的组织，但企业发展仍需要关注公平发展的问题。从商品的生产过程来看，企业发展所关注的公平需要以价值创造为出发点。劳动是价值创造的唯一源泉，作为劳动力的提供者即劳动者在生产中应该处于主导和中心地位，应该充分发挥劳动者的主动性和积极性。在资本主义社会，尽管劳动者参与到生产过程之中，但只是资本雇佣下符合资本意志的被动生产。简言之，在资本主义生产过程中，尽管资本要素以物化劳动的形式存在，并不创造价值，但资本要素所有者在生产过程中却始终处于主导和中心地位。从价值创造的起点来看，这是不公平的。从商品的销售来看，市场中存在无数企业的竞争，劳动生产率是决定企业在市场竞争中成败的最重要因素。人作为劳动生产过程的主动性要素，劳动者的素质和能动性决定了劳动生产率的高低，从而也说明在生产过程中需要充分调动劳动者的积极性，树立劳动者的主体性地位，改变劳动者被动适应于资本的逻辑。从企业创造出的利润来看，资本要素尽管在生产过程中必不可少，但并不创造出新的价值。当劳动者被雇用时，资本家就暂时获得了劳动力使用价值，由此不仅能生产出劳动力价值，还能生产出剩余价值。但在资本主义社会分配格局中，形成了一个较为不公平的结果，即不创造价值的资本所有者独占利润，价值和利润的创造者即劳动者却无权分享利润，这一不合理和不公平的分配必然呈现出日益扩大的贫富差距，这既造成了资产阶级和无产阶级之间阶级矛盾日益尖锐和紧张，也会降低劳动者的消费能力，成为资本主义经济危机爆发的直接动因之一。由此，在资本主义社会，从企业生产的起点、过程、结果来看，都需要关注公平问题。劳动力产权实现强调劳动者和资本所有者之间的联合生产，在一定程度上给予了劳动者在生产过程中的主体地位，也因为要求给予劳动者利润分享的权利，能有效激发和调动劳动者积极性，而且在结果上，劳动者能分享到利润，也是公平的体现。总之，劳动力产权实现所关注的公平体现为起点、过程和结果之间的统一。

三 贯彻发展优先原则的同一性

"共享发展首先表现为一种发展理念，其次表现为一种发展方式，属于发展范畴。在共享发展范畴体系内，发展是第一位的，也是共享发展的前提和基础。"① "发展是解决我国一切问题的基础和关键。"② 只有发展才有意义，才能为共享奠定更为坚实的物质基础，没有发展，共享也会陷入共同贫穷的困局中。同理，劳动力产权实现是在企业组织中的微观展现，这要求在劳动力产权实现过程中不能偏离发展这一主线。简单来讲，如果劳动力产权实现无法给企业带来更多的利润和更光明的前途，那么推行劳动力产权实现的改革也就没有任何意义。换言之，劳动力产权实现需要和企业发展统一起来，这又体现在两个方面。

首先，共享发展最终落实到人的发展上，这与劳动力产权实现要关注人的全面发展具有一致性。在资本主义发展模式中，尽管企业获得了较多的利润，但劳动者是被动服从于资本意志的，服从于机器生产的片面和畸形的发展。尽管劳动者生产出商品并创造出巨大的剩余价值，但却将自身置于赤贫的境地，劳动与劳动者之间出现了异化。即"工人的产品越完美，工人自己越畸形"。③ 劳动成为"异己的、不属于他的活动"。劳动演变为一种强制劳动而非自愿劳动，劳动者从事劳动不但没有幸福感、成就感和满足感，反而在劳动中感受到肉体上的摧残和精神上的折磨。而与之相对应，资本所有者和劳动者之间形成对立，劳动者的贫困和劳动异化与其遭受的剥削紧密相关，也就是说，资本家的全面发展是建立在劳动者片面发展的基础之上的，从而共享发展也要求实现资本所有者和劳动者两者之间的全面发展的统一。在企业微观组织中，劳动者的全面发展，既要求

---

① 韩喜平：《整体把握共享发展理念的四个向度》，《社会科学家》2016 年第 12 期。
② 习近平：《决胜全面建成小康社会 夺取新时代中国特色社会主义伟大胜利——在中国共产党第十九次全国代表大会上的报告》，人民出版社，2017，第 21 页。
③ 《马克思恩格斯选集》第 1 卷，人民出版社，2012，第 52 页。

摆脱资本雇佣的逻辑，实现自主劳动，充分发挥劳动者的主动性，也要求劳动者获得超过劳动力价值的收入。因为劳动力价值是实现劳动力生产和再生产的生活资料的价值补偿，只有当劳动收入超过劳动力价值的时候，在补偿完劳动力价值，还有部分剩余的时候，劳动者才能不断享受更高水平的服务和实现生活品质的提升，这也就是人的发展的重要体现。从而，劳动力产权实现从根本上就要求改变资本和劳动之间的对立，强调资本所有者和劳动者之间的联合，同时各自都要分享到部分利润。

其次，劳动力产权实现要求将人的全面发展和企业发展有机统一起来。市场中存在无数个企业，只有在自由竞争中获胜的企业，劳动者和资本所有者的利益才能得到维护。而从根本上来讲，企业在竞争中获胜的关键在于劳动生产率。只有生产效率高的企业，才能将生产商品的个别社会必要劳动时间降低到社会必要劳动时间以下，才能获得超额剩余价值，企业才能在竞争中获胜。而提高劳动生产率的关键在于人，在于提高劳动者素质、充分调动劳动者积极性以及各要素之间有效分工协作等。劳动力产权实现要求改变劳动和资本之间的对立，构建劳动者和资本所有者之间的分工协作的关系，这既能使劳动者摆脱完全依附于资本的片面发展轨迹，有效发挥劳动者的自主性，也能在促进劳资关系和谐的前提下，推动各要素之间的更有效合作。同时，劳动者能分享到部分利润，收益的大小直接与劳动者关联起来，劳动者只有不断努力，才能分享到更多的利润，从而有利于充分调动劳动者积极性。而且在补偿劳动力价值后，劳动者能将部分剩余投资到人力资本领域，从而促进劳动者素质的不断提高，也为提高劳动生产率奠定了基础。

总之，劳动力产权实现建立在企业发展基础之上。一方面，企业的发展建立在劳动者和资本所有者两者都能全面发展的基础上。没有了企业的发展，企业组织中的人的利益也就无从实现，更谈不上发展。另一方面，实现人的全面发展才能推动企业的快速持续发展。企业的发展依赖于人，没有人的全面发展，企业的发展也就无从谈起，会陷入"巧妇难为无米之炊"的困境之中。由此，劳动力产权实现需要聚焦于劳动者素质提高、各生产要素之间的有效协作、充分调动劳动者积极性三个层面，而这也是发展优先原则的内在要求。

四　遵循循序渐进的共同要求

生产力是社会发展的最终决定性力量。加快生产力发展，建设富强的社会主义国家仍是新时代的当务之急，解放和发展生产力的根本任务在现阶段仍具有重要的指导意义。共享发展仍要强调发展生产力这条贯穿社会主义初级阶段的主线。同理，在微观企业组织中，在社会化大生产和专业化分工不断深化的背景下，具有知识含量和技能水平较高的人力资本劳动者，仍然具有稀缺性或不可替代性，这些劳动者拥有大量的专用性资产，而且这些专用性资产是一种风险投资，要求获得一定利润，这些因素使得传统的"资本雇佣劳动"模式难以适应，需要作出相应调整，而这也正是提出马克思劳动力产权实现思想的有利时机。反之，我国目前仍存在大量传统性企业，这些企业仍雇用了大量普通劳动力，在这些企业中推动基于劳动力产权实现的相关改革显然存在一定难度。而且只有当实施利润分享制度改革的同类企业，能获得相对较高的利润时，才会引导其他企业进行相应的改革。也就是说，当只有一部分企业具备劳动力产权实现的有利条件时，只有经过一段时间检验并能取得较好的实践效果时，在更广范围推广这一变革才会得到响应，因此从部分试验到全面推广，必然需要经历一个不断演化和扩大的过程，这显然不可能是一蹴而就的。

矛盾是推动事物前进的动力。共享发展理念的提出具有较强的问题意识，特别是针对当今一些突出的问题，如贫富差距拉大、发展不平衡不充分等，共享发展理念正是在解决这些问题的大背景下应运而生的。当我国部分企业中存在劳资关系紧张的问题时，作为一种调整和解决问题的方案，利润分享制度也会成为部分企业的选择。但同时，在我国劳资关系相对缓和的整体大背景下，推动劳动力产权实现也需要一个过程。一方面，劳动力产权实现是对传统企业管理和分配模式的改进与完善，具有先进性，注定在未来发展中具有光明前景；但另一方面这一模式的推广也要随着生产力的发展以及企业内部矛盾逐步爆发出来而逐渐得到认同，相反，违背市场规律，盲目和强行推广只会带来灾难。事物发展规律也告诉我们，任何一个新事物战胜旧事物必然有一个循序渐进和曲折向前的过程，同样，劳动力产权实现的相关改革在全国范围推广也必然要经历一个长期的发展过程。

第三节　共享发展理念对劳动力产权
实现制度建构的具体要求

劳动力产权实现是在企业组织内部实现共享发展，能通过企业内部各要素主体之间的协作，调动各方力量的积极性。从创造新价值的过程来看，劳动力产权实现体现在劳动力价值实现和利润分享两个维度，由此，可以从四个方面进行制度建构。一是劳动付出量的计量制度。二是对贡献量的度量制度。三是因地制宜的企业控制权制度。四是典型示范的推广制度。

一　建立体现劳动耗费量的工资制度

劳动力产权实现的第一个层面是劳动力价值实现。劳动力价值实现就是要求工资和劳动力价值相一致，换言之，工资标准的制定应该以劳动力价值作为参照系。在这里，首先需要从劳动力价值出发，寻求对劳动力价值进行测度的尺度。从概念来看，劳动力价值"就是维持劳动力占有者所必要的生活资料的价值"。[①] 在计算部分价值时，可以从存量和流量的视角来分析。从存量来看，劳动力价值是劳动力商品的价值，劳动者在出卖劳动力商品前，这种商品已经生产出来，也就是说，劳动者在进入劳动力市场前，劳动力商品的生产已经耗费了一定量的生活资料，这是过去的一个累积量。从流量来看，劳动者在进入企业生产后，还必须耗费一定的劳动量，为了维持劳动力的再生产，还必须对这部分劳动消耗进行价值补偿。这部分劳动量直接与工作相关联，只要参与到工作中，就会存在对这部分消耗的补偿。由此，对劳动力价值的测度可以从存量和流量两个维度展开制度设计。

首先，需要测度劳动力价值的存量部分。简单来讲，劳动者从出生到参加工作前（比如 18 岁前），这段时间将要耗费大量生活资料，这部分存

---

① 《马克思恩格斯文集》第 5 卷，人民出版社，2009，第 199 页。

量的生活资料需要在参加工作后逐步进行补偿。在这里，需要区别异质性劳动力在价值存量上的差异。一般而言，劳动者只要能被正常抚养成人就具备一定劳动能力，就能正常出卖劳动力，也就能成为提供简单劳动的普通劳动者。简单来讲，我们可以将未接受教育和培训的劳动者称为普通劳动者，即"这种教育费用——对于普通劳动力来说是微乎其微的——包括在生产劳动力所耗费的价值总和中"。① 当今更多的人力资本劳动力，正不断加大自身的投入，正如马克思所言，"为改变一般人的本性，使它获得一定劳动部门的技能和技巧，成为发达的和专门的劳动力，就要有一定的教育或训练"。② 由此，劳动力价值中存量部分需要通过相关制度设计将之区别开来，使得工资能对这部分劳动耗费进行有效补偿。

其次，需要测度劳动力价值的流量部分。一般而言，劳动时间是衡量劳动者工作中体力和脑力耗费量的尺度。当从事同质化劳动时，劳动时间耗费量也就成为测度劳动耗费量的客观依据。但是，当企业内部分工越来越细时，从事不同性质劳动的劳动者面临着劳动条件、劳动强度等方面的差异，特别是从事复杂劳动的脑力劳动者，其与从事体力劳动的劳动者在相同时间内的劳动耗费量必然存在较大差异，这也就要求在制度上规避以劳动时间为准绳的"一刀切"，避免"大锅饭"的弊病，体现不同劳动者在相同时间上劳动耗费量的差异。同时，当今企业中很多资本所有者并不完全以"食利者"阶层的面目出现，他们在拥有资本的同时，也参与到企业经营管理中，从某种程度上来说，他们同时也从事复杂劳动，也必然耗费一定劳动量。如果这部分资本所有者也是企业的管理者，就需要在制度上规避这部分群体通过企业的控制权，人为夸大其劳动耗费量，从而达到抬高自身工资的目的。

二 体现劳动贡献的利润分享制度

劳动力产权实现的第二个层面是利润分享，即劳动力要素和其他生产要素一样都能凭借要素所有权参与到利润分享中，这体现为企业内部成员

---

① 《马克思恩格斯全集》第 44 卷，人民出版社，2001，第 200 页。
② 《马克思恩格斯全集》第 44 卷，人民出版社，2001，第 200 页。

之间的共享。在测度清楚劳动力价值后，需要进行具体的利润分享制度的设计，这需要解决三个问题。

第一，如何看待劳动力要素的投入量。劳动力产权实现要求劳动力要素和其他要素之间遵循等量投入获得等量利润的规则。在这里，劳动力要素投入量存在不同计量方式。在劳动力价值中，存量部分是劳动者未参加工作时的劳动耗费，这部分消耗并不直接和生产相关，但在工作前就能准确测度出来。流量部分是直接参与工作的劳动消耗，和生产直接相关，但具体劳动消耗需要在劳动结束后再进行测度，直接和劳动者努力程度相关。在这里，不同企业就有不同的选择。如果直接以存量形式的劳动力价值作为利润分享的依据，那么劳动者的贡献就无法有效测量出来；如果直接以流量形式的劳动力价值作为利润分享的依据，尽管能体现劳动者在工作过程中的贡献，但却忽略了劳动力在进入生产前的劳动消耗。如果以劳动力价值总量为依据直接参与利润分享，当劳动力价值总量过大时，资本所有者能分享的利润量必然下降，资本所有者必然作出相应调整，如提高智能化水平、减少工人数量等，从而也会使劳动力就业面临一定压力。这三种制度设计，以围绕企业发展和利益为前提，不同企业可以结合自身状况，选择不同的实现形式。

第二，如何处理短期和长期的问题。劳动力产权实现存在跨期实现和当期实现的问题，这也就要求我们处理好短期和长期的问题。劳动力要素参与利润分享，是以股份的形式最终获得相应的利润，但这一股份是当期分享的凭证，还是持续获取股份分红的依据？如果只是参与当期分享，那么就涉及如何兼顾企业的未来利益和发展的问题。进一步来讲，需要建构兼顾当期利益和未来利益的机制。具体而言，在传统企业中，利润完全归资本所有者支配，资本所有者为了企业的未来发展，必然把利润的一部分用于下一期的投资中。在劳动者和资本所有者共同参与利润分享后，企业的发展是两个群体之间的联合，这也需要两个群体在参与利润分享的过程中，扣除部分利润来作为未来的发展基金。简单来讲，为了保证每个时间点劳动者的利益，需要在当期分享部分利润，但为了未来的发展，又需要在利润中确定一个适合的比例用于未来的投资，从而兼顾当期和未来、劳动者和企业之间的利益。

第三，劳动力要素股权如何进入和退出的问题。劳动力价值实现的逻辑起点是劳动力商品的自由交易。这种自由交易既可以让劳动者在面对不合理的交易价格时，选择以脚投票的方式终止交易，也可以选择将劳动力出卖给不同资本所有者。另外，应当建立明确的股份退出和补偿机制，否则会影响劳动者自由退出。如果员工在退出的时候，其股份随之实现套现，那么必然会引发劳动者关注短期利益的机会主义。同时，一企业有员工退出的同时，也必然存在新员工的进入。这部分新加入的员工，是否也能分享到相应股份需要在制度上得到明确。

整体而言，劳动者参与利润分享，是劳动力产权实现的核心和关键。在制度建构上，需要建立劳动力获取分享利润的股权的机制，也需要兼顾当期和未来利益，还需要建立明确的股份退出和进入机制。

三　建立因地制宜的企业控制权制度

任何一件商品的生产离不开劳动力、土地、资本、企业家这四种生产要素。商品生产过程就是将这四种生产要素进行组合并实现效率最大化的过程。传统的古典型企业组织模式追求企业所有权和经营权合二为一，即资本家同时是企业的所有者和经营者。简单来看，其就是一种独资企业，并不存在对企业控制权的配置问题。劳动力产权实现改变了传统的"资本雇佣劳动"逻辑，是劳动者和资本所有者联合生产的过程，企业的所有权和经营权已经出现分离，表现为出资者出资、经营者经营。从某种意义上来看，这是资本所有者和劳动者之间的合伙制企业。作为公司的出资者，其首要关注的是财产的安全性，没有财产安全的保障，出资者就会选择"用脚投票"的方式撤出投资，而当出资者将资金投入该公司时，在事后也需要有一定规则和权力来制约经营者和员工对出资者的侵犯行为，换言之，出资者需要对公司财产的安全性拥有一定的否决权和控制权，由此也就必然会涉及控制权如何在合伙人之间进行配置的问题。

首先，谁创造出的价值量最大，就应该将控制权配置给谁。在企业内部，不同要素所有者在价值创造中的地位和作用不同，这些要素所有者之间进行博弈和竞争，最终价值创造最大者胜出。在这里，价值创造可以分解为价值生产和商品流通的过程，这两个过程在不同企业的地位不尽相同，这也决定了控制权的配置存在多样化。一般而言，当企业生产的商品在市场中存在短缺、不存在销售困难时，扩大资本投入，就能相应生产出更多的商品，企业的控制权由出资者掌握；当生产商品面临着同类竞争激烈、销售困难时，能够生产什么、怎么生产、以什么样的价格销售等一系列科学决策，就显得至关重要，这也要求企业控制权配置给具有较多的关系性资源和知识性资源的企业家。总之，在价值创造过程中，每个企业面临的困难不尽相同，哪一群体能有效解决价值创造过程中的难题，哪一群体的贡献大，就应该将企业的控制权配置给哪一群体。

其次，需要规避利用控制权损害另一方利益的制度设计。在公司制企业中，一切生产要素所有者进行合作生产，并将产生的利润进行有效分割，这需要维护这些要素所有者的利益，要防止企业内部要素所有者为了自身的私利，侵占另一方的利益。如当资本所有者拥有企业的剩余控制权时，人为夸大其劳动付出量，并以此来获取更多的工资性报酬，从而必然侵占部分利润，劳动者的剩余索取权将因此受损。简单来讲，当劳动者和资本要素联合生产时，剩余控制权需要配置给大股东，以此来作出有利于企业绩效的决策，但同时要避免大股东利用手中的权力来侵犯劳动者的利益。

最后，企业控制权的配置必须遵循收入分配公平原则。争夺企业控制权的最终目的就是保证和维护自身利益最大化，而且企业控制权本身就天然为企业分配规则的制定者所拥有。为了激发不同的要素所有者的积极性，需要在分配规则上将价值创造的贡献与利润分享紧密结合起来。换言之，获取企业控制权的最终目的是获得利润最大化，这就要求相关主体对制定分配规则具有一定参与权。一种理想化的状态是，企业内部的要素所有者都能基于自身的贡献来获取相应的利益，在总体上形成各要素主体利益分享的格局。如在信息资源要素起到越来越大作用的当今社会，拥有高科技知识、人力资本含量较高的员工决定了企业的前途，激发这部分要素所有者的创造性和积极性至关重要，从而这部分群体参与企业创造的价值分配份额也应在规则制定上给予倾斜。

总之，企业控制权的配置需要配置给能为企业带来更大价值的群体，也要规避部分群体利用企业控制权损害其他群体利益的行为，同时，企业控制权要服从企业利益最大化的原则，在收入分配规则制定时要体现以贡献的大小为依据来分享相应利润的公平性。

四　建立典型示范的推广制度

基于劳动力产权实现建构利润分享制度是对传统企业的分配模式、治理结构等的重大创新，接受和推广这一新鲜事物也必然会经历一个过程，同时这种建构模式的合理性也有待在实践中进行检验。从整个国家层面来看，尽管已经有部分企业建立了利润分享制度，但整体比重较小，需要逐步推广。

首先，需要加大对现有成功案例的推广力度。在国内已经有部分企业实施了利润分享制度，如国内永辉超市的"门店合伙人"模式。这种模式实现了全员持股，从营运部门到后勤部门、从员工到店长都获得一定股份，在利润分享的模式上，总部基于各门店的历史数据和销售量制定一定的业绩指标，当实际业绩超出制定的标准业绩时，其增量部分将在员工之间按照一定职位和比例进行分享。国内华为公司也形成了独具特色的虚拟股权分享模式，华为公司按照员工的贡献和业绩等多项指标给予员工一定股权配额，且这种股票享有对应的分红权和股票增值权益。此外还有许许多多不同形式的利润分享制度，这些模式相对于传统型的雇佣制企业而言，已经具备了劳动力产权实现的部分雏形，而且在此基础上进行适当调整和改进，也较容易达到劳动力产权实现的要求，自然应该成为继续推广和引导的对象。

其次，引导部分企业进行典型试点。构建以劳动力产权实现为指导的利润分享制度，目的就在于解决当今企业发展中存在的问题。如当今部分企业中存在较为严重的劳资矛盾，利润分享制度是构建和谐劳动关系的重要突破口；一些高科技企业中存在较多具有隐含知识的劳动者，构建利润分享制度是解决激励难题的有效药方之一；一些企业是高风险企业，利润分享制度能有效化解风险……这些类型的企业自身也有内在动力进行调整，如国家加以引导，选择部分具有典型的企业进行推广，也自然会起到良好的示范效应。

简言之，基于劳动力产权实现构建的利润分享制度是当今时代一个新鲜事物，选择具有典型性、代表性的企业进行推广，既能进一步验证理论的准确性，也能加速人民接受这一新鲜事物的进程。

第四节　本章小结

共享发展理念是指引我国当今实现高质量发展的重要理念，这一理念既关注在经济发展过程中实现人人共享，也强调在实现人人共享的过程中不断推动经济的健康持续发展。中国特色社会主义进入新时代以来，如何解决不平衡不充分发展的问题，是共享发展理念的重要着力点。在经济发展方面，解决收入差距过大、实现公平发展是共享发展理念的重要价值意蕴。从根本上讲，共享发展理念是指导我国经济社会发展的重要指导思想。劳动力产权实现是在企业微观组织内部实现共享发展的微观展现，强调的是在实现企业利润最大化的同时，着力实现企业内部的公平发展，共享发展理念与劳动力产权实现在微观领域的价值目标等方面具有一致性。从本质上来讲，共享发展理念是劳动力产权实现的指导思想，劳动力产权实现是共享发展理念在微观企业组织的体现，也是对共享发展理念的充盈。

共享发展理念具有丰富的内涵。首先，共享发展是全民性的共享发展，既突出在发展过程中人人参与，发挥人民的主体性作用，也以维护和实现人民群众利益为重要准则，强调共享发展的主体性。其次，共享发展是在内容上的全面共享。从人类获取物质的过程来看，共享发展的内容有发展权利、发展条件、发展成果的全面共享。从社会发展内容的规定性来看，要求主体在政治、经济、文化、生态、社会等方面都能实现共享发展。再次，共享发展是在共建中实现共享。共享成果的最大化需要各方力量通力合作，形成巨大合力，从而保证把"蛋糕"做大，使得每个主体共享成果最大化。共建是共享的起点和过程，共享是共建的目的和结果。最后，共享发展具有渐进性。受制于生产力水平、发展阶段、接受程度等多方面因素，共享发展必将有一个从低级到高级、从不均衡到均衡的过程。

劳动力产权实现是在企业微观组织践行共享发展理念的体现，主要体现在几个方面。其一，践行共建共享的原则，既强调将劳动者和资本所有者的积极性充分调动起来，也要求要素所有者共同分享利润。其二，注重公平正义的原则，既需要在生产过程中在一定程度上树立劳动者主体地位，也要求在结果上劳动者能分享到利润。其三，贯彻发展优先的原则，既要关注人的全面发展，也要将人的全面发展和企业发展有机统一起来。其四，遵循循序渐进的推进原则。这一理念是对传统企业发展理念的重要变革，在全国大范围推广这一变革，需要经过不断试验到逐步推广的过程。

共享发展理念是劳动力产权实现的指导思想，这也要求在建构劳动力产权实现的制度时，需要从四个方面展开。其一，建立能准确衡量劳动力价值的工资制度。劳动力产权实现的第一步是劳动力价值实现，这既需要对劳动力在进入劳动力市场前的耗费进行测度（劳动力价值存量部分），也需要对劳动者在劳动过程的即时消耗进行补偿（劳动力价值流量部分）。其二，建立能体现劳动贡献的利润分享制度。在制度建构和设计上，需要处理好劳动力价值存量部分和流量部分、跨期实现和当期实现、劳动力要素股权进入和退出的问题。其三，建立因地制宜的企业控制权配置制度。在企业控制权配置上，应配置给贡献最大的要素所有者，要建立规避利用控制权损害另一方利益的制度，必须遵循收入分配公平原则。其四，建立典型示范的推广制度。在全国范围推广利润分享制度，既要加大对现有较为成功案例的推广，也要引导部分企业进行典型试点。

第八章

我国劳动力产权实现的政策含义：
实现好维护好发展好劳动者利益

引言　促进劳动力产权实现，政府应该如何作为

　　马克思劳动力产权实现思想的逻辑起点是劳动力成为商品，劳动力在劳动力市场进行交易后，才有劳动力使用权和所有权的分离，由此也就产生了劳动力使用权收益和所有权收益的实现问题。从根本上讲，劳动力产权实现是在劳动力商品市场交易中实现的，本质上是市场行为，应该遵循市场经济的一般规律和准则。在西方自由主义的思维中，自由市场交易行为能自动实现资源有效配置和交易主体效率的最大化，并不需要政府的干预。即使西方主张政府干预的凯恩斯学派，也只是强调政府的宏观调控，其旨意在通过财政和货币政策来引导市场行为，从而达到市场的均衡状态。在这里，西方学者并没有阐明政府的立场。因为任何政府背后都有一定的阶级立场，政府干预必然打上维护谁的利益的问题。简单来看，在资本主义社会，政府是资本利益所有者的代言人，政府对市场干预也只停留在维护资本家利益的基础之上。

　　对于我国而言，社会主义和生产资料公有制的主体地位，决定了党和政府是劳动人民利益的忠实代表，党和政府对市场的干预的落脚点也必然停留在维护好实现好发展好劳动者的利益之上。维护好实现好发展好劳动者利益，也是劳动力产权实现的重要价值旨归，正因如此，劳动力产权实现需要政府的政策引导。一方面，在我国市场经济中，仍存在劳动力商品

概念，劳动力商品交易以及相关劳动收入的实现，仍应遵循价值规律的基本要求，应发挥市场在资源配置中的决定性作用，形成有效市场。另一方面，在市场经济中，为了克服资本主义的弊端，特别是克服劳动者利益受损的状况，需要政府有所作为和积极作为，形成有为政府。但有为政府并不能直接干预市场，只能通过相关政策来引导市场朝着正确的方向发展。对于我国劳动力产权实现而言，并不能强制市场直接建构利润分享制度，而只能通过政府制定相关政策和文件，引导市场自发形成这一制度，这也是有为政府的一种重要表现。

如何引导在我国建立劳动力产权实现制度，这需要回到马克思理论。但在这里，马克思劳动力产权实现思想是对资本主义进行批判的思想，在我国社会主义制度条件下，我们需要在批判中寻找建构的逻辑。具体而言，在马克思理论中，劳动力产权实现的逻辑起点是劳动力商品自由交易，与此相对应，应结合我国具体历史条件，制定促进我国劳动力自由流动和交易的相关政策。劳动力产权实现的前提条件是劳动力价值实现，这要求结合我国情况，引导在国家层面建立工资正常增长的机制；劳动力产权实现的重要基础是形成利润分享的基本条件，这要求在国家层面加大人力资本投入力度；劳动力产权实现的微观制度是利润分享制度，政府可以通过相关政策进一步引导企业建立相关制度。由此，在马克思劳动力产权实现思想的基础上，结合我国具体国情，我们可以清晰得出劳动力产权实现的宏观政策启示。

第一节　劳动力产权实现的逻辑起点的政策含义：引导劳动力的自由合理流动

劳动力产权实现的逻辑起点是劳动力成为商品，并能自由交易。马克思批判资本主义社会中劳动力商品自由交易过程的不自由，批判的矛头直接指向私有制，而当今尽管我国劳动力也成为商品，但与马克思所处年代生产资料私有制占主体地位的资本主义社会的背景截然不同，我国的社会主义性质决定了我们当今劳动力自由流动是一种扬弃的概念，具有不同内涵。根据我国当今的国情，劳动力自由流动是指劳动者可以按照自己的意愿、劳动技能和社会需要,自行选择职业、自行选择就业单位和就业地区。① 从这个概念出发,结合马克思的相关理论,我们可以得出一些具体的政策含义和启示。

一 基础条件:健全和完善失业保险制度

在马克思所处的资本主义年代,劳动者"自由得一无所有",劳动力商品交易成为其安身立命之策,劳动者只有出卖给不同资本家的自由,当劳动者不认同相应的交易价格时,无法选择以不就业的方式否定劳动力商品的交易,即劳动者没有不出卖劳动力商品的自由。换言之,当劳动者不工作或者失业时,国家提供相应的支撑,能使劳动者维持基本的生活状况,保障劳动者在失业、患病、工伤、生育时的基本生活和基本医疗需求,使无收入、低收入以及遭受各种意外灾害的劳动者有所依靠,使他们的基本生存需要得到起码的保障,有利于维护整个社会的稳定。从根本上来讲,这也就是当今各国建立失业保险制度的初衷。从劳动力自由交易的层面来看,这种保障制度能为失业的劳动者提供生存的生活资料,使得劳动者在面对不利劳动条件时,能通过用脚投票的方式终结雇佣关系。我国尽管在国家层面广泛地建立了失业保险制度,但仍需要进一步完善。

第一,需要进一步扩大参保率和覆盖面。近年来,我国失业保险参保人数由 2015 年的 17236 万上升到 2021 年的 22958 万,失业保险参保率稳定在 60% 左右,存在总体偏低的问题。我国失业保险的覆盖范围主要集中在城镇企事业单位,而作为收入较低、工作条件较差的劳动者群体,本应是失业保险重点关注的对象,却面临着参保率不足、覆盖面不广的困境。如我国大部分农民工群体,大多从事一些高危、流动性较强的工作,而且大多未签订正式的劳动合同,无法成为失业保险覆盖的对象。此外,灵活就业人员也还未被纳入失业保险主体参保范围。进入新时代,阶段性扩大这些群体的保障范围是今后社会保障制度改革的重要方向。

第二,改变失业救济金给付水平较低的状况。失业救济金从根本上要使得失业群体在失去收入后能维持基本的生活,这应该有一个客观值,在

---

① 俞宪忠:《劳动力自由流动与和谐发展研究》,《齐鲁学刊》2012 年第 2 期。

当今可以借助大数据等手段，进行精准测算。以 2020 年北京失业保险金为例，累计缴费时间满 1 年不满 5 年的，失业保险金月发放标准为 1536 元，对刚参加工作、没有相应积蓄的大学生群体来说，1536 元的发放标准很难满足维持基本生活保障的需要。正因为给付水平较低，也容易带来参保率较低等问题。

第三，需要实现失业保险金功能引导上的转变。劳动力自由交易的最终落脚点在交易上，改变资本的强势地位，最终目标是实现劳动者就业状况的改善。我国失业保险金是要在失业后给予劳动者相应保障，但从根本上是要实现预防失业和促进就业的目的。在我国，不论是《社会保险法》还是《失业保险条例》，均未明确规定失业预防相关制度，具体法律规定的缺失使失业预警、失业调控举措的落实缺乏制度基础，难以形成失业治理合力。促进就业功能亦是如此，且促进就业的支出存在补贴标准较低、执行力不足等弊端。[1] 解决这些问题，正是我们改革的方向。

第四，需要改变失业救济金领取手续相对烦琐的状况。我国申请失业保险金需要一定的门槛条件，如非因本人意愿造成失业、本次失业前缴纳失业保险费满一年、已经办理失业登记、失业 60 天内申请、在户籍所在地申请等。在这些条款中，如果户籍所在地和工作地不是一个地方，领取失业救济金需要一堆证明材料。尽管自 2017 年开始，我国领取失业保险金的人数逐年增加，2020 年数量达到 270 万人，但相对于参保的人数而言，比例仍较低，而这正与烦琐的程序有关，近年来我国失业保险基金一直存在结余较多的状况也说明了这一问题，这要求进一步推进精简统一申领材料、加快推进网上经办及全城通办等一系列改革。

此外，我国失业救济金也存在给付期限过长的问题。我国当今失业救济金自申领获批之后，最长期限可达 24 个月，相对于其他发达国家 3～12 个月的期限而言，存在期限过长的问题，也容易出现失业者缺乏求职动力的懈怠心理以及隐瞒参加工作信息骗保的行为。适当调整失业救济金的标准和期限也是改革的重要内容。

---

① 童文娟：《失业保险功能转型与制度健全》，《山东人力资源和社会保障》2021 年第 8 期。

二　实现机制：加快城乡劳动力市场一体化建设

劳动力商品交易是在劳动力市场完成的，需要遵循劳动力市场交易的相应规则。市场经济中，所有参与劳动力交易的主体都是平等的，并应遵循自由交易的基本规则。作为劳动力商品的主体即劳动者，能自由支配自己的劳动力，而根本目标在于在挑选不同雇主的过程中实现交易收益的最大化，简单来讲，每个劳动者都是配置自己劳动力商品的主人，劳动者通过在市场和各雇主的反复谈判中自由选择不同交易对象，但在这里隐含着统一劳动力市场的前提。当一国存在两个相互分割的劳动力市场体系时，劳动者只能选择各自市场体系的雇主，在空间上并不能实现全国范围内劳动力资源的有效配置。我国作为最大的发展中国家，由于种种原因，也形成了城市和乡村两个分割的市场体系，农村劳动力在城乡劳动力市场分割的局面中处于被动的、边缘化的地位。实现城乡劳动力市场一体化，是劳动力自由交易和合理配置劳动力资源的内在要求，而实现城乡劳动力市场一体化的关键在于破除当今农村劳动力向城市流动所面临的障碍，这要求我们进行一系列改革。

第一，需要逐渐消除城乡劳动力自由流动的限制。新中国成立初期，我国建立了以户籍为依据的城乡分割体制，由此形成了两个相互独立的劳动力市场。农村劳动力市场受制于农村农业经济发展相对落后的状况，是一个收入低、不稳定、条件差、机会少的次级劳动力市场。与此相对应，城市劳动力市场是一个收入较高、相对稳定、条件较好的主要劳动力市场。两个市场的分割，限制了农村劳动力向城市的流动，是我国城乡收入差距拉大的主要原因之一。实现农村劳动力自由流动的改革刻不容缓。首先，这需要深化户籍制度改革，需要逐步建立以居民常住地为基点的属地化户籍管理模式，加快推进与户籍相关的公共政策体制改革，推动实现城乡保障一体化，最终实现城乡劳动力的同工同酬。其次，要着力废除农村劳动力在城市就业中的一系列歧视性政策。要建立城乡统一的用工制度，实行统一的就业与失业登记制度，确保劳动力资源的工作机会，适度降低其失业率；建立公平竞争的用工环境，做到不歧视、不排斥；搭建就业发展平台，消除城乡用工制度的不平等。

第二，通过相关政策提高农村劳动力向城市流动的能力。农村劳动力能否在城市中找到理想的工作，很重要的一个方面取决于其自身的能力，这要求政府不断加大对农村的投入力度，着力提高农村劳动力的素质和能力。首先，要面向未来、着眼长远，不断加大对农村教育特别是基础教育的投入力度。城乡劳动力市场一体化的重要体现是城乡劳动力的无差别，而城乡劳动力素质和能力趋同是一种重要维度。当今城乡劳动力在能力等方面存在差异的重要原因是城乡教育的巨大鸿沟，这一鸿沟无形地剥夺了农村劳动力向城市流动的能力，也成为实现城乡劳动力市场一体化的重要制约因素。近些年来，由于基础教育投入不足，部分农村基础教育出现经费不足、师资短缺、名师流失等一系列问题，从根本上来讲，加大基础教育投入力度，加大资源向农村基础教育倾斜，才能破解这些困境，实现农村基础教育的健康发展，最终缩小城乡劳动力教育的差距。其次，构建面向城市劳动力市场需求的职业教育。农村劳动力向城市的自由流动，既要满足城市相关岗位的需求，也要具备城市等各方面的技能，这既需要政府加大相应的教育资源投入力度，形成较为完整的职业教育和培训系统，也应鼓励和支持建立由政府、企业、个人三方联动的培训合作机制，形成农村劳动力和市场的直接对接。

第三，引导部分劳动力在农业农村内部创业和就业。构建城乡劳动力市场一体化重点是让相对落后的乡村的劳动力流向城市，但这只是一个方面，城乡劳动力市场一体化更是城乡收入差距不断缩小乃至不存在差距的一体化，这也要求劳动力不能只是单一流动，而应在实现劳动力供求均衡后，引导劳动力由城市向乡村流动，实现劳动力的双向流动。在城乡存在巨大差距的今天，在市场力量作用下，劳动力等资源必然会向城市集中，如何实现乡村振兴、提高农民收入就成为一个突出问题，这本身不能寄希望于市场，而只能借助于政府的手段。具体而言，需要政府通过相关政策来引导部分劳动力由城市向乡村流动，通过这部分劳动力在农村农业内部的创业，实现农村农业的繁荣。首先，政府应适当引导部分农民工返乡创业。农民工在城市打拼，既积累了一部分创业资本，也树立了一些市场竞争意识，学习了相关技术和管理经验，而且他们对农业农村具有天然的感情，可以培养成为乡村振兴的重要支撑力量。其次，需要积极吸引城市资本和能人下乡创业。进入新时代，对高品质的农产品和服务的需求已经成为满足人民日益增长的美好生活需要的一个重要方面，具有巨大的市场空间。城市能人和资本下乡投资是带动农村就业、提高农民收入、实现乡村振兴的重量力量。总体而言，只有在农村农业内部获得比城市更高的收益时，才能吸引更多群体。重视这两部分群体从城市向乡村的反向流动，并引导他们在农村创业，从而能带动农村实现共同富裕和乡村振兴。但城市和乡村在资源配置等方面存在巨大差异，引导这部分群体在农村农业创业，更需要相关政策的支持，如税费减免、创业手续简化、提供贷款等，这些政策的便利无形中降低了其创业成本，使其能获得相对较高的收益，从而有利于农村农业内部形成一些特色产业，并带动农民致富。

第二节　劳动力产权实现的前提条件的政策启示：健全和完善现有工资形成机制

劳动力产权实现的前提是劳动力价值实现。在资本主义社会，在竞争规律和资本积累规律的作用下，资本有机构成必然呈现出不断提高的态势，使得生产劳动力商品的社会必要劳动力时间减少，生产剩余价值的社会必要劳动时间相对增加，这亦是相对剩余价值的生产过程，体现资本家对劳动者剥削的加深，是工人日益贫困的直接原因。简言之，当其他条件不变时，资本有机构成不断提高，会导致劳动力价值不断降低。劳动力价值是工资的决定性因素，通过借助市场以外的力量，不断提高劳动力价值，才能保证工资的稳定和增长，这也是维护劳动者利益的重要体现。"劳动力的价值，是由生产、发展、维持和延续劳动力所必需的生活必需品的价值决定的。"[1] 在这里，"所必需的生活必需品"，在不同时期有不同的内容，"包含着一个历史的和道德的因素"，"多半取决于一个国家的文化水平，其中主要取决于自由工人阶级是在什么条件下形成的，从而它有哪些习惯和生活要求"。[2] 在早期资本主义社会，工人的劳动时间不断缩

---

[1] 《马克思恩格斯文集》第 3 卷，人民出版社，2009，第 56 页。
[2] 《马克思恩格斯文集》第 3 卷，人民出版社，2009，第 199 页。

短、童工被依法禁止是工人在阶级斗争中争取的结果,"所必需的生活必需品"的范围也随着人类道德水平的提高而不断扩大,精神文化需求、社会交往需求、谋求自我发展需求等也在不断充实。在技术不断进步的今天,我国也需要克服由资本有机构成不断提高导致的劳动者相对贫困的问题。而作为社会主义国家,我国更应关注劳动者利益,在"历史的和道德的因素"中,以及在劳动力价值中增加更多的"所必需的生活必需品",从而达到提高工资以及解决劳动者相对贫困问题的目的。同时,劳动力价值实现表现为工资与劳动力价值的一致性,在强调劳动力价值提高的决定性作用后,还必须着眼于工资的实现形式。简单来讲,工资的形成既需要充分考虑劳动力价值的决定性作用,还要对影响工资的其他要素进行分析。

一 劳动力价值层面:健全和完善职工的"五险一金"制度

劳动力价值是工资的决定性要素。劳动力价值的内容随着"历史的和道德的因素"的变化,呈现出不断变化的态势。作为社会主义国家,我们更应该在道德上对劳动者给予支持,不断充实劳动力价值内容中的"社会所必需的生活必需品"。

"五险一金"主要是指企业和职工按照一定比例缴纳五种保险及住房公积金。其中"五险"是指以养老、医疗、失业、工伤、生育保险为主要内容的五种保险金,"一金"是指住房公积金。早在 1952 年我国就颁布了《劳动保护条例》,提出保障单位职工的疾病、生育、失业等多方面的社会保险。在建立社会主义制度以后,我国实行高度集中的计划经济体制,城镇职工享受了住房、医疗、教育、养老等各项福利。改革开放以后,逐步建立了包括养老、医疗、失业等保险在内的社会保障体系。2008 年我国正式实施《劳动合同法》,从法律上强制用人单位和雇员签订劳动合同,依法为雇员缴纳"五险一金"。总体而言,企业职工"五险一金"制度在我国经济社会发展过程中不断完善和发展,这既体现了对劳动者利益的关注和维护,也体现了劳动力价值的内容不断充实,但同时也存在一些突出的问题,亟待不断健全和完善。

首先,需要调整相关政策,进一步提高我国"五险一金"覆盖率。据国家统计公报，"十三五"期间，我国建立了全球覆盖面最广的基本养老保险和基本医疗保险，两者的参与人数分别超过了 10 亿人和 13 亿人。但在我国 7.86 亿劳动力人口中，参加失业保险人数和工伤保险人数分别为 2.3 亿人和 2.82 亿人，覆盖率不到 40%，显得相对过低。近年来，中国生育保险参保人数占基本医疗保险参保人数的比重总体比较稳定，均保持在 15%~18%。2021 年 7 月住房和城乡建设部、财政部、中国人民银行联合印发的《全国住房公积金 2020 年年度报告》显示，全国实缴住房公积金的职工有 1.53 亿人，覆盖率不到 20%。总体而言，我国建立的"五险一金"制度本意是为了维护劳动者利益，但存在覆盖率不足的问题，这需要从法律和政策上进行规范，特别是在签订劳动合同时，需要对企业和个人上缴的相关保险和公积金作出更加明确的规定，同时要对不签订劳动合同、不按规定缴纳"五险一金"的企业进行严惩。对于我国当今存在的大量临时就业的群体，特别是缴纳"五险一金"相对较少的农民工群体，需要从相应的法律和制度入手，堵住这部分漏洞，真正维护好这部分群体的切身利益。

其次，要适当简化"五险一金"的提取手续。我国"五险一金"要求企业和劳动者强制缴纳，在制度设计上是为了维护劳动者利益，但在现实中却存在很多劳动者本身不愿意缴纳的窘境，而造成这一窘境很大一方面的原因就在于劳动者提取的手续相对烦琐，并由此带来诸多不方便。以我国住房公积金的提取为例，一般限定在本市能提取，一旦本市房价较高，而周边其他城市较为便宜时，容易带来本市因为房价较高利用公积金仍买不起，而其他城市能够买得起房子却无法提取公积金的困境。而对于城市中租房一族来说，利用公积金租房的手续相当烦琐，需要提供诸如住房合同、发票、纳税证明等一堆资料。针对流动性较强的群体在外地生活难以提取住房公积金这一制度困境，目前确实需要进行更为人性化的制度设计。

最后，要适当调整"五险一金"缴纳的比例。没有企业的发展，也不可能实现劳动者收入的增加，只有企业和员工同时获得收入的增加才有意义。对于劳动者而言，"五险一金"相当于在工资中扣除一部分来购买未来的服务，如果缴纳的比例较高，当期收入较低，势必会影响当期的生活质量。如果缴纳的比例较低，不会对未来生活质量起到有效保障的作用。对于企业而言，为员工缴纳"五险一金"相当于企业的成本支出，当缴纳比例过高时，势必会影响企业的扩大再生产，直接影响员工的就业和收入状况；当缴纳比例较低时，劳动者的未来利益无法得到有效保障。由此，同时实现企业健康发展和维护好劳动者利益，应寻求一个适合的缴纳比例。有学者就指出，我国"五险一金"的高费率迫使企业少报正式员工数或低报员工工资以逃避缴费，从而收窄费基，导致相关基金入不敷出又有提高费率的压力，形成恶性循环，最终加重企业负担且无法保障大批劳动者权益。① 在实际操作中，缴纳和获益群体往往是高收入人群，并且受益群体集中在社会认可的政府部门、事业单位等"好单位"和企事业单位负责人、高级技术工人等"社会地位高"的职位，加剧了城镇职工间的收入不平等。② 这些突出的问题，要求我们在维护劳动者利益特别是贫困劳动者利益的同时，同步实现企业的良性发展，从而改革势在必行。

二　工资层面：建立正常的工资增长机制

在马克思看来，在资本主义社会，劳动者日益贫困是资本有机构成不断提高而带来剥削加重的直接后果。但资本有机构成是生产效率提高、社会进步的表现，是人类社会应该鼓励和提倡的，从而为了维护劳动者利益，则需要在劳动生产效率提高的同时实现工资的同步增长，这也就要求我们在当今建立和经济增长相一致的工资增长机制。

首先，需要完善最低工资动态调整的机制。马克思在其著作《雇佣劳动与资本》中指出："简单劳动力的生产费用就是维持工人生存和延续工人后代的费用。这种维持生存和延续后代的费用的价格就是工资。这样决定的工资就叫做最低工资额。"③ 在马克思这个定义中，尽管其提出了维持工人生存和延续工人后代的费用，但这个费用并不是一成不变的。如果放任市场的作用，在资本有机构成提高的前提下，维持工人生存和延续工人

---

① 革昕等：《从国际经验看中国企业减负中的"五险一金"改革》，《财政研究》2017 年第7 期。

② 李实等：《"五险一金"扩大了城镇职工收入不平等吗?》，《社会科学辑刊》2019 年第 2 期。

③ 《马克思恩格斯文集》第 1 卷，人民出版社，2009，第 723 页。

后代的生活资料的价值也会相应下降。为了维护劳动者利益，特别是作为社会主义国家，更应该发挥"历史的和道德的因素"的影响，完善最低工资制度。一方面，要结合我国国情，结合物价水平、城镇居民消费价格指数、全社会平均工资等因素，制定相应的最低工资标准，使得我国劳动者的工资水平在维持生存和延续后代的基础上适当增加，让劳动者能过上更为体面的生活。另一方面，要加强对最低工资标准履行情况的监督。在当今我国较多非公有制企业中，存在随意克扣农民工工资、人为压低劳动者工资、并未严格执行最低工资标准的现象，这需要政府加大监督力度，对违规企业进行相应处罚，并建立信用档案，起到警示作用。此外，还需要加大宣传力度，培养劳动者维权意识。通过多种方式进行相关宣传，让劳动者真正了解最低工资标准以及《劳动合同法》等相关知识，让劳动者了解维权的方式和手段，增强自我保护意识和法律监督意识。

其次，完善工资集体协商制度。2000 年我国颁布了《工资集体协商试行办法》，这项法规明确指出，工资集体协商是指职工代表与企业代表就企业内部工资分配制度、工资分配形式、工资收入等事项进行平等协商，在协商一致的基础上，签订工资集体协议的行为。在马克思所处的年代，劳动者在市场竞争中由于力量弱小而不具备谈判能力，使得工资经常被压低。我国工资集体协商制度给予了劳动者获取合理工资的法律途径和手段，"是现代工业社会合作主义最具代表性的标志"。① 但我国工资集体协商制度存在工会作用发挥不充分、企业覆盖面不广、劳方不会谈、资方不想谈、协议条款可操作性不强等问题，解决这些问题，要求进一步完善相关法律法规，规范双方的集体协商行为；进一步发挥好工会职能，使其成为劳资沟通的桥梁；进一步完善集体合同履约机制，着力解决协议条款无法有效落实的问题。

最后，进一步发挥工资指导线制度的作用。早在 1997 年我国劳动部就印发《试点地区工资指导线制度试行办法》。这份文件指出，工资指导线水平的制定应以本地区年度经济增长率、社会劳动生产率、城镇居民消费

---

① 易重华：《合作主义语境下我国工资集体协商制度建设》，《中南大学学报》（社会科学版）2011 年第 6 期。

价格指数为主要依据，并综合考虑城镇就业状况、劳动力市场价格、人工成本水平和对外贸易状况等相关因素。工资指导线起到监测工资总量以及工资水平增长的作用，为企业职工增加工资和开展工资集体协商提供相应的依据，有利于推动工资总量与社会劳动生产率的同步增长。但我国工资指导线制度在运行过程中，存在集体协商流于形式、企业工资指导线发布存在时滞性、行业工资指导线信息过度专业化等突出问题。新时代进一步发挥工资指导线制度的作用，要求我们以问题为导向，建立工资指导线定期发布制度，建立工资集体协商指导线制度，以解决行业工资指导信息受众对专业化信息的理解及接受度的问题①，从而构建新型和谐劳资关系。

第三节　劳动力产权实现的关键要素的政策含义：加大人力资本投入力度

在马克思经济学中，利润是在劳动力价值实现后的剩余价值部分。在价值规律的作用下，只有当劳动力需求大于供给时，劳动者才能获得超过劳动力价值的工资，表现为劳动者侵蚀了原本属于资本家的利润的一部分。当今劳动者参与利润分享，只是价值规律的转化形式，从根本上要求劳动力具有稀缺性。因为当资本有机构成提高时，普通劳动力更容易被机器等物质资料所替代，只有人力资本才不容易被替代，而这正是人力资本投入的重要意义之所在，也是提高劳动者收入的重要途径。在这里，我们需要转换批判思维，从资本主义社会劳资对立中，构建和谐的劳资关系，需要利用利润分享制度来调动劳动者积极性，实现利润总量的最大化以及劳资利益的最大化。从整个社会来看，人力资本的增加既是社会劳动生产率提高的源泉，也是实行利润分享制度的有利条件，从而从政策含义来看，政府需要着力提高整个社会的人力资本水平。进入新时代以来，实现高质量发展，创新是发展的第一动力，共享是发展的根本目的，这既需要高素质的人才，也要求在高质量发展中实现共同富裕，因而加大人力资本

---

① 贺玲：《工资指导线制度实效阻却因素研究——兼议工资指导线制度之完善》，《法学评论》2015 年第 5 期。

投入、提高人才质量，显得更为紧迫。但与此同时，政府并不能直接干预市场，只能通过间接方式来影响人力资本投入。一方面，政府可以通过提供公共物品的方式来提高人力资本的投入量。另一方面，政府可以通过相应的政策调整来刺激企业和个人增加人力资本投入。

一　直接层面：政府直接增加人力资本的投入

在当今，人力资本的投入主要对应于劳动力价值构成中关于劳动者接受教育和训练所支出的费用，这是提高劳动者素质和技能水平的关键因素，也是提高劳动者收入的主要途径。进入新时代，我国实现高质量发展，必须有高素质和高技能的人才相对应，这从根本上需要加大人力资本投入力度。

首先，着眼于未来，加大教育的公共支出力度。近年来我国尽管对教育的投入在不断增加，但从相关统计数据来看，我国教育投入占 GDP 比重稳定在 5% 左右，这一比重只是当今世界的平均值。当今世界发达国家的经验证明，人力资本是提高劳动者收入以及各国推行利润分享制度的主要依据。作为发展中国家，唯有提高整体国民素质，才能在未来国际竞争中立足。加大教育投入力度，是未来维持发展的动力之所在。一方面，从整个国家未来发展来看，我们需要整体国民素质的提高，这要求我们在教育投入方面真正做到普惠性，让大部分民众的人力资本存量都能有所增加，从而更为直接的政策含义则是国家要进一步加大基础教育的投入力度。从我国当今的实际情况来看，我国形成了基础教育投入不如高等教育和职业教育的错位结构，要想扭转这一态势，需要在教育投入总量增加的同时，不断将重心转向基础教育，造就更大的受众面。另一方面，创新是支持未来发展的动力，需要在一些重点领域进行突破，而造就能引领未来的"高精尖"人才则是关键，这既要求在待遇上给予倾斜，还需加大相关研究的投入。具体而言，国家既需要加大资金投入力度，着力培养和引进这方面的"高精尖"人才，还需要为其研究创造相应条件，增加科研的相关投入经费，使这部分人才既能脱颖而出，也能受到社会应有尊重。

其次，着眼于当今经济转型，加大职业教育的支持力度。进入新时代以来，伴随着土地、劳动力等要素价格的不断上涨，我国依赖的简单要素堆积的劳动密集型产业，在国际竞争中日渐式微。当前我国正处在产业转型升级的关键时期，这既需要"高精尖"的人才来引领，也要有与之相对应的具有"工匠"精神的高技术工人，而当前我国这类人才存在巨大的缺口，需要对职业教育体系进行相应调整。当今培养高技术人才，离不开对职业教育的大力支持。从整个国家层面的职业教育体系来看，我国长期以来形成重视普通高校教育忽视职业教育的局面，大量资金投入到相应的理论研究层面，出现了理论研究和实际需求之间不匹配的问题，造成了普通高校毕业生动手和实践能力差，就业状况和薪酬待遇不如普通职业学校毕业生的窘境，出现普通高校毕业生过剩、具有技能的职业教育毕业生短缺的局面，存在突出的结构性短缺和结构性过剩的问题。解决这些问题，要求我们以未来制造业发展规划等为指导，着力打造适应国家发展需要的职业教育体系，加大职业教育投入力度，培养符合产业链不同层次、不同需求的合格的技能型人才，培育出更多具有"工匠"精神的高技能人才。

最后，着眼于解决当前就业的压力，加大公共实训基地建设的支持力度。我国公共实训基地主要指"由政府主导建设、向城乡各类劳动者以及职业院校、职业培训机构、企业等提供技能训练、技能竞赛、技能鉴定、创业孵化、师资培训、课程研发等服务的公共性、公益性、示范性、综合性职业技能实训场所"。新时代，经济社会高质量发展过程中，需要对一些重点群体进行相应的就业培训，这些群体主要包括过剩产能企业再就业职工、高校毕业生、农民工等。为了适应相应工作岗位的要求，他们都需要接受相应培训，从而公共实训基地建设在解决就业问题、培养和建设我国技能人才队伍等方面，具有重要作用。现阶段我国所有省（自治区、直辖市）均已建有公共实训基地，但从当今存在巨大的技能型工人缺口的局面来看，我国仍需要加大对公共实训基地的支持和投入力度。

二　间接层面：通过政策刺激人力资本的投入

我国实现高质量发展，必须将发展动力转换到创新上，这要求增加人力资本投入。与此同时，在高质量发展中实现共同富裕，也是我国进入新时代以来的重要目标，这要求不断提高劳动报酬，而人力资本投入又是影响劳动报酬的最重要因素之一。从提高整个国家层面的人力资本存量来看，针对人力资本所包括的内容，政府既可以直接提供相应的公共品，使之转为人力资本的投入，也可以通过制定相应的政策，来引导和刺激个人、企业增加相应的人力资本投入。

首先，适应高质量发展的基本要求，通过制定相关政策，刺激企业加大相关人力资本投入力度。从人力资本的内容来看，在企业中对劳动者进行相应培训，造就一批高技能的劳动者是其核心内容。但这些投入是企业成本的一种支出，因此刺激企业加大人力资本投入力度，应从适当削减成本的政策刺激入手。具体而言，政策刺激可以从两个方面展开：其一，可以通过税收减免等手段和方式，对企业进行员工培训等行为进行刺激，甚至对从事关系国家高质量发展的重点领域的企业的相关培训和研发活动，可以进行相应的财政补贴。其二，完善相应制度，构建和完善企业与劳动者在人力资本收益上的共同分享机制。由于人力资本与劳动者紧密结合在一起，具有较强的人力资本专用性的问题，企业对员工进行人力资本投入，存在一定风险，需要同时保护劳动者和企业所有者的利益，这要求在政策上进一步保护契约关系和劳动关系、完善人力资本流动的收益补偿机制、知识产权保护机制等，形成企业和劳动者能够真正实现共享发展的良性发展局面。

其次，对劳动者进行相应人力资本投入提供相应政策支持。劳动者对自身进行人力资本投入，相当于劳动力价值量的增加，对劳动报酬提供起到决定性作用。但进行相应人力资本投入，对劳动者而言同样是一种成本支出，也面临一系列风险，需要相应的政策刺激。进入新时代，我国面临实现高质量发展转型的大环境，客观上需要提高劳动者特别是大量农民工的技能水平，这既可以由政府提供一些相应的公共品，还需要鼓励和支持这部分群体进行自我投资，提高其自身的人力资本水平。以当今农民工群体为例，农民工自身有进行相关培训的需求和愿望，但这需要付出一定费用。引导这部分群体进行相应培训，可以设立相应的专项低息甚至无息贷款，鼓励和支持更多群体主动和自觉进行投入，从而在整体上提高农民工群体的人力资本存量。

总体而言，政府既可以直接投入，也可以通过相应政策刺激，引导各方加大人力资本投入力度，从而在整体上提高我国人力资本的质量和水平，为高质量发展提供充沛的动力源泉。

第四节　劳动力产权实现科学界定的政策含义：
支持建立广泛的职工持股制度

我国劳动力产权实现的价值意蕴是各产权主体在企业内部实现共享发展，是共享发展理念在企业这一微观组织的展现。作为社会主义国家，实现共享发展，构建和谐的劳动关系，更需要我们在国家层面大力推动劳动力产权实现，构建具有中国特色的职工持股制度。一方面，政府既可以建立和完善相关政策与法规，引导职工持股制度朝着正确的方向发展。此外，政府还可以结合马克思劳动力产权实现思想的基本要求，对现有的职工持股制度进行总结，提炼出可供参考的指导性意见，为其他企业实行职工持股制度引航定向。另一方面，为了引导职工持股制度在全国大范围的推广，政府可以在政策上给予相应刺激。同时，在国有企业内部，结合劳动力产权实现的基本要求，展开相应试点，为其他企业提供典型示范。

一　政策规范：完善职工持股制度的相应法律法规

劳动力产权实现改变了传统资本强势地位、资本雇佣劳动的逻辑，在企业内部，各产权主体实现了联合生产，各自利益的实现需要遵循各要素产权主体平等、按贡献分配等基本原则，这需要将其转化为可以操作的规则。一方面，各产权主体之间的联合，是基于各自利益的考量，每个要素的产权主体应享有进入和退出自由，这要求在制度和法律上对进入和退出设计出合理的规则。另一方面，各产权主体在进行联合生产的过程中，由于各自的力量并不是均等的，需要规制和规避较为强势的一方对较为弱势的另一方的利益侵蚀，从而有效调动各产权主体的积极性。

2013 年财政部等部门联合制定了《关于深化收入分配制度改革的若干意见》，该意见首次明确指出"支持有条件的企业实施员工持股计划"。2018 年国家发改委等 8 部门发布了《关于深化混合所有制改革试点若干政策的意见》，再次确定了在部分国有企业和混合所有制企业推广员工持股计划。总体而言，国家越来越重视员工持股计划的作用，也在逐步推动各地的实践，但与此同时，尽管国家先后出台了相关法律法规，如《公司法》《关于上市公司实施员工持股计划试点的指导意见》《关于试点创新企业实施员工持股计划和期权激励的指引》等，但仍缺乏对员工持股计划具体管理的法律法规体系，需要从多方面进行补充和完善。

从员工的股份获得来看，尽管现有《公司法》第142条已经对员工股份的取得进行了较为详细的规定，但对于相关持股主体并没有作出规定，特别是并没有对高管持股比例作出明确规定和限制，在现实中容易形成普通员工因持股较少而在董事会不具话语权的问题。

从员工股的行使来看，国家在《关于试点创新企业实施员工持股计划和期权激励的指引》《关于职工持股会及工会持股有关问题的法律意见》等文件中，尽管强调员工可以通过公司制企业、合伙制企业、资产管理计划等持股平台间接持股，但在当今信托持股模式、有限合伙企业的持股模式、公司制企业的持股模式这三种典型持股模式中，是否赋予持股员工表决权需要进一步作出相应规定。当今较多企业采用了职工持股会的形式来行使相关权利，但还需要从身份界定、法律登记等方面细化相关规定。

从员工股的退出来看，《关于试点创新企业实施员工持股计划和期权激励的指引》尽管强调企业"自行建立健全持股在平台内部的流转、退出机制，以及股权管理机制"，但却有一系列问题需要在法律法规上进行规范，如员工和企业解除劳动合同后能否继续持股，员工股的退出要经过哪些流程，员工股退出时如何定价。

从职工持股制度的监管来看，规避持股较多的大股东对小股东的侵害，是一个重点。尽管我国《证券法》等法律文件，对于不同主体违法行为作出了相应规定，但仍存在监管主体不明确、行政监管主体在监督过程中缺位、企业内部监督制度缺乏法律法规强制性等突出问题。

此外，职工持股制度的发展还处在一个探索阶段，在当今也有多种探索的形式，其中有很多较为符合马克思劳动力产权实现思想的成功模式，也有很多偏离马克思劳动力产权实现思想的实践模式，这也需要政府在政策上适当引导。简单来讲，政府要按照马克思劳动力产权实现思想，并结合当今成功和失败的职工持股模式，在国家层面形成一些具有指导性意义的政策规范，为后续企业提供方向指引和可供参考的经验。

总之，这些问题正是我们政策完善和调整的动力和方向，我们要以问题为导向，不断健全员工持股计划的相关法律法规，引导这一制度朝着正确方向前进。

二　政策刺激：引导建立职工持股制度

在按照马克思劳动力产权实现思想建构起来的职工持股制度中，各产权主体实现了联合生产，其各自利益的实现需遵循各要素产权主体平等、按贡献分配等基本原则，既能有效激发各要素产权主体的积极性，也能建立各要素产权主体相互合作的和谐关系，在整个国家层面，理应大力推广。但在社会主义市场经济条件下，尽管我们不能直接用行政命令强制要求企业建立职工持股制度，但我们可以利用相关政策手段来刺激和引导企业建立相应制度。

首先，政府不仅要在法律法规上对职工持股制度给予支持和引导，还要从税收和金融方面予以一定的支持，增强企业发行员工股以及员工持股的意愿。一方面，我国当今存在较为严重的重复征税的问题，如员工在获得公司赠送的股权后，需要缴纳个人所得税；代持员工股份的机构在减持时，其所得需要缴纳25%的企业所得税，即使将减持所得分给员工，员工还要缴纳个人所得税。税收政策的不合理，必然影响员工对持股的预期，对员工持股计划的推广造成了一定的困扰甚至是阻碍。由此，我们需要推动税收政策改革，对员工通过员工持股计划所分得的股息予以免税优惠，针对不同来源的股份形式明确税收优惠政策，尽量避免重复征税，给予员工较为稳定的收入预期，激发各方的积极性。另一方面，当今实行的员工持股计划，大多是员工通过现金购买的方式获得相应股权。我国也可以充分利用信贷杠杆，为愿意参加持股计划的普通员工提供信贷支持，对普通员工持股所需要的资金提供一些政策便利和低息贷款，最大限度吸引员工参与职工持股计划。

其次，要通过政策刺激，引导部分行业和部门建立具有示范和推广意义的职工持股制度。职工持股制度能将员工努力与企业绩效有效联系在一起，能对员工进行有效激励，这对特别强调激励员工的行业和部门就显得更为迫切。具体而言，我国两种类型企业可以通过政策刺激来引导建立职工持股计划。其一，要支持和鼓励在我国国有企业内部建立广泛的职工计划。在我国国有企业内部，由于存在多重委托—代理的关系，普遍存在激励不足和活力不足的问题，激发企业经营者以及普通劳动者的积极性，特别是激发劳动者的主人翁精神，就成为国有企业改革的重要方向，而推行国有企业员工持股计划是一种可供选择的重要方案。现有国有企业中尽管有部分企业建立了职工持股计划，但总体占比较低，而且存在只注重激励管理层而忽视普通员工的倾向。近些年，国家也多次强调要加快国有企业职工持股相关制度建设，但更应该在政策上优先扶持部分国有企业进行试点，力图形成员工全覆盖、激励充分、企业绩效得到明显提升的较具影响力的企业，为其他国有企业树立榜样，引导其他国有企业推动相应改革。其二，在政策上鼓励和支持一些高新科技企业建立广泛的员工持股计划。在高新科技企业中，企业员工的人力资本存量普遍较高。由于人力资本存在只可激励而不可"压榨"的特征，在这部分企业中推广员工持股计划是当今大多数国家的普遍经验，并在实践中呈现了较好的效果，我国的实践也很好地验证了这一事实。据有关数据，2018～2020 年，创业板 385 家公司推出 440 期股权激励计划、92 次员工持股计划。这些公司 2021 年平均实现营业收入 29.89 亿元，同比增长 29%，平均实现净利润 2.32 亿元，同比增长 22%，收入规模和盈利能力均高于板块平均水平。[1] 进一步来讲，高新企业中推广员工持股计划既是企业本身发展需要，也符合员工利益，国家在政策上给予相应的刺激就显得更为必要。进一步来讲，国家也需要通过政策便利、资金扶持等相关政策手段，推动部分企业进行相应试点，在这部分企业取得良好的绩效后，必然会起到典型示范效应，从而引导和带动其他企业推动相关变革。总之，在国有企业和高新企业中推广员工持股计划，既符合员工利益，也有利于提升企业绩效，既是企业发展之需，也有利于整个国家的和谐发展。国家通过相关政策刺激，带动部分企业进行相应试点，将起到由点到面的良好示范效应，从而在更大范围推动职工

---

[1] 《持续改革激发活力 创业板公司交出"硬核答卷"》，新浪网，2022 年 5 月 5 日，https：// finance. sina. cn/stock/ssgs/2022 – 05 – 05/detail-imcwiwst5617045. d. html？cid = 79649&node_ id = 79649。

持股制度的普及。

第五节　本章小结

劳动力产权实现思想是马克思批判资本主义经济体系的一个重要理论工具。我国虽建立了社会主义制度，但并不意味着劳动力产权就自动实现了，需要从马克思的批判中找到合理建构逻辑。马克思劳动力产权实现思想可以从逻辑起点、前提条件、关键因素、科学界定等四个方面进行阐释，这尽管是针对资本主义条件的分析，但其中蕴含着较为明确的政策含义。

马克思劳动力产权实现思想的逻辑起点是劳动力自由交易。在资本主义社会，劳动力商品看似能自由交易，但满足自由交易的内在条件却并不充分，这正是我国政策含义的发力点。具体而言，劳动力商品无法自由交易的前提是"劳动者自由得一无所有"，劳动者只有出卖劳动力的自由，没有不出卖劳动力的自由，与此相对应，我们可以得出的政策含义是健全和完善失业保险制度，使得劳动者能够行使劳动力商品交易的否决权。劳动力商品自由交易体现为空间上的自由流动，实现劳动者利益的最大化，这要求我们在政策上针对中国国情，建立城乡一体化劳动力交易市场。

马克思劳动力产权实现思想的前提条件是劳动力价值实现。劳动力价值实现取决于劳动力价值量以及工资两个方面。我国社会主义制度更应关注劳动者利益，由此在政策含义上需要从两个方面发力：其一，在质上提高劳动力价值量，这对于我国而言，需要发挥"道德的和历史的因素"的重要作用，其政策含义是健全和完善职工的"五险一金"制度；其二，在量上提高工资水平，其意蕴是规避资本有机构成提高带来实际工资下降的困境，对我国的政策含义则是建立正常的工资增长机制。

马克思劳动力产权实现思想的关键因素是人力资本。在资本主义社会，人力资本是获取利润分享权利的关键因素。在我国社会主义条件下，人力资本同样是提高劳动收入的关键因素，也是我国劳动力产权实现的外在表现形式。这对我国而言，政策含义具有两个层面。其一，直接层面，即政府通过增加公共产品投入的形式，使之转化为劳动者的人力资本存量。其二，间接层面，即政府通过一系列政策刺激措施，鼓励和支持企业与劳动者加大人力资本的投入力度。

马克思劳动力产权实现思想的最高价值旨向是共产主义，但在社会主义阶段仍涉及劳动力产权实现的问题。在社会主义条件下，劳动力产权实现需要遵循各生产要素共同分享到利润的思路，这在当今直接的实践形式就是职工持股制度，推动和建立合理的职工持股制度是直接政策含义。对于我国而言，基于马克思劳动力产权实现思想建构合理的职工持股制度，既需要政府完善相应法律法规，也需要发挥政策刺激作用，引导企业建立职工持股制度。

总之，马克思劳动力产权实现思想在当今的价值意蕴是实现共享发展，其根本目的是实现好维护好发展好劳动者利益，这也正是我国政策含义的出发点。而马克思劳动力产权实现思想尽管是对资本主义社会的批判，但需要我们在批判中找到合理制度建构的切入点，并在此基础上推导出明确的政策含义。

结　语

劳动者在参加劳动的过程中既创造出相当于劳动力价值的价值，也创造出剩余价值。劳动力价值实现是指劳动者获得相当于劳动力价值的工资，劳动力产权实现则是要求劳动者在劳动力价值实现的基础上还获得剩余价值（利润）分享的权利。马克思并没有明确提出劳动力产权的概念，但其理论却蕴藏着丰富的劳动力产权实现思想，这一思想站在维护劳动者的立场批判了资本主义社会的不公平现象，揭示了人类社会发展的基本规律。

（1）马克思劳动力产权实现思想从起点、过程、结果三个维度揭示了资本主义社会的不公平。在资本主义社会，劳动力商品自由交易是劳动力产权实现的逻辑起点，看似自由公平的交易背后却隐藏着不公平。资本主义私有制已经造成了劳动者与雇主地位的不平等；劳动力商品自由交易的结果已经被打上严重的劳动异化的烙印；劳动力商品交易并不必然是劳动者自由意志的体现，也不能有效实现消极自由和积极自由的有机统一。因此，在资本主义社会中，当劳动力商品自由交易的前提条件无法得到满足时，在资本强势的逻辑中，劳动者只获得相对较低的工资，这并不是劳动力市场自由交易的公平性的体现。劳动力商品在进行交易后，转入到生产过程中，劳动者与雇佣者之间形成直接依附关系，劳动者在适应机器化大生产的过程中，呈现出片面化发展的态势，劳动与劳动者之间出现严重异化，使得生产过程彰显的是资本的意志。在结果上，马克思劳动力产权实现思想揭示了一个基本的不公平事实，即创造一切价值的劳动者群体越发贫困，不创造价值的资本家却占据大量财富。

（2）马克思劳动力产权实现思想重在对资本主义社会私有制进行批判。只要存在私有制，就必然存在生产资料向少部分人集中的态势，劳动者因为丧失生产资料而被迫出卖劳动力，自然就会产生劳动力产权实现问题。马克思劳动力产权实现思想在彻底改变劳动者命运的价值旨趣中，蕴含着对资本主义私有制的彻底批判。资本雇佣制度是资本主义剥削的直接展现形式，与资本主义私有制是一对孪生物，从而马克思在批判资本主义私有制的同时，也要求消灭资本雇佣制度。在社会主义制度建立以后，公有制只是为劳动力产权实现奠定了基础，并不意味着劳动力产权就会自动实现，还需要着力改变资本雇佣制度，从根本上保证劳动者在生产过程中的主体性地位，充分激发劳动者的积极性。

（3）马克思劳动力产权实现思想随着社会历史条件的变迁而相应发生改变。劳动力商品在出卖后，就面临劳动力使用权收益和劳动力所有权收益实现的问题，在形式上表现为获得工资和部分利润，这种实现形式既受制于价值规律的作用，也随着客观历史条件的变化而呈现出不同实现形式。马克思所处的年代，资本家掌控一切生产资料，企业坚持经营和管理合二为一的古典生产方式，劳动者提供适应于机器生产的同质化的简单劳动，维护工人阶级的工会等组织的力量相对较小，这些客观条件使得劳动者在和资本家的谈判中处于不利地位，由此形成"工人获得工资、资本家获得利润"的传统分配模式。随着资本主义社会的发展，工资制对应的古典企业逐渐向现代企业转变，这一转变要求改变资本独占利润的分配格局；现代企业中人力资本劳动者逐渐获得企业的经营管理权，呈现出强势的地位以及人力资本非激励而难以调动的特点，决定了利润分享是激励劳动者的有效手段；同时，当社会风险增加时，人力资本参与利润分享也是承担风险获得相应报酬的反映，从而劳动力产权实现形式表现为劳动者不仅获得利润，还要求分享到利润，但这并不意味着劳动力产权实现。因为当把工资压低到劳动力价值以下时，尽管劳动者在形式上获得了利润，但收入总量有可能仍和劳动力价值相等，仍只是劳动力价值的实现，从而当今西方国家的利润分享制度并不意味着劳动力产权实现，也不是维持资本主义社会长期发展的良药，只是在一定程度上缓和了资本主义社会的基本矛盾。在马克思所构建的未来共产主义社会中，随着私有制被彻底消灭，商品货币关系也随之消灭，"自由人联合体"对传统企业组织实现了扬弃，这些条件的变化，使得劳动力产权得到完全实现，表现为劳动者在社会中获得适应于人的全面发展需要的所有社会产品。

（4）马克思劳动力产权实现思想提供了建构合理的利润分享制度的思路。从劳动者只获得相当于劳动力价值的工资到获得创造一切的新价值之间，存在一种中间状态，即劳动者不仅获得相当于劳动力价值的工资，还和资本要素一样获得利润分享的权利。劳动力产权实现以作为生产要素的资本为参照物，既要求劳动力作为生产要素，获得所有权收益，也要求劳动力和资本要素在获取所有权收益时，遵循等量投入获取等量报酬的一致规则。劳动力产权实现可以从跨期实现和当期实现两个层次来分析。劳动力产权跨期实现的实质是将积累的劳动转化为资本，使得劳动力要素资本化。私有制企业中的劳动力产权当期实现要求劳动力要素和资本要素取得同等地位，以劳动力这一生产要素为依据，获得所有权收益，遵循等量投入获得等量利润的分配规则。国有企业劳动力产权当期实现既要遵循等量投入获得等量报酬的原则，也要依据按劳分配和按劳动力贡献分配的原则进行利润分享。总体而言，基于劳动力产权实现来建构利润分享制度呈现出两条思路：一条是基于劳动力要素资本化的利润分享制度建构思路，这也就是劳动者利用资金购买公司股票形成的职工持股制度；另一条是基于当期劳动力产权实现的利润分享制度建构思路，这要求设计出能依照各要素贡献度来获取利润的相应制度。

（5）马克思劳动力产权实现思想需要在当今进行创新和发展。首先，马克思的分析对象是工业革命初期制造业最底层的提供简单劳动的工人，其劳动力价值构成中"教育费用对普通劳动者来说微乎其微"，当今劳动力价值中教育培训等费用日益成为劳动力价值最重要的组成部分，因而需要在马克思的框架中将分析对象进一步拓展，即将分析对象由简单劳动力拓展到复杂劳动力、由普通劳动者转变到具有较高人力资本水平的劳动者。其次，马克思理论是一种寻求改变劳动者命运、实现共同富裕的理论，而所有制是其论证改变劳动者命运的最核心变量。在马克思的分析中，生产资料由私有向公有的变革带来的是劳动力价值实现向劳动力产权实现的跃升，而且在生产资料公有制的共产主义社会中，因为劳动者自然获得其创造的全部价值，所以劳动力产权实现是一种彻底实现。但马克思并没有探讨介于劳动力价值实现与劳动力产权彻底实现的中间状态，换言之，当今不完全是马克思年代那样的"工人获得工资、资本家获得利润"

的传统分配模式，而存在劳动者已经分享部分利润的中间状态。这一不同于马克思年代的新状况，既需要用马克思理论进行分析和解释，也为马克思理论创新提供新的时代素材。最后，马克思将劳动力价值实现向劳动力产权彻底实现转变的基础建立在生产资料公有制的共产主义社会中，而我国建立了以公有制为主体、多种所有制共同发展的所有制结构，利用马克思理论分析中国的现实问题既是对马克思理论的强大解释力的验证，也为在新的条件下创新和发展马克思理论提供了现实素材。

研究马克思理论的目的是为我所用，是为了更好地指导实践。在理论分析的基础上，我们需要结合中国具体情况，探讨马克思劳动力产权实现思想的当代价值。

（1）马克思劳动力产权实现思想在当今中国面临两重境遇。其一，马克思劳动力产权实现思想在当今中国是否仍具有适用性？这是检验马克思理论生命力的问题。一方面，我国仍存在劳动力商品概念，马克思劳动力产权实现思想所揭示的一般规律都将发挥作用。另一方面，中国共产党以人民为中心的理念与马克思劳动力产权实现思想背后的鲜明阶级立场具有一致性，而且马克思劳动力产权实现思想也需要在中国实践中进行丰富和发展。其二，马克思劳动力产权实现思想能否为解决我国当今存在的一些问题提供相应理论指引？这是检验马克思理论应用性的问题。马克思劳动力产权实现思想要求改变传统劳动者只获得工资的状况，着力提高劳动者收入，这也是我国推进工资制度改革的一个重要目标，从而这一思想具有现实的指导意义。我国当今尽管已建立了多种形式的利润分享制度，但该制度仍存在一系列问题。而马克思劳动力产权实现思想对我国利润分享制度健康发展具有重要的理论指导意义。

（2）马克思劳动力产权实现思想是共享发展理念在企业内部的微观展现。劳动力产权实现是共享发展理念所强调的共建共享、公平正义、发展优先、渐进推进等原则在企业内部的体现，既强调在企业内部将劳动者和资本所有者的积极性充分调动起来，也要求所有要素所有者共同分享利润；既要求企业在生产过程中树立劳动者主体地位，也要在结果上让劳动者能分享到利润；既要求企业关注人的全面发展，也要将人的全面发展和企业发展有机统一起来；既要求在理念上大力倡导，也需要在实践中不断试验并逐步推广。在企业内部实现共享发展，对劳动力产权实现提出了具体的制度建构要求，即要求建立能准确衡量劳动力价值的工资制度、体现劳动贡献的利润分享制度、因地制宜的企业控制权配置制度、建立典型示范的推广制度。

（3）马克思劳动力产权实现思想在当今的价值意蕴是实现共享发展，其根本目的是实现好维护好发展好劳动者利益，这也正是我国政策含义的出发点。我们需要探寻当今与马克思所处年代的"同"与"异"，需要从马克思的批判中找到合理建构逻辑。我们从逻辑起点、前提条件、关键因素、科学界定等四个方面对马克思劳动力产权实现思想进行了阐释，从这四个方面出发，围绕如何实现好维护好发展好劳动者利益以及实现企业内部的共享发展，能推导出一系列政策含义。

公平一直是人类社会孜孜以求的目标。劳动力产权实现要求改变传统的资本主导一切的"资本雇佣劳动"的强势逻辑，强调劳动者和资本要素之间的联合，能有效发挥劳动者在劳动过程中的主体性作用；同时，劳动力产权实现以利润分享来调动劳动者的主动性和积极性，既有利于缓和劳资矛盾，也有利于在企业内部实现各要素主体的共享发展。劳动力价值实现与劳动力产权实现直接关系到劳动力生产和再生产的问题，与劳动者的利益直接关联，因此，这一研究的主题要求从根本上构建一个公平的劳动制度，这是人类一直在探寻的永恒话题，也是中国社会主义需要着力彰显的重要特色。

参考文献

一 著作类

［1］〔美〕V. 奥斯特罗姆等编《制度分析与发展的反思——问题与抉择》，王诚等译，商务印书馆，1992。

［2］〔印〕阿马蒂亚·森：《以自由看待发展》，任赜、于真译，中国人民大学出版社，2002。

［3］白暴力：《价值与价格理论》，中国经济出版社，1999。

［4］陈红：《基于完全生产要素全周期价值贡献的积极分配机制研究》，经济科学出版社，2012。

［5］谌洁：《国有企业劳动者参与剩余分配研究》，江西人民出版社，2011。

［6］迟福林：《劳动力产权论：实现共享发展的理论探索》，中国工人出版社，2018。

［7］〔美〕戴维·柯茨：《资本主义的模式》，耿修林等译，江苏人民出版社，2001。

［8］顾海良、张雷声：《马克思劳动价值论的历史与现实》，人民出版社，2002。

［9］〔美〕哈里·布雷弗曼：《劳动与垄断资本：二十世纪中劳动的退化》，方生等译，商务印书馆，1978。

［10］〔美〕哈罗德·德姆塞茨：《所有权、控制与企业——论经济活动的组织》，段毅才等译，经济科学出版社，1999。

［11］何传启：《分配革命——按贡献分配》，经济管理出版社，2001。

［12］何玉长、王宏伟、潘孟菊：《批判与超越——西方激进经济学述评》，当代中国出版社，2002。

[13] 侯风云：《中国人力资本形成及状况》，经济科学出版社，1999。

[14] 〔英〕霍布豪斯：《自由主义》，朱曾汶译，商务印书馆，1996。

[15] 姜国权：《市场社会主义劳动产权理论研究》，首都师范大学出版社，2009。

[16] 〔美〕康芒斯：《制度经济学》（上册），于树生译，商务印书馆，1982。

[17] 〔德〕柯武刚、史漫飞：《制度经济学：社会秩序与公共政策》，韩朝华译，商务印书馆，2000。

[18] 〔美〕科斯等：《财产权利与制度变迁——产权学派与新制度学派译文集》，费方域等译，上海三联书店，1996。

[19] 李炳炎：《公有制分享经济理论：中国经济改革理论创新》，中国社会科学出版社，2004。

[20] 李惠斌：《企业劳动产权概论》，中央编译出版社，2006。

[21] 〔英〕理查德·威尔金森、凯特·皮克特：《不平等的痛苦》，安鹏译，新华出版社，2010。

[22] 〔美〕罗伯特·吉尔平：《全球资本主义的挑战：21 世纪的世界经济》，杨宇光等译，上海人民出版社，2001。

[23] 罗后清：《当代西方劳动力产权制度变迁研究》，中国林业出版社，2012。

[24] 〔美〕罗纳德·哈里·科斯等：《论生产的制度结构》，盛洪等译，上海三联书店，1994。

[25] 〔美〕马丁·L. 威茨曼：《分享经济——用分享制代替工资制》，林青松等译，中国经济出版社，1986。

[26]《马克思恩格斯全集》第 4 卷，人民出版社，1972。

[27]《马克思恩格斯全集》第 20 卷，人民出版社，1971。

[28]《马克思恩格斯全集》第 42 卷，人民出版社，1979。

[39]《马克思恩格斯文集》第 1~10 卷，人民出版社，2009。

[30]《马克思恩格斯选集》第 3 卷，人民出版社，1972。

[31]《马克思恩格斯选集》第 10 卷，人民出版社，1995。

[32] 〔美〕迈克尔·布若威：《制造同意——垄断资本主义劳动过程的变迁》，李荣荣译，商务印书馆，2008。

［33］〔法〕托马斯·皮凯蒂:《21世纪资本论》,巴曙松等译,中信出版社,2014。

［34］汪荣有:《初次分配公正论》,人民出版社,2017。

［35］王仕军:《马克思企业理论的现代拓展》,光明日报出版社,2009。

［36］王振中:《产权理论与经济发展》,社会科学文献出版社,2005。

［37］吴宣恭:《产权理论比较》,经济科学出版社,2000。

［38］吴易风等主编《马克思经济学数学模型研究》,中国人民大学出版社,2012。

［39］〔英〕希克斯:《价值与资本》,薛蕃康译,商务印书馆,2010。

［40］徐崇温:《当代资本主义新变化》,重庆出版社,2004。

［41］〔美〕雅各布·明赛尔:《人力资本研究》,张凤林译,中国经济出版社,2001。

［42］杨继国:《价值运行论纲》,厦门大学出版社,2004。

［43］〔英〕以赛亚·伯林:《自由论》,胡传胜译,译林出版社,2003。

［44］张兴茂:《劳动力产权论》,中国经济出版社,2001。

［45］周怡:《中国第一村:华西村转型经济中的后集体主义》,牛津大学出版社,2006。

［46］A. Friedman, *Industry and Labour*, London: MacMillan, 1979.

［47］A. Gorz, *The Division of Labour: The Labour Process and Class-struggle in Modern Capitalism*, Hassocks: Harvester Press, 1976.

［48］B. Jessop, *Regulationist Perspective on Fordism and Post-Fordism*, London: Edward Elgar Publishing Inc. , 2001.

［49］Ching Kwan Lee, *Gender and the South China Miracle: Two Worlds of Factory Women*, Berkeley: University of California Press, 1998.

［50］Daryl D'Arl, *Economic Democracy and Financial Participation-A comparative Study*, London and New York: Routledge, 1992.

［51］E. Johnston, *America Unlimited*, New York: Doran Doubleday Press, 1944.

［52］James E. Meade, *Alternative Systems of Business Organization and of Workers' Remuneration*, Winchester, MA: Allen & Unwin, Inc. 1986.

［53］J. Salwyn Schapiro, *Liberalism: Its Meaning and History*, Princeton: D.

Van Nostrand CO，1958.

［54］K. Karl，*Economics and Marxian*，London：Macmillan Press，1979.

［55］L. O. Kelso，M. J. Adler，*The New Capitalists*：*A Proposal to Free Economic Growth from the Slavery of Savings*，New York：Random House Press，1961.

［56］M. Piore，C. Sabel，*The Second Industrial Divide*：*Possibilities for Prosperity*，New York：Basic Books，1984.

［57］P. K. Edwards，*Conflict at Work*，Oxford：Basil Blackwell Ltd，1986.

［58］R. Freeman et al.，*Shared Capitalism*：*Employee Ownership*，*Profit and Gain Sharing and Stock Options*，Chicago：University of Chicago Press，2010.

二 论文类

（一）学位论文

［1］艾尼瓦尔·吐尔逊：《国有企业员工持股制度改革研究》，吉林大学博士学位论文，2020。

［2］关娜：《马克思劳动力价值理论在当代中国的新境遇》，南京航空航天大学博士学位论文，2013。

［3］郭毅：《企业理论研究——马克思经济学与新制度经济学的比较》，厦门大学博士学位论文，2004。

［4］罗智渊：《中国员工持股制度研究》，首都经济贸易大学博士学位论文，2011。

［5］马静霞：《基于劳动力产权的劳动关系治理机制研究》，天津师范大学硕士学位论文，2019。

［6］石宏伟：《中国员工持股制度研究》，吉林大学博士学位论文，2016。

［7］时永顺：《人力资本企业产权问题研究》，首都经济贸易大学硕士学位论文，2005。

［8］王才增：《国有企业劳动力产权残缺及其对策研究》，河北师范大学硕士学位论文，2011。

［9］王素玲：《国企改革中的劳动力产权理论与实践研究》，西南财经大学

硕士学位论文，2007。

[10] 魏志红：《劳动力产权视角下的返乡农民工职业技能培训问题探讨》，山东理工大学硕士学位论文，2011。

[11] 夏芸芸：《我国企业劳资收入分配正义研究》，华中师范大学硕士学位论文，2012。

[12] 杨欢亮：《职工持股在中国的发展——理论、实践与对策》，四川大学博士学位论文，2004。

[13] 于桂兰：《私营企业工人劳动力价值实现问题研究》，吉林大学博士学位论文，2007。

[14] 张文翠：《劳动力产权视角下的农民工回流问题研究》，山东理工大学硕士学位论文，2010。

[15] 张显宏：《农民工劳动力产权问题研究》，西北农林科技大学博士学位论文，2007。

[16] 赵晨曦：《华西村农村公共品供给研究》，南京财经大学硕士学位论文，2012。

[17] 朱梦梦：《华为员工持股计划研究》，江西师范大学硕士学位论文，2018。

（二）学术论文

[1] 安增军、杨继国：《国有企业治理结构的监督难题及其解决》，《福建行政学院福建经济管理干部学院学报》2006年第2期。

[2] 蔡昉：《人口转变、人口红利与刘易斯转折点》，《经济研究》2010年第4期。

[3] 曹天予：《劳动产权、现代经济学和市场社会主义》，《马克思主义与现实》2004年第5期。

[4] 常凯：《关于我国劳动关系中的劳动者的界定与特点》，《中国劳动关系学院学报》1997年第2期。

[5] 陈少晖：《试论社会主义初级阶段劳动者个人所有制的实现》，《东南学术》2002年第6期。

[6] 陈晓枫：《马克思的劳动力产权思想及其当代价值》，《福建论坛》（人文社会科学版）2014年第7期。

［7］ 陈雪、王永贵：《全面把握新时代共享发展理念的理与路》，《南京工业大学学报》（社会科学版）2020 年第 5 期。

［8］ 程承坪：《劳动力产权：理论与现实》，《当代经济研究》2001 年第 8 期。

［9］ 程恩富、白红丽：《企业共享的理论分析和实施原则——学习贯彻习近平新时代中国特色社会主义经济思想》，《上海经济研究》2019 年第 1 期。

［10］ 程恩富、白红丽：《我国民营企业员工分享模式的比较研究》，《河北经贸大学学报》2018 年第 4 期。

［11］ 程恩富等：《关于我国企业职工权益保护状况的调研报告》，《经济经纬》2009 年第 1 期。

［12］ 崔朝栋：《超额剩余价值的来源问题与马克思劳动价值论》，《当代经济研究》2009 年第 10 期。

［13］ 方涛：《利润分享理论对中国的启示》，《人民论坛》2013 年第 27 期。

［14］ 郭继强：《中国城市次级劳动力市场中民工劳动供给分析——兼论向右下方倾斜的劳动供给曲线》，《中国社会科学》2005 年第 5 期。

［15］ 郭正模、何飞：《提高劳动报酬在初次分配比重的机制完善与制度重构》，《理论与改革》2011 年第 1 期。

［16］ 韩英：《"劳动力商品"概念应让位于"人力资本"吗?》，《政治经济学评论》2018 年第 1 期。

［17］ 韩喜平：《整体把握共享发展理念的四个向度》，《社会科学家》2016 年第 12 期。

［18］ 胡鞍钢：《从人口大国到人力资本大国：1980—2000 年》，《中国人口科学》2002 年第 5 期。

［19］ 胡莹、郑礼肖：《共享发展理念与分享经济理论的比较研究》，《理论月刊》2019 年第 4 期。

［20］ 黄华：《国企员工持股改革再探讨》，《理论探索》2016 年第 5 期。

［21］ 李炳炎、徐雷：《共享发展理念与中国特色社会主义分享经济理论》，《管理学刊》2017 年第 4 期。

［22］ 李其庆：《西方左翼学者对当代资本主义的研究——第三届巴黎国际

马克思大会述要》，《国外理论动态》2002 年第 1 期。

[23] 李实：《中国收入分配中的几个主要问题》，《探索与争鸣》2011 年第 4 期。

[24] 李韵、贾亚杰：《华为员工持股制度的中国特色及其对企业创新的作用机理》，《教学与研究》2020 年第 4 期。

[25] 廖海亚：《人口红利：理论辨析、现实困境与理性选择》，《经济学动态》2012 年第 1 期。

[26] 刘炳福：《浅谈〈资本论〉的劳动力产权理论》，《当代经济研究》2001 年第 8 期。

[27] 刘芳：《论劳动力产权与企业的合约安排》，《北京工商大学学报》（社会科学版）2007 年第 4 期。

[28] 刘凤义：《劳动力商品理论与资本主义多样性研究论纲》，《政治经济学评论》2016 年第 1 期。

[29] 刘明合：《论劳动力产权及其实现》，《山东经济》2002 年第 2 期。

[30] 刘小玄：《转轨经济中的企业主权模式》，《经济研究》1997 年第 7 期。

[31] 陆春燕、张作云：《论劳动力产权实现的条件》，《江汉论坛》2005 年第 2 期。

[32] 陆春燕：《职工持股计划与劳动力产权的实现》，《马克思主义与现实》2002 年第 3 期。

[33] 陆燕春：《论收入分配中的劳动力产权》，《当代经济研究》1999 年第 7 期。

[34] 吕景春：《劳动力产权、劳资冲突与和谐劳动关系构建》，《当代世界与社会主义》2010 年第 6 期。

[35] 马艳、徐文斌、冯璐：《华为员工持股对企业经济关系的影响与特色》，《教学与研究》2020 年第 8 期。

[36] 沈文玮：《经济民主视角下的混合所有制员工持股分析》，《现代经济探讨》2015 年第 5 期。

[37] 盛乐、姚先国：《残缺劳动力产权与国企经营低效的分析》，《当代经济科学》2000 年第 2 期。

[38] 孙浩:《社会主义劳动力要素的剩余索取权与全要素所有制》,《天津社会科学》2011 年第 4 期。

[39] 孙威:《分享经济视角下资本主义的利润与工资关系》,《沈阳师范大学学报》(社会科学版) 2015 年第 1 期。

[40] 汪立鑫:《劳动力产权与基本经济制度》,《财经科学》2006 年第 8 期。

[41] 王珏:《劳动力产权及其实现》,《江苏行政学院学报》2004 年第 6 期。

[42] 王天雨:《国有企业改革中的劳动力产权问题》,《现代财经 – 天津财经学院学报》1996 年第 1 期。

[43] 王在全:《新一轮国有企业改革中员工持股问题研究》,《经济纵横》2015 年第 12 期。

[44] 王真:《利润分享的本质及一般模式》,《经济与管理研究》2014 年第 12 期。

[45] 王中:《劳动力产权:现代企业制度下激励机制的理论探索》,《科学学与科学技术管理》2002 年第 5 期。

[46] 吴宏洛:《劳动力产权实现与和谐劳资关系构建——基于国企改制视角》,《福建师范大学学报》(哲学社会科学版) 2011 年第 1 期。

[47] 吴宏洛:《论我国劳动力产权的实现》,《东南学术》2010 年第 1 期。

[48] 吴宣恭:《"人力资本" 概念悖论分析》,《经济学动态》2005 年第 10 期。

[49] 伍柏麟、汪立鑫:《论劳动力所有制与内外部生产关系》,《复旦学报》(社会科学版) 2014 年第 6 期。

[50] 伍旭中、武奎:《马克思劳动力产权体系及权益实现研究》,《安徽师范大学学报》(人文社会科学版) 2020 年第 6 期。

[51] 武力、温锐:《新中国收入分配制度的演变及绩效分析》,《当代中国史研究》2006 年第 7 期。

[52] 谢富胜:《从工人控制到管理控制:资本主义工作场所的转型》,《马克思主义研究》2012 年第 12 期。

[53] 谢富胜、李安:《人力资本理论与劳动力价值》,《马克思主义研究》2008 年第 8 期。

［54］谢富胜、宋宪萍：《资本主义劳动过程研究：从缺失到复兴》，《马克思主义研究》2011 年第 11 期。

［55］许金柜：《论我国国有企业利润分配制度 60 年变迁》，《安徽工业大学学报》（社会科学版）2009 年第 6 期。

［56］许明达：《论马克思经济哲学中的自由观》，《南方论丛》2002 年第 1 期。

［57］杨继国、安增军：《不完全合约理论的逻辑悖论与企业理论的创新》，《中国工业经济》2004 年第 7 期。

［58］杨继国：《人力资本产权：一个挑战公司治理理论的命题》，《经济科学》2002 年第 1 期。

［59］杨继国、童香英：《逆向激励、国有企业监督与职工剩余控制权》，《中国工业经济》2006 年第 7 期。

［60］杨继国、童香英：《职工剩余控制权：理论、实践及发展方向》，《福建江夏学院学报》2012 年第 1 期。

［61］杨继国、魏鑫珂：《"鞍钢宪法"与现代企业"民主管理"》，《华东经济管理》2014 年第 8 期。

［62］杨齐：《论控制权、剩余索取权配置与国企治理模式重构》，《商业时代》2010 年第 12 期。

［63］杨帅华、张兴茂：《劳动者产权与中国社会主义公有制形式的发展创新》，《河南大学学报》（社会科学版）2020 年第 3 期。

［64］杨顺利：《自由与贫困——试论积极自由与消极自由区分后的一种影响》，《江汉大学学报》（人文科学版）2008 年第 3 期。

［65］姚先国、郭继强：《按劳分配新解：按劳动力产权分配》，《学术月刊》1997 年第 5 期。

［66］叶正茂、洪远朋：《论共享利益与产权界定》，《经济学动态》2002 年第 3 期。

［67］张车伟、张士斌：《中国劳动报酬份额变动的"非典型"特征及其解释》，《人口与发展》2012 年第 4 期。

［68］张峰：《马克思的劳动力产权残缺思想与劳资关系协调》，《现代经济探讨》2013 年第 10 期。

［69］ 张峰：《马克思的劳动力产权实现思想及其现代启示》，《广西社会科学》2014 年第 3 期。

［70］ 张坚民：《劳动力产权与劳动者组织——工会》，《北京市总工会职工大学学报》2002 年第 3 期。

［71］ 张德利：《论按劳动力价值分配与按劳分配的结合》，《北京师范大学学报》1998 年第 1 期。

［72］ 张兴茂、王博：《劳动力产权的演进及走向分享的趋势》，《现代经济探讨》2015 年第 2 期。

［73］ 张作云：《劳动力产权的实现条件及其制度保障》，《淮北煤炭师范学院学报》（哲学社会科学版）2006 年第 2 期。

［74］ 赵华灵：《马克思的生产组织与劳动力产权思想的当代解读》，《兰州学刊》2007 年第 12 期。

［75］ 赵振华：《当代劳动新特点》，《科学社会主义》2003 年第 1 期。

［76］ 周小亮：《论社会主义条件下劳动力产权及其实现》，《经济体制改革》1995 年第 6 期。

［77］ 朱丹：《"人力资本"与"劳动力商品"的辨析与批判》，《湖北社会科学》2020 年第 1 期。

［78］ 朱富强：《市场机制能否保障主体的自由和交换的公正?》，《上海财经大学学报》2010 年第 5 期。

［79］ C. P. Green& J. S. Heywood, "Profit Sharing, Separation and Training", *British Journal of Industrial Relations*, Vol. 49, No. 4 (2011).

［80］ G. S. Becker, "Investment in Human Capital: A Theoretical Analysis", *Journal of Political Economy*, Vol. 70, No. 5 (1962).

［81］ H. G. Shaffer, "Investment in Human Capital: Comment", *American Economic Review*, Vol. 51, No. 5 (1961).

［82］ J. Jerger &S. Michaelis, "The Fixed Wage Puzzle: Why Profit Sharing is So Hard to Implement", *Economics Letters*, Vol. 110, No. 2 (2011).

［83］ J. Mincer, "Investment in Human Capital and Personal Income Distribution", *Journal of Political Economy*, Vol. 66, No. 4 (1958).

［84］ John S. Heywood, Uwe Jirjahn, "Profit Sharing and Firm Size: The Role of Team Production", *Journal of Economic Behavior Organization*, Vol. 71, No. 2 (2009).

[85] J. Tracy, "Unions and the Share Economy", *Journal of Comparative Economics*, Vol. 10, No. 4 (1986).

[86] M. L. Weitzman, "The Simple Macroeconomics of Profit Sharing", *American Economic Review*, Vol. 75, No. 2 (1985).

[87] R. J. Meng et al., "Do ESOPs Enhance Firm Performance? Evidence from China's Reform Experiment", *Journal of Banking & Finance*, Vol. 35, No. 6 (2011).

[88] S. Bowles, H. Gintis, "The Problem with Human Capital Theory-A Marxiam Critique", *American Economic Review*, Vol. 65, No. 2 (1975).

[89] Sicular et al., "The Urban-Rural Income Gap and Inequality in China", *Review of Income and Wealth*, Vol. 53, No. 1 (2011).

[90] T. W. Schultz, "Investment in Human Capital", *American Economic Review*, Vol. 51, No. 1 (1961).

[91] W. Nordhaus, "Can the Share Economy Conquer Stagflation", *Quarterly Journal of Economics*, Vol. 103, No. 1 (1988).

后 记

　　拙著是在我博士学位论文基础上修改而成的，在此感谢导师杨继国教授的细心指导和关心。

　　劳动创造价值，但劳动者却在资本主义经济体系中处于社会的最底层，劳动价值论是马克思批判资本主义社会不公平的强大理论武器。劳动者的贫困以及资产阶级和无产阶级的尖锐对抗也为马克思经济学的传播、兴盛提供了丰盈的土壤。当今资本主义国家特别是发达资本主义国家发生了较大的变化，西方国家已经出现了实施员工持股计划、劳动者参与利润分享的浪潮，无产阶级和资产阶级矛盾相对缓和，似乎并没有出现资本主义社会灭亡的趋势，也似乎"颠覆"了资本家独占利润的逻辑。对这些问题的解释既是本书的研究起点，也是理论界关注的热点。马克思经济学的伟大之处在于其揭示了人类社会发展的基本规律，但在每个阶段的具体发展进程中，马克思不可能概括出资本主义社会发展的具体细节，从而需要我们结合当今资本主义发展趋势展开具体分析，在实践中进一步检验马克思经济学理论。本书要完成的一个任务就是运用马克思经济学理论来分析当今资本主义社会发生的新变化，比如利润分享制度等，并提出了不断提高劳动者收入的新思路，如以劳动力产权为依据的企业利润分享制度建构等。与此同时，在我国进行社会主义市场经济改革后，劳动力也成为商品，这也决定了这些分析框架对我国当今具有重要的启示意义，从而本书的研究既具有一定理论研究价值，也具有一定现实意义。

　　由于本书涉及的经济学内容较为丰富和庞杂，这只是本人研究的一个开端，许多问题论述不深、不全面，甚至还存在部分错误的地方，或许还需要花费更多的精力展开后续研究。本书得以顺利出版，社会科学文献出版社政法传媒分社社长曹义恒、责任编辑岳梦夏以及文稿编辑陈冲等人付

出了辛勤劳动，使得文稿添彩不少，在此表示感谢，此外还必须感谢单位
领导的关心和支持，以及感谢我的研究生岑子悦、王钰洁、潘森凯、蔡雪
桑、徐信琼、陈海玲等在书稿校对过程中的辛勤付出。

周建锋

2023 年 4 月

图书在版编目（CIP）数据

马克思劳动力产权实现思想及其当代价值研究／周
建锋著. -- 北京：社会科学文献出版社，2023.6
ISBN 978 - 7 - 5228 - 1930 - 3

Ⅰ. ①马…　Ⅱ. ①周…　Ⅲ. ①马克思主义 - 劳动力产
权 - 思想评论　Ⅳ. ①A811. 64

中国国家版本馆 CIP 数据核字（2023）第 114206 号

马克思劳动力产权实现思想及其当代价值研究

著　　者／周建锋

出 版 人／王利民
责任编辑／岳梦夏
文稿编辑／陈　冲
责任印制／王京美

出　　版／社会科学文献出版社·政法传媒分社（010）59367126
　　　　　地址：北京市北三环中路甲 29 号院华龙大厦　邮编：100029
　　　　　网址：www. ssap. com. cn
发　　行／社会科学文献出版社（010）59367028
印　　装／三河市尚艺印装有限公司

规　　格／开　本：787mm × 1092mm　1/16
　　　　　印　张：16.25　字　数：257 千字
版　　次／2023 年 6 月第 1 版　2023 年 6 月第 1 次印刷
书　　号／ISBN 978 - 7 - 5228 - 1930 - 3
定　　价／108.00 元

读者服务电话：4008918866